本书获"河北大学一流大学建设项目"资助出版

交通流混沌理论

李 松 刘力军 著

科 学 出 版 社

北 京

内 容 简 介

本书围绕交通流混沌这一非线性系统动力学理论,对其基本原理、交通流中的混沌现象及其转化、交通流混沌预测与控制等进行详细介绍。主要内容包括绪论、交通流混沌理论基础、交通流混沌判别方法、交通流稳定性分析与相变仿真、交通流模型中的分岔现象研究、交通流中的混沌现象研究、交通流模型中混沌产生途径研究、交通流混沌现象的转化、交通流混沌的转化机理、交通流混沌预测方法以及交通流混沌控制方法。

本书可供交通运输、管理学、系统工程等相关专业的研究者、科研人员和工程技术人员阅读参考。

图书在版编目(CIP)数据

交通流混沌理论 / 李松,刘力军著. —北京:科学出版社,2018.11
ISBN 978-7-03-059669-7

Ⅰ. ①交… Ⅱ. ①李… ②刘… Ⅲ. ①交通流-混沌理论 Ⅳ. ①U491.1

中国版本图书馆 CIP 数据核字(2018)第 263177 号

责任编辑:刘英红 / 责任校对:贾伟娟
责任印制:吴兆东 / 封面设计:正典设计

科学出版社 出版
北京东黄城根北街 16 号
邮政编码:100717
http://www.sciencep.com
北京虎彩文化传播有限公司 印刷
科学出版社发行 各地新华书店经销
*
2018 年 11 月第 一 版 开本:720×1000 1/16
2018 年 11 月第一次印刷 印张:16
字数:300 000
定价:128.00 元
(如有印装质量问题,我社负责调换)

前　言

　　交通系统是一个复杂的巨系统，交通问题的研究包括交通流理论、道路交通系统规划理论、道路交通管理与控制技术等，交通流理论是研究这些问题的基础。由于受到各种内在因素和外在因素的制约与影响，交通系统表现出很强的非线性和不确定性，而交通流是这些特征最直观的反映。研究交通流的非线性特征有助于深刻理解交通系统的内在演化规律，为交通流的预测和控制提供理论依据。

　　混沌现象是自然界普遍存在的客观现象。任何系统都是不断运动变化的，系统的运动形态包括有序运动和无序运动，有序运动又包括简单有序运动和混沌运动两种类型。简单有序运动指平衡态（或周期态、准周期态）运动；混沌运动不是简单的无序或混乱，而是没有明显的周期和对称性，但具备丰富内涵的有序状态。混沌是介于严格确定性行为（精确的周期性行为）和完全随机性行为之间的、与周期运动有密切联系的一种实质上的有序运动。混沌的表现是貌似随机而实质上有规律，这种伪随机性来源于系统的非线性，简单有序运动与无序运动之间转化的过渡会出现混沌。

　　交通系统的各要素之间存在着复杂的非线性关系，这必然导致一些混沌现象的产生，如拥挤的道路上车辆时走时停、交通事故导致的交通堵塞等。要解决这些问题，单靠传统的理论方法难以为继。混沌理论是一种解决非线性问题的重要的、行之有效的理论方法，为认识和把握交通流中复杂现象的本质与规律，提供了新的方法和途径。

　　交通流是交通需求的实现结果，也是交通发展需求在有限的时间与空间上的聚集现象。自适应、动态、随机、多行为主体以及非线性是交通流的基本特征，积累效应、奇怪吸引性和开放性进一步加深了交通系统问题的复杂程度，不仅使交通科学家绞尽脑汁，也引起了数学家、物理学家等其他领域学者的关注。从理论上讲，数以千万计的人群使用各种交通工具不断在道路网上运动构成了交通流系统，这显然是一个复杂的巨系统，系统各要素之间存在着高于三维的复杂的非线性关系，必然会存在混沌。人们观察到的实际交通流现象，如道路上车辆的走走停停，交通事件引起的交通拥堵及交通拥堵的消散，道路上交通流在稀少、密度加大、拥挤、饱和、堵塞这些状态之间的不断转化等，都说明交通流是不断从有序到无序再到有序的反复转化，也可以判断出交通流系统存在混沌。因此有必要系统地运用混沌理论来研究交通流过程，寻求其规律，进而利用其为交通管理服务。

从对客观世界的长时间观察发现，系统在有序—混沌—无序之间不断地来回演化，混沌是系统必然会出现的运动形态，但是研究人员对于它们之间相互转化的规律以及如何控制其转化还没有做多少工作。运用混沌理论对交通流过程进行深层次的剖析，可以从一个崭新的角度解释交通流混沌的形成与转化，为完善和提高交通流理论提供新的手段与途径，从而建立一种能够解析交通流混沌现象的理论方法。从应用角度来看，尽管交通流混沌的研究还处于萌芽阶段，但现有研究成果表明混沌理论在交通系统中有良好的应用前景，主要表现在道路交通管理的目的是希望交通流尽可能地处于有序畅通的状态。既然交通流总是表现为有序—混沌—无序地简单交替出现的运动形式，那么如果能及时预测出交通流混沌，就能及时采取（交通控制）措施，按照混沌控制原理使交通流从混沌向有序运动转化，这样可以减少甚至在某些地方避免交通流的无序运动。因此，交通流混沌的研究将为交通控制提供新的理论基础和实用方法，这使交通流混沌理论研究更具有实用价值。本书对交通流混沌理论进行了较深入的研究，取得了较好的成果。

本书得到了"河北大学一流大学建设项目"基金的资助，在此谨致谢意。

本书的研究成果来自河北省高等学校人文社会科学研究重点项目（编号：SKZD2011106、SKZD2011111）、河北省软科学研究计划项目（编号：15456110D）、河北省自然科学基金资助项目（编号：E2012201002）、国家自然科学基金资助项目（编号：50478088）等，在此谨致谢意。

感谢所有本书直接或间接引用其文献资料的同行学者；感谢河北工业大学的庞明宝教授对于本书的支持；特别感谢天津大学的贺国光教授，他在本书撰写和修改过程中耳提面命、挑灯修改，给作者无限的帮助与激励；感谢研究生翟曼、王文旭、王朝、刘颖鹏、郝青、王柳、李妍等所做的大量工作。

作　者

2017 年 10 月

目　　录

第1章 绪 论

交通在现代生活中的重要性不言而喻。随着经济的发展和社会的进步，交通需求迅猛增长。交通需求和交通设施提供的实际交通承载力之间的矛盾引发了一系列经济、社会问题，如何妥善解决交通需求和交通承载能力之间的矛盾，已经成为我国社会经济发展过程中面临的一个极其严峻的实际问题。

1.1 交通流理论

1.1.1 交通流理论发展简史

道路上的行人或运行的车辆构成行人流或车流，行人流和车流统称为交通流，没有特指时交通流一般指机动车流。交通流运行状态的定性、定量特征称为交通流特性，用于描述交通流特性的一些物理量称为交通流参数，参数的变化规律即反映了交通流的基本性质。交通流的基本参数有三个：交通流量、速度和密集度，也称为交通流三要素，常用的参数还有车头时距、车头间距等。

交通流理论是一门运用物理学和数学工具描述交通特性的科学，由于在不同的历史时期，交通需求和科技发展情况不同，在交通流理论的研究上，不同时期的内容和研究方法也有很大的差异。纵观交通流理论的发展历程，其大致经历了创始阶段、快速发展阶段、停滞阶段和稳步发展阶段。

最早的交通流理论形成于20世纪30年代，由Kenzer于1933年首次提出并论述了Poisson分布应用于交通的可能性；1936年Adams发表了有关数值例题；1935年Greenshields等[1]在交叉口的交通分析中采用了Poisson分布。这一时期的交通流理论基本上都采用以概率论和数理统计为基础的描述交通流量与密度关系的建模方法。

20世纪40年代，受第二次世界大战的影响，交通流理论的研究进展不大，从50年代起，随着世界汽车工业的发展和交通流量的骤增，交通流中各种车辆的独立性越来越小，即交通现象的随机性越来越弱，交通流研究进入了非自由流理论研究阶段，主要研究对象转变为密度较高、前后车距离很小、车辆行驶受前车影响和限制的非自由交通流。这一阶段，交通流理论研究内容得到了很大的扩展。1953年Pipes[2]发表了交通动力学的研究论文；Lighthill和Whitham[3]于

1955 年发表了《论动力波》，提出了著名的交通波理论，并由 Treiterer 等通过对实际交通流的观测，证实了沿交通流上游传播的运动波的存在，使这一理论得到交通界的认可；1959 年 12 月美国底特律举行了首届国际交通流理论学术研讨会，成为较系统的现代交通流理论诞生的重要标志。这一时期的主要理论成果包括车辆跟驰理论、流体动力学模拟理论、车辆排队理论。

20 世纪 70 年代初期，汽车的普及使各大城市交通问题日趋严重，这也是交通流理论大发展时期，以车辆跟驰思想为立足点的交通流动力学模型开始崭露头角，也为交通流动力学研究揭开了崭新的一页，其中以 1971 年 Payne[4] 提出的动力学模型及应用程序 FREFLO 最为有名。1975 年美国交通运输研究委员会的 Gerlugh 和 Huber 在 1964 年美国交通运输研究委员会第 79 号专题报告《交通流理论入门》的基础上修订、编写了《交通流理论》，系统全面地阐述了这一时期交通流理论的内容和研究成果。

20 世纪 80 年代以来，交通流理论研究进展缓慢，本质上仍沿用 50 年代的跟驰模型和流体动力学模拟方法，虽然在具体细节上有所改进，但总体上没有重大突破，主要是因为研究人员开始多为交通工程人员，他们的研究多针对交通设施的硬件方面，缺乏必要的理论基础。后来有一些应用数学、力学和控制理论工作者介入，其研究出发点是基于流体动力学模拟的方法和思想，比较有代表性的有将交通流看成不可压缩流体的 Papageorgiou 模型[5]、与流体动力学相一致的 Daganzo 的元胞传输模型（cell transmission model）[6]。

进入 20 世纪 90 年代后，交通流理论的内容和研究手段都得到极大扩展并取得了一些突破性的成果，交通流的新思路、新方法和新策略不断涌现，如模拟技术、神经网络、模糊控制、人工智能等[7-11]。其主要思想体现为：用由交通特性衍生的便于计算机仿真的交通流模型来描述问题，如元胞自动机模型（celluar automata model，CAM）对宏观和微观交通的模拟；智能交通思想的引进使动力学模型的研究更倾向于实时化、随机化和网络化；而复杂大系统理论对交通流研究的指导作用也引起了很多学者的关注，由此衍生的一个亮点就是与复杂系统理论息息相关的非线性动力学成为交通流理论研究的主要手段之一，也为其指出了一个新的发展方向。

1.1.2 交通流理论的研究意义

交通运输系统的现代化和交通管理的先进性是衡量一个国家现代化的重要标志之一。交通运输业的高速发展，促进了物资交流和人们的往来，缩短了出行时间，提高了工作效率，对社会经济发展作出了重要的贡献。但与此同时，也不能不注意到不按照客观规律、没有科学地发展交通运输业给交通运输业发展所带来的诸多弊病，特别是汽车交通运输，无论在发达国家还是在发展中国家，都存在着不同程度的问题。

　　近十几年来，交通拥挤、事故和环境污染已成为主要的社会公害之一。据统计和预测，在美国，1988 年 25 个主要城市由交通阻塞造成的经济损失达 420 亿美元，20 世纪 90 年代初美国每年因交通阻塞而造成的延误达 20 亿车·时，到 2005 年超过了 110 亿车·时，即增加 4 倍还多，到 2020 年，美国因交通问题而造成的损失每年将超过 1500 亿美元。在日本，许多大城市和高速公路汽车速度不到 15km/h，东京 1992 年交通拥挤造成的损失约为 8.11 亿日元。随着我国经济的持续稳定发展，交通需求也迅速增长，加上我国人口稠密，交通设施原本落后，交通供不应求的矛盾日益尖锐。具体表现为乘车、出行拥挤，道路超负荷，平均车速下降，交通事故频繁发生。我国市区机动车平均行驶速度已由 20 世纪 60 年代的 25～30km/h 下降到现在的 10～15km/h；1978～1993 年全国共发生交通事故 310 万余起，死亡 63.2 万人；而仅 2005 年，全国就发生道路交通事故 450 254 起，造成 98 738 人死亡、469 911 人受伤，直接财产损失 18.8 亿元。中华人民共和国公安部交通管理局统计数据显示，2014 年全国涉及人员伤亡的道路交通事故有 196 812 起，造成 58 523 人死亡，交通事故直接财产损失总计 107 543 万元。我国百万人口以上大城市每年由交通拥塞造成的直接和间接经济损失约 1600 亿元，相当于国内生产总值的 3.2%[12]，至于交通拥塞给社会带来的其他负面影响更是难以估量。

　　针对日益严重的交通问题，人们采取了多种手段试图加以解决，其中最典型的解决方案是在"硬件"方面的处理，即加强交通基础设施建设，新建道路、立交桥或对现有的道路网络进行改造以增加通行能力，然而这些手段不仅受到投资及其他资源的制约，而且具有见效面窄、见效期短等局限性，特别是目前人们越来越多地从保护环境、节约能源、谋求社会可持续发展的角度来考虑问题，对环境规划的可行性分析也越来越慎重，靠大量拆迁、征地来增建道路交通设施也越来越不合时宜。除了加强交通基础设施建设，人们广泛采用的另外一种手段是在"软件"方面，通过对交通流进行科学的组织与管理，充分发挥现有交通网络的通行潜力，在最大程度上使交通流做到有序流动，如制定道路通行规则、设立信号灯以及优化交通流控制参数等相关的管控策略在交通流的管理上都发挥了非常大的作用。毋庸置疑，这种手段与建设"硬件"相比，所需投资较少，适用性强，更符合现代化社会的需求，并且在一定条件下，短时间内有望取得非常可观的实效。

　　然而令人遗憾的是，尽管政府和交通管理等相关部门付出了很大的努力，多年来交通阻塞问题仍未在实际中得到很好的解决，这不能不引起人们的深入反思。究其原因，一方面，由于交通系统是一个复杂的大系统，任何单一层次、几种方法的简单集成都难以解决交通不畅这一难题，必须采用系统工程的思想和方法，通过科学、系统的综合治理来加以解决[13]；另一方面，目前解决交通拥塞所基于的交通流理论及由此衍生的管理控制方法存在着各种缺陷，急需发展更加有效的、更能在本质上反映实际交通特性的交通流理论，以指导交通流的组织、管理、控制。由此可以看出，交通流理论发展的滞后性是制约交通问题解决的关键瓶颈之一。

1.1.3 交通流理论研究的方向

交通流理论研究的方法主要分为两类：一类是传统的研究方法，即以数学物理方法为基础研究交通流理论，如交通流分布的统计特性模型、车辆跟驰模型、交通波模型、车辆排队模型等的建立，都是采用这种方法，这种方法推导过程严谨，物理意义明确，但限制条件苛刻，不易适应实际应用；另一类是以现代科学技术方法为主要手段进行研究，适用于现代复杂交通流现象的模拟、解释和预测，其特点是不追求严格意义上的数学推导和明确的物理意义，而注意模型和方法对真实交通流的拟合效果。这两类方法各有利弊，目前在交通流理论研究中通常结合起来使用。

针对交通流理论研究的基础性工作，现在许多专家学者尤其是理论工作者开始抛弃传统的交通流建模方法，寻求新的研究角度来丰富和促进交通流理论。最近的研究结果指出，对于交通流模型最重要的是能够描述非线性现象及其特性，如激波、行波、极限环、周期轨道、孤立波和相变等。交通流系统中的临界相变、滞后、混沌等非线性行为开始成为人们关注的热点之一[14-19]。在交通流系统中，交通畅行、阻塞经常交替地发生，但难以找出引发畅行交通转化到阻塞状态的机理，目前理论界尚存在着内部/外部因素的争论。而其他领域中的一些复杂现象，如波动现象、耗散系统中有序与无序运动的转化等，与其有着十分相似的体现，这也为进一步的研究工作找到了切入点。

从不同的研究角度研究交通流复杂行为，对最大限度地利用和管理现有的交通资源、指导交通规划、进行交通控制都具有现实的意义，而且对相关领域的其他学科发展也有理论意义。目前，非线性科学已经成为交通流研究的主要工具，它从交通流中最常见的现象（交通流失稳）出发，挖掘交通流状态变化的内部机制，从理论上讲，交通流中由密度、驾驶员敏感性等原因引发的相变本质上是一种分岔行为，正是交通流系统中的相关参数达到临界值后，导致系统状态变化，从而产生了前面所述各种各样的复杂行为。分岔行为的演化有可能导致混沌现象，从而将交通流推向失控的边缘而不再保持其有序性。因此对交通流中分岔及混沌现象的研究正是对交通流中的各种非线性行为作出合理解释的有效途径，符合目前交通流理论的发展方向，这个研究方向也与实际交通系统中的各种现象，如车辆的时走时停，各种原因引起的交通阻塞和交通阻塞的消散，道路上交通流在稀少、密度加大、拥挤、饱和、堵塞这些状态之间的不断变化等，保持了高度的一致性。

如前面所述，将交通系统视作复杂的非线性系统，从有序到无序是由于系统受到系统内部的时变与外部的各种不确定因素扰动的影响，而从无序到有序是由于交通流的组织性与正确的管控作用而形成的，因此如果能确定交通流中一些非线性现象的存在，及时发现并加以疏导，就可避免系统本身进一步向无序方向发展，从而可以把分岔、混沌等新的理论运用于交通系统，去发现隐含在复杂系统内普遍适用的简单决定性准则。这样就提供了一个全新的观念和手段来揭示看似复杂、无序的交通流背后隐藏的规律性。

1.2　混　沌　理　论

1.2.1　分岔与混沌

非线性科学是一门研究非线性现象共性的基础科学，它是 20 世纪 60 年代以来，在研究各个学科中出现的非线性现象基础上逐步发展起来的综合性科学。非线性科学的研究，已经涉及对确定性与随机性、有序与无序、偶然与必然、量变与质变、整体与局部等数学范畴和哲学概念的再认识，它将深刻影响人类的思维方法。一般认为非线性科学的主体包括混沌（chaos）、分形（fractal）、孤立子（soliton）。混沌是非线性科学的重要分支，它几乎涉及自然科学和社会科学的各个领域。混沌理论的发展不仅具有重大的科学意义，而且具有广阔的应用前景。著名物理学家 Ford 称它为 20 世纪自然科学的"第三次革命"，他说："相对论消除了关于绝对空间和时间的幻想；量子力学则消除了关于可控测量过程的牛顿式的梦；而混沌则消除了拉普拉斯关于决定论式的可预测性的幻想。"

自然科学和工程技术中的动力学系统从本质上讲都是非线性系统，这是因为反映系统特征和影响系统运动的许多因素都是非线性的，如非线性的物理因素、几何因素和结构因素等。而线性系统只是真实的动力学系统的一种理想模型，当影响系统运动规律的非线性因素很小时，它在一定程度上描述了系统的真实运动规律。但这种对动力学系统的理想化处理在大多数情况下是不可靠的，当系统的非线性因素的影响不可忽略时，线性模型就完全失效。这就促使人们去研究和认识各种非线性因素对系统性态与运动规律的影响，从而建立系统的非线性动力学模型。另外，由于非线性动力学系统具有线性系统没有的丰富而复杂的动力学特性，人们往往需要利用或控制这些性质来达到一定的目的，这也促进了非线性动力学的进一步发展。因此，非线性科学在 20 世纪得到了飞速的发展并取得了巨大的成果。2001 年由《力学进展》举办的"20 世纪理论和应用力学十大进展"评选活动中，"稳定性、分岔和混沌理论"名列第四。其中混沌现象的发现被誉为继相对论和量子力学之后 20 世纪物理学的第三大发现。目前，人们已经发现各种非线性现象广泛存在于动力学、天体力学、控制理论、电子学、化学反应动力学、生物力学以及社会发展变化规律和经济运行规律等各个自然科学、社会经济和工程技术领域，而更多的未知现象还在等待人们去发现[20-23]。当然交通领域也不例外，交通中各种非线性现象也构成了交通系统极大的复杂性，交通领域工作者不得不从非线性科学的角度来重新审视交通问题。

分岔和混沌是非线性动力学的重要特性。分岔是指非线性动力系统的参数变化所引起的系统的拓扑结构突然变化（系统的稳定性丧失）的现象。在一定的条件下，非线性动力系统的分岔将导致混沌运动的产生。和分岔现象一样，它是非线性系统所特有的行为。混沌运动是指在确定性系统中所出现的有限范围内的、敏感依赖于初始条件的非周期运动。它类似于随机运动，具有长期行为的不可预测性，但又不是随机运动，因此它的短期行为是可以预测的，而真正的随机运动具有完全不可预测性，对初始条件不敏感。混沌运动的存在揭示了有序和无序、确定性和随机性的统一。

大量的研究表明，非线性动力学研究的分岔和混沌是非线性系统最重要而又最基本的特性，几乎所有涉及非线性科学的领域中，都存在分岔现象和混沌运动。因此分岔和混沌的研究，一直是近三十年中非线性科学最活跃的研究前沿。由于非线性系统本身的复杂性和丰富多彩的特性，人们目前对非线性动力系统的认识仍处在初级阶段，这一领域的研究仍将是今后相当长一段时间内科学研究的重点和热门课题之一。

1.2.2　混沌理论及其发展

客观事物的运动除了周期、准周期和定常，还存在一种更具普遍意义的运动形式，即混沌[24]。一般认为，混沌指确定系统中出现的一种貌似无规则的、类似随机的现象。确定性的非线性系统出现的具有内在随机性的解称为混沌解。自1975 年混沌作为一个概念首次出现在文献中以来，混沌科学取得了迅猛发展。混沌行为广泛存在于自然现象和社会现象中，对混沌理论和方法的研究将会大大加深对这些自然现象与社会现象的认识[22]。

混沌研究的鼻祖是法国的庞加莱（Poincare，1854～1912 年），他在研究数学上证明太阳系的稳定性问题时发现保守系统中的混沌现象[25]。1954 年，苏联数学家 Kolmogorov 在探索概率起源的过程中发表了《哈密顿函数中微小变化时条件周期运动的保持》。1963 年，Kolmogorov 的学生 Arnold 对此作出了严格的证明，瑞士数学家 Moser 进行了改进。该思想为研究混沌未被发现时，在保守系统中如何出现混沌提供了信息。

真正意义上的混沌研究开始于 1963 年美国气象学家 Lorenz 关于大气运动方程的数值研究[26]。1963 年，Lorenz 在著名的《确定性的非周期流》中指出：在三阶非线性自治系统中可能出现混乱解。Lorenz 方程为

$$\begin{cases} \dot{x} = -\sigma(x-y) \\ \dot{y} = -xz + rx - y \\ \dot{z} = x - bz \end{cases} \tag{1-1}$$

Lorenz 方程是一个完全确定的三阶常微分方程，当其参数一定时，其解为非周期解，看起来很混乱。这是在耗散系统中，一个确定的方程却能导出混沌解的第一个实例。Poincare 讨论的是保守系统，而 Lorenz 方程讨论的是耗散系统，它们从不同角度说明，两种不同类型的动力系统在长期的演化过程中是怎样出现混沌的。Lorenz 在发现混沌的同时，发现混沌对初始条件极端敏感。

1964 年，法国天文学家 Henon 从研究球状星团以及 Lorenz 吸引子中得到启发，给出了 Henon 映射。Henon 映射表达式为

$$\begin{cases} x_{n+1} = 1 + by_n - ax_n^2 \\ y_{n+1} = x_n \end{cases} \tag{1-2}$$

Henon 发现其系统运动轨道在相空间中分布越来越随机，并得到了一个最简单的吸引子。

1971 年，法国数学家、物理学家 Ruelle 和荷兰学者 Takens 联名发表了著名的《论湍流的本质》。他们通过严格的数学分析，独立地发现了动力系统存在一套特别复杂的新型吸引子，证明了与这种吸引子有关的运动即混沌，发现了第一条通向混沌的道路，并命名这类新型吸引子为奇怪吸引子（strange attractor），也称奇异吸引子。

1975 年，美籍华人学者李天岩和美国数学家 Yorke 在《周期 3 蕴涵混沌》中，深刻揭示了从有序到混沌的演化过程，并首先提出了 chaos（混沌）这个词，并为后来的学者所接受。

1976 年，美国数学生态学家 May 在美国《自然》杂志上发表了《具有复杂动力学的简单数学模型》的综述文章，它向人们表明了混沌理论的惊人信息：简单的确定性数学模型竟然也可以产生看似随机的行为。

1978～1979 年，美国物理学家 Feigenbaum 在《统计物理学》杂志上发表了关于普适性的文章——《一类非线性变换的定量的普适性》，轰动世界。Feigenbaum 发现了倍周期分岔过程中分叉间距的几何收敛率，建立了一维映射混沌现象的普适理论，给出了一条走向混沌的具体道路，把混沌理论研究从定向分析推进到了定量计算阶段。

20 世纪 80 年代以来，人们着重研究系统如何从有序进入新的混沌，以及混沌的性质和特点，并借助单、多标量分形理论和符号动力学进一步对混沌结果进行研究[27-31]。80 年代初，Takens[32]、Packard 等[33]根据 Whitney 的拓扑嵌入定理提出重构动力学轨迹相空间的延迟坐标法，从而为时间序列分析提供了一条新的思路。

Grassberger 和 Procaccia[34]首次运用这种相空间重构方法，从实验数据时间序列计算出实验系统的奇怪吸引子的统计特性，如饱和关联维数（分数维）、Lyapunov 指数和 Kolmogorov 熵等混沌特征量，从而使混沌理论进入实际应用阶段。

近几年来，美国休斯敦大学的陈关荣教授在研究混沌反控制的过程中发现了一个新的混沌吸引子（也就是奇怪吸引子）[35]，它由三维系统产生：

$$
\begin{cases}
\dot{x} = a(y - x) \\
\dot{y} = (c - a)x - xz - cy \\
\dot{z} = xy - bz
\end{cases}
\tag{1-3}
$$

式中，$a = 35$；$b = 3$；$c = 28$。

陈关荣教授证明了该系统与 Lorenz 系统和 Rossler 系统均不拓扑等价，在拓扑结构上更加复杂，因此它在保密通信等方面有很好的应用前景。

当今科学认为，混沌无处不在，许多科学工作者几乎都在各自的学科领域中找到了混沌现象，如光学、声学、水文、化学反应、地震中的混沌变化[36-41]，天气预报的蝴蝶效应，商业周期中蕴含的有序性，股市中的混沌性[42]，电力系统中的混沌现象[43,44]，交通系统中的混沌现象[16,18,45-82]等。一个动力学系统呈现混沌现象，既不是因为系统中存在随机力或受外界噪声源的影响，也不是由于无穷多自由度的相互作用，更不与量子力学的不确定性有关。决定论规律的非线性是混沌运动存在的必要条件。而非线性系统的内在对称性又赋予混沌行为某种结构和秩序。混沌行为最本质的特点是非线性系统对于初始条件的极端敏感性。混沌运动中混沌吸引子的折叠拉伸现象，使混沌运动在短期内是可以预测的。

1.3　交通流混沌理论研究进展

1.3.1　早期发展

交通系统是复杂巨系统，组成系统的各因素之间存在着复杂的非线性关系，导致了一些混沌现象的产生，例如，拥挤的马路上车辆时走时停；交通事故导致的交通堵塞；城市中有的道路车水马龙，而有的道路人车稀少；商业区和人口密集的地方交通拥挤不堪,而有的地方交通宽松有余;同一条道路上的交通流存在着高峰期和低峰期,随时间在不断地变化,而且每天都遵循着同样的变化规律;不同的人选择的交通方式也不同,而各种交通方式的交通流量却遵循一定的变化规律。本书把交通中的混沌现象称为交通流混沌。国内外已经开始了对交通流混沌的研究,并取得了初步的成果[15]。

资料显示,最早是由 Disbro 和 Frame[16]于 1989 年把混沌引入交通领域的。1993 年 Johanns 和 Roozemond[45]只是用混沌思想来支持其全方位的交通管理策略,并未研究交通流混沌问题本身;1994 年 Dendrinos[18]试图通过交叉路口实测数据来判别交通流中存在的混沌现象,但由于采样地点和采样时间选取不当,同时受到当时混沌判别方法的限制,其结果是失败的。

这些早期的交通流混沌现象探索性研究具有重大的启示意义:交通流的混沌研究势必走向定量化、模型化的研究。而模型化研究的一个重要方面是要选取合适的方法来判别交通流中是否存在混沌。开始时,人们用一般的混沌判别方法来判别交通流的混沌存在性,未能如愿以偿。后来人们改进了研究方法,选取了合适的判别方法,从交通模型入手,使交通流的混沌研究取得了一些进展[46]。

从应用领域看,交通流混沌的研究主要集中在交通流混沌特性研究[47-66]和交通流混沌预测[67-77],对交通流其他方面的混沌,如交通流混沌控制[78-80]、交通流分配[81]、交通流需求[82]以及交通流管理模式[49]等方面研究较少。下面主要介绍国内外交通流混沌特性研究和交通流混沌预测研究的情况。

1.3.2 交通流混沌特性研究综述

交通流常常表现为不规则的复杂行为,在交通流的这种复杂行为中是否存在混沌、如何判别交通流混沌以及如何根据交通流混沌对交通流作出预测,这是人们关注的问题之一。目前,交通流混沌特性研究主要是对于交通流混沌的判别研究,其又分为基于交通流理论模型和基于实测交通流的混沌判别研究。

1. 基于交通流理论模型的混沌判别研究

Low 和 Addison 在这方面做了一系列的工作[50-53],通过采样车头间距来考察车队首辆车的变化能否导致后继车辆的混沌运动。其中最有价值的成果是文献[53],该文献是基于下列改进的跟驰模型来研究交通流混沌的:

$$\ddot{u}_n(t) = a \frac{(\dot{u}(t))^m (\dot{u}_{n-1}(t-\tau) - \dot{u}_n(t-\tau))}{(u_{n-1}(t-\tau) - u_n(t-\tau))^l} + b(u_{n-1}(t-\tau) - u_n(t-\tau) - D_n)^3, \quad n = 1, 2, \cdots, N$$

$$(1-4)$$

式中，l 和 m 为正整数；a 和 b 为正实数；D_n 为车辆 n 与前辆车期望保持的距离；N 为最后一辆车的序号。

显然，当 $u_{n-1}(t-\tau)-u_n(t-\tau)>D_n$ 时，第 n 辆车的加速度有增大的趋势；反之，则减小。如果给第一辆车加一个正弦干扰，后随车辆车头间距随时间就会出现振荡，越靠后车辆的振荡越剧烈。在给定的参数条件下的 Poincare 截面显示，前三辆车存在周期运动，第四辆车存在准周期运动，第五辆车产生混沌。可通过 G-P（Grassberger-Procaccia）算法计算每辆车吸引子的分维数，计算表明，后行车辆的混沌现象比前行车辆明显。文献[58]还分析了参数变化对车辆运动状态的影响。

文献[54]分别基于 Greenshields 模型：

$$\ddot{x}_{n+1}(t+T)=\alpha_0\frac{\dot{x}_n(t)-\dot{x}_{n+1}(t)}{(x_n(t)-x_{n+1}(t))^2} \tag{1-5}$$

和 Greenberg 模型：

$$\ddot{x}_{n+1}(t+T)=\alpha_0\frac{\dot{x}_n(t)-\dot{x}_{n+1}(t)}{x_n(t)-x_{n+1}(t)} \tag{1-6}$$

研究了交通流混沌现象，通过系统仿真技术对车队的平均速度、车头间距、车头时距进行采样，用 Lyapunov 指数法定量地讨论了跟驰车辆的混沌特性，得出交通流存在混沌的结论。

文献[55]同样研究了单车道交通流的混沌现象，不过研究的是延迟时间和车流密度的变化所引起的交通流混沌。所用的模型是延迟微分方程：

$$\frac{d^2x_n(t)}{dt^2}=A\left(1-\frac{\Delta x_n^0(t-\tau)}{\Delta x_n(t-\tau)}\right)-\frac{Z^2(-\Delta v_n(t-\tau))}{2(\Delta x_n(t-\tau)-D)}-kZ(v_n(t-\tau)-v_{per})+\eta,\quad n=1,2,\cdots,N$$

$$\tag{1-7}$$

式中，x_n 和 v_n 分别为第 n 辆车的坐标和速度；A 和 k 为敏感参数；D 为车流间隔的最短距离；v_{per} 为许可速度；$\Delta x_n^0=v_nT+D$ 为安全间距，$\Delta x_n=x_{n+1}+x_n,\Delta v_n=v_{n+1}-v_n$；$T$ 为安全间隙时间；τ 为延迟时间；$\eta\in(-\eta',\eta')$ 为随机噪声；$Z(x)=\begin{cases}x, & x>0\\0, & x\leq0\end{cases}$。

研究所选用的参数条件为 $v_{per}=25\text{m}/\text{s}$、$T=2\text{s}$、$D=5\text{m}$、$A=3\text{m}/\text{s}^2$、$k=2\text{s}^{-1}$、$N=100$、$\eta'=0$；边界条件为 $x_{N+1}=x_1+L,v_{N+1}=v_1$，其中，$L$ 为道路长度。而且应考虑到条件：

$$v_n^0 = v^0 = \begin{cases} \dfrac{A(1-D\rho)+kv_{\text{per}}}{A\rho T+k}, & \rho \leqslant \dfrac{1}{D+Tv_{\text{per}}} \\[4mm] \dfrac{1-D\rho}{\rho T}, & \rho > \dfrac{1}{D+Tv_{\text{per}}} \end{cases} \quad (1\text{-}8)$$

$$x_n^0 = \frac{n-1}{\rho} + v^0 t \quad (1\text{-}9)$$

式中，$\rho = N/L$ 为车流密度；v^0 为车辆的期望速度；v_n^0 为第 n 辆车的期望速度。

文献[55]用功率谱和关联维数来分析交通流时间序列。研究结果表明，在高密度和低密度条件下，系统处于稳定状态；而在有延迟时间和密度中等条件下，系统会出现混沌，且发现混沌呈多分形吸引子结构。

文献[56]研究了二维交通流的混沌问题，模型参数较符合实际，并提出了混沌控制的思想。该文献所分析的模型为

$$v_x(t+1) = 1-(1-c)(p_y/v_y(t)+p_x(1/v_x(t)-1)) = F_1$$
$$v_y(t+1) = 1-(1-c)(p_x/v_x(t)+p_y(1/v_y(t)-1)) = F_2 \quad (1\text{-}10)$$

式中，p_x 和 p_y 分别为向东和向北行驶车辆的密度；v_x 和 v_y 为相应的两个方向行驶车辆的平均速度；c 为立体交叉路口的时间比例。

该模型考虑了交通灯（由参数 c 反映）、车辆不对称分配以及交通事故（由 p_x 和 p_y 反映）的影响。

由 $J = \dfrac{\partial(F_1, F_2)}{\partial(v_x(t), v_y(t))}$ 得出 Jacobian 矩阵特征式：

$$\lambda^2 - \lambda(1-c)\left(\frac{p_x}{v_x^2} + \frac{p_y}{v_y^2}\right) = 0 \quad (1\text{-}11)$$

该矩阵特征式有 $\lambda_1 = 0$ 和 $\lambda_2 = (1-c)\left(\dfrac{p_x}{v_x^2} + \dfrac{p_y}{v_y^2}\right)$ 两个根。

如果满足 $|\lambda_2| > 1$，则系统出现混沌。显然，当 v_x 和 v_y 趋近零时，满足 $|\lambda_2| > 1$，交通流出现拥挤。还可知，改变参数 c 可改变交通流的状态，进而控制混沌。

文献[57]用 MATLAB 软件构造了改进的非线性跟驰模型（Bierley 模型）来产生交通流的时间序列，在一定的参数组合下，模拟了 5 辆车 1500s 的车辆跟驰情况，仿真研究了交通流车队中不同车辆之间的车头间距的变化过程。通过分析这种车头间距的变化曲线和绘制 Poincare 截面图研究了基于跟驰模型产生交通流存在着混沌现象，验证了跟驰模型产生的理论交通流混沌现象的存在；同时，该文献研究了模型参数及仿真参数的变化对交通流运动的影响，并给出了相应的仿真实验结果。他们所分析的模型为

$$\ddot{x}_{n+1}(t+T) = \alpha_0 \frac{\dot{x}_n(t) - \dot{x}_{n+1}(t)}{(x_n(t) - x_{n+1}(t))^h} + k(x_n(t) - x_{n+1}(t)) \qquad (1\text{-}12)$$

式中，$\dot{x}_n(t)$ 为第 n 辆车（前车）的速度；$\dot{x}_{n+1}(t)$ 为第 $n+1$ 辆车（后车）的速度；α_0 为反应灵敏度系数，其单位为 m/s；$\alpha_0/(x_n(t) - x_{n+1}(t))^h$ 为灵敏度的度量，其中 h 为常数；$\ddot{x}_{n+1}(t+T)$ 为下一采样时刻的第 $n+1$ 辆车的加速度；k 为相对车头间距的灵敏度系数；$x_n(t) - x_{n+1}(t)$ 为车头间距。

文献[58]在文献[57]的研究基础上研究了 Bierley 模型产生的仿真交通流在正弦干扰和一次性梯形干扰下的交通流混沌的传播性问题。结果表明，交通流不仅存在混沌运动，而且交通流的混沌运动具有传播性。

文献[61]在文献[57]的研究基础上进一步研究了 Bierley 模型产生的仿真交通流的有序运动和混沌运动的转化问题。结果表明，交通流不仅存在混沌运动，而且交通流的混沌运动与有序运动是相互转化的，在这种转化过程中，会出现两个旋涡状轨迹（混沌吸引子）。

以上是目前对交通流混沌特性研究比较典型的文献，其他的研究文献与以上文献的基本观点是一致的，这里不再赘述，其主要内容如表 1-1 所示。

表 1-1　交通流混沌特性研究文献内容及主要结论

文献	分析用模型	混沌判别方法	主要结论
文献[60]	Bierley 模型	最大 Lyapunov 指数矩阵算法	在一定条件下，该模型产生的交通流将出现混沌序列
文献[61]	伽赛斯-赫尔曼-波茨模型、Bierley 模型、洛克威尔-特莱德勒模型	最大 Lyapunov 指数矩阵算法	Bierley 模型能更好地再现实际交通状况的混沌现象
文献[62]	Bierley 模型	基于小数据量的最大 Lyapunov 指数改进算法	在一定条件下，由该模型产生的交通流将出现混沌序列
文献[63]	$v_{\text{avg}} = v_{\max}\left(1 - \dfrac{d}{d_{\text{jam}}}\right)$	模糊逻辑方法	高速公路会出现交通流混沌现象
文献[64]	密度-速度的线性模型	Lyapunov 指数	仿真高速公路会出现交通流混沌现象

2. 基于实测交通流的混沌判别研究

从收集到的文献来看，实测交通流混沌特性研究主要是利用某一种混沌判别方法对采集到的城市道路或高速公路实测交通流数据进行混沌特性研究，所不同的是混沌判别方法的选择和实测交通流样本的差异，具体情况如表 1-2 所示。

表1-2　实测交通流的混沌特性研究情况

文献	样本类型	混沌判据	主要结论
文献[47]	城市道路交通流量时间序列	改进的 G-P 算法计算关联维数	①交通流系统存在着混沌吸引子；②至少需要四个以上的变量方可充分描述交通流的基本动力学特性
文献[48]	城市道路交通流量	基于关联维数的替代数据法	该实测交通流存在着混沌
文献[65]	高速公路车流量	计算 Lyapunov 指数	该实测交通流存在着混沌
文献[66]	城市道路车头时距	改进替代数据法	该实测交通流存在着混沌

1.3.3　交通流混沌预测研究综述

交通流混沌预测研究主要是对实测交通流量的预测，所不同之处是预测方法的选择。下面对其中比较典型的文献[67]和文献[74]进行分析说明，其余列表说明，如表 1-3 所示。

表1-3　交通流混沌预测的主要文献内容与主要结论

文献	样本类型	预测方法	主要结论
文献[68]	交通流量	基于最大 Lyapunov 指数预测法	交通流的最大可预测时间为 50min；数据含有噪声越大，其可预测性越差
文献[69]	交通流量	加权一阶局域预测法；基于最大 Lyapunov 指数预测法	两种方法均有较高预测精度；后者预测误差一般可以控制在 5%以下
文献[70]、文献[71]	交通流量	自相关法和G-P算法确定相空间重构参数、局部预测法	平均相对预测误差为 7.62%
文献[72]	交通流量	互信息法和G-P算法确定相空间重构参数、局部预测法预测	理论上证明当邻点选取范围为 $m+10$ 时，预测误差最小
文献[73]	交叉口交通冲突量	基于最大 Lyapunov 指数预测法、灰色误差检验法检验	交通冲突量混沌预测方法是交通冲突量预测的有效方法
文献[75]	高速公路交通流量	关联维数	交通流混沌预测的时间间隔取 5min 和 15min 为佳
文献[76]	交通流量	用重构信息构建预测模型：$x_{t+n}=\sum_{i=1}^{n}(\alpha_i+\beta_i e^{-\gamma_i x_{t+n-i}^2})x_{t+n-i}$	模型具有较高的预测精度，可为交通规划与控制提供参考

文献[67]在应用 Joachim 矩阵求得交通流时间序列的最大 Lyapunov 指数 λ_1 判定交通流量存在混沌的前提下，对交通流量的实测数据进行相空间重构，然后利

用 Wolf 提出的基于 Lyapunov 指数的混沌预测思想提出了一种交通流量预测模型。其预测模型为

$$y_{N+1}(m) = y_{nb+1}(m) \pm \sqrt{\sum_{i=1}^{m-1}(y_{N+1}(i) - y_{nb+1}(i))^2 - (de^{\lambda_1})^2} \qquad (1\text{-}13)$$

式中，y_N 为预测的中心点；y_{nb} 为 y_N 的最近邻点；$d = \|y_N - y_{nb}\|$，为 y_N 和 y_{nb} 间的欧氏距离；m 为嵌入维数；N 为相点总数。

文献[67]对苏州干将路—东环路交叉口一个方向连续四天的每 15min 共有 $4 \times 96 = 384$ 个数据的交通流量时间序列进行了混沌特性判定，计算表明该时间序列是混沌的。取序列的前 288 个数据作为已知样本、后 96 个数据作为检验样本，测试模型预测的准确度，并使用误差均方根、平均绝对相对误差指标和后验差比值、小误差概率作为指标进行预测性能的检验。结果表明了该方法用于交通流量预测的有效性和可行性。

文献[74]把混沌优化算法引入小波网络的拓扑构造，提出了相似时段的预测思想，给出了一种基于混沌优化算法的小波网络交通流量预测模型。其预测模型为

$$V(t+\tau) = F(\{V(t-k_1\tau)\}, \{V_d(t-k_2\tau)\}, \{V_u(t-k_3\tau)\}, V_{last}) \qquad (1\text{-}14)$$

式中，F 为一种非线性函数关系；τ 为一个计时时段；V_u、V_d 分别为上、下游路段的交通流量；k_1、k_2、k_3 为不小于零的整数，通过测量数据的相关性分析确定；V_{last} 为预测路段上一周同一工作日的同时段交通流量。

网络输入向量由式（1-14）右侧的历史交通流数据构成，输出为预测的交通流量。选取墨西哥帽状小波作为网络隐含层作用函数，即

$$\varphi(v) = \frac{2}{\sqrt{3}}\pi^{-1/4}(1-v^2)e^{-v^2/2}, \quad v \in (-\infty, +\infty) \qquad (1\text{-}15)$$

实验结果表明，引入相似时段的预测思想可以有效提高交通流的预测精度，基于混沌优化算法的小波网络在交通流预测的精度和收敛速度方面明显优于常规 BP（back propagation）神经网络。

1.4　本书的主要内容

交通流是交通领域中的核心问题，所以较多的文献是研究交通流的混沌特性的。但其研究的深度仍然不够，因为交通流的混沌研究不仅判别其是否存在混沌，而且有其丰富的研究内容。本书的内容主要是在现有交通流混沌研究基础上，研究交通流混沌判别方法、交通流稳定性分析与相变仿真、交通流模型中的分岔现象、交通流中的混沌现象、交通流模型中混沌产生途径、交通流混沌现象的转化、

交通流混沌的转化机理、交通流混沌预测方法以及交通流混沌控制方法等问题，具体内容如下。

第 1 章综合阐述交通流和交通流混沌发展及应用情况，分析交通流理论的研究意义，以及交通流理论研究的新方向，并对分岔与混沌、混沌理论及其发展，以及交通流混沌理论研究进展情况进行分析，为进一步的研究指明方向。

第 2 章对交通流的基本特性和交通流模型进行详细描述，着重介绍跟驰模型的发展及演化，并对相关的稳定性、分岔、混沌理论基础以及处理时间序列的理论方法进行简要介绍。

第 3 章在对交通流混沌识别的算法进行综合分析的基础上，提出两种准确判定交通流混沌特性的算法，即基于组合特征分析的交通流混沌识别算法和基于最大 Lyapunov 指数的快速判别交通流混沌改进算法。

第 4 章对交通流跟驰模型的局部稳定性和渐近稳定性条件进行讨论，分析驾驶员延迟时间对交通流稳定性的影响，并通过计算机仿真分别针对周期边界条件、开放边界条件模拟交通流中的不同状态的转化，并根据仿真结果说明交通流状态的多样性。

第 5 章分别对无时滞参数的交通流模型和带时滞参数的交通流模型进行讨论，给出分岔产生的基本条件，并利用中心流形和正规型方法对分岔行为的基本性质进行分析，同时强调时滞参数对交通流中分岔行为进一步演化的重要性。

第 6 章对跟驰车队中的混沌现象基本特征进行分析，分别利用最大 Lyapunov 指数改进算法和基于组合特征分析的交通流混沌识别算法对跟驰模型产生的理论交通流、优化速度模型产生的理论交通流、道路实测交通流、微观仿真交通系统产生的仿真交通流四种不同状态的交通流进行混沌存在性分析，得出在上述四种有序交通流中存在交通流混沌的结论。

第 7 章阐述分岔与混沌的关系，针对不同的混沌产生途径，通过计算机仿真和理论分析探讨交通流中倍周期分岔导致交通流混沌、阵发性导致交通流混沌和 Hopf 分岔导致交通流混沌的基本原理。

第 8 章研究 Bierley 模型产生的理论交通流从有序运动到混沌、从混沌再到有序运动以及混沌与混沌之间的转化过程，从理论上分析交通流混沌的产生和转化过程，解释诸多交通流混沌现象，进而为交通流的混沌控制提供理论依据。给出交通流无序的定义及其度量方法；研究跟驰模型产生的理论交通流有序运动与无序运动之间的转化；提出交通流灰色关联熵的概念，并用其分析交通流有序运动与无序运动之间的转化过程。

第 9 章在交通流混沌转化研究的基础上，通过改变模型参数和仿真实验参数的大量仿真实验，研究这些参数对交通流混沌转化的影响作用。应用自组织理论研究交通流混沌的产生、转化机理问题；并构建一个基于车头间距的交通流混沌转化模型对交通流混沌转化机理进行研究。

第 10 章将混沌理论应用到短时交通流预测中,分析基于混沌理论的短时交通流时间序列预测理论基础,介绍短时交通流局域预测法和全局多项式预测法等四种基本预测模型。在此基础上,重点介绍 BP 神经网络、径向基函数(radial basis function,RBF)神经网络和小波神经网络三种短时交通流预测方法,并构建短时交通流的遗传算法优化 BP 神经网络预测模型和改进粒子群优化(particle swarm optimization,PSO)算法优化 BP 神经网络预测模型。

第 11 章从混沌控制的基本概念出发,介绍五种常见的混沌控制方法,重点介绍高速公路交通流混沌控制原理。在此基础上,综合延迟反馈控制(delay feedback control,DFC)方法和模糊控制器的优点,提出高速公路混沌系统匝道非线性延迟反馈模糊控制方法;给出建立在真实反映交通流机理仿真软件基础上的知识库优化步骤;采用 Mamdani 型模糊混沌控制系统进行研究,并通过数值模拟实验进行验证。

第2章 交通流混沌理论基础

交通流量（又称交通量）指一定时间内，即在时刻 $t \sim t + \Delta t$ 内（Δt 为时间跨度），通过道路某一观测点（某一横断面或某一交叉口）的车辆行人数量。交通流会受到交通设施的影响[83]，根据交通设施对交通流的不同影响，可将交通流设施分为连续流设施和间断流设施。在连续流设施下，无内部因素会导致交通流周期性中断从而形成连续交通流。间断流设施（主要装置是交通信号）导致交通流周期性中断，形成在间断流设施下的间断交通流。间断交通流比连续流交通流复杂得多。本书研究交通流混沌所采用的交通流数据有三种：一是跟驰模型等交通流模型产生的理论交通流；二是在道路上实测的交通流；三是微观交通仿真系统产生的仿真交通流。交通流模型产生的理论交通流和高速公路实测交通流属于连续交通流，而微观仿真交通流和城市道路实测交通流属于间断交通流。

2.1 交通流特性

2.1.1 交通流的基本特性

交通流系统具有很强的不确定性和复杂性，随着对交通流研究的不断深入，交通流特性也日趋明显。从现象上看，交通流本身可以看成一种流体，具有粒子的流动性，同时可以通过检测手段得到一系列的时间序列数据，但进一步研究发现，交通流还具有不同于流体的特点及性质的现象，因此，在交通流理论的研究过程中，对交通流基本性质的分析有着非常重要的指导作用。总而言之，交通流具有如下特性。

1. 交通流的不确定性

在实际的交通系统中，交通流的运行被许多不确定因素，如车辆的特性、驾驶员的心理因素、天气变化等制约着，因此交通流也体现出不确定性，且随着预测时间的缩短，其不确定性逐渐增强。交通流中各种不确定因素的综合作用导致交通流的无序及阻塞现象的发生。

2. 交通流的时变性

道路设施、出行者的主导行为以及相关社会因素，经常使交通流高峰期发生时变。也就是说交通拥挤会发生在不同的时间和地点，如上下班的高峰期间出现的拥挤，在正常时间段内不会出现，而且，拥挤会随着车流的不断移动而出现移动，使拥挤现象像一个运动的瓶颈出现时空上的变化。交通流的时变性体现了交通流状态的多样性。

3. 交通流需求的不可预知性

从统计的意义上来说，交通流需求确实具有一定的规律，但是交通流控制与诱导的实时性要求是以分钟甚至秒为度量单位的，这时候瞬间交通流需求表现出强烈的波动性，而且交通系统是以人为主体的主动系统，它不同于物质流的控制系统，交通管理者无法强迫出行者提供他们的出行去向和出行时间，也就是说交通流需求从根本上就是不可预知的。

4. 交通流的自组织特性

系统有序结构的形成与完善称为自组织，一般主要由系统内部决定。构成交通流的车辆或者行人会以一种聪明的方式来选择他们的群体行动方式，系统中涨落因素的广泛存在，使得交通流能够实验各种集体行为。结果，那种能以最有效的方式完成交通疏导任务的集体行为（组态）将随时间增长（该组态对应了序参量），而其他集体行为即便产生也将很快衰亡（这些组态对应了衰减模式）。所以，宏观上交通流的演化存在着自组织现象。另外交通流的主体行为是一种理性驾驶，其中每个人-车个体追求的目标是一致的或者相近的，均为安全、快速、通畅，因此存在相互合作、协同，并在宏观上具有形成一种有序结构的可能性，这种内在约定是交通流中形成自组织现象的主要成因之一。

除此之外，交通流还具备网状特性、长程相关性等不同的性质。

以上这些特性说明交通流是一个相互联系、相互影响的不断变化的复杂整体，交通流的任何变化都绝非偶然，而是其相互影响的必然结果，都可能对下一时刻的短时交通流的变化起到决定性作用。所以任何一个交通流数据都不能当作无用的干扰信号而舍弃，交通流的时空特性、不可预知性、不确定性等更进一步说明了交通流的复杂性，也从本质上说明了交通流信号体现出的频率成分复杂、变化速度快的原因。因此交通系统是一个复杂的巨系统，系统中各种交通现象的多样性，涉及各学科知识的广泛性，都给交通流理论的发展设置了难以逾越的障碍。

2.1.2　交通流的不确定性

从影响交通流的有关因素可以看出，交通流中存在着不确定性，引起交通流不确定性的因素是复杂的，这可以从构成交通流的人（驾驶员和乘客）、车辆和道路三要素进行分析。

1. 驾驶员交通特性

在交通流要素中，驾驶员具有特别重要的作用。在车辆的行驶过程中，起控制作用的是驾驶员的驾驶技术以及驾驶特征，如激进型的驾驶员与保守型的驾驶员对同一种驾驶环境的反应是有很大差别的；在驾驶员的反应操作过程中，起控制作用的是驾驶员的生理、心理素质和反应特性，而不同驾驶员之间的基本生理素质千差万别。同时，对每一个驾驶员来说，他在下一时刻面临的选择也是不确定的，前车的运行状态将直接影响到他的驾驶情况。驾驶员作为影响交通流的最主要的主观因素之一，存在着许多不可预测性与不确定性。

2. 乘客交通特性

人们总是抱着某种目的去出行的，不同乘客有不同的乘车目的，而同一乘客在不同时间的乘车目的也会有变化，这种变化包括计划内变化和临时变化，乘客在何时有何种乘车目的是无法预测的。

3. 车辆交通特性

不同车辆在外观和性能方面有很大差别，而影响交通流的主要因素是超车加速时间、最高车速等性能，驾驶员会根据自己或乘客的乘车目的随时随意改变车辆速度，而车辆的性能无疑对驾驶员的驾驶带来很多限制。

4. 道路交通特性

道路是汽车交通的基础、支撑物。衡量路网的指标主要有路网密度、道路结构、道路线形、道路网布局，没有两个路网的结构是完全相同的，而乘客在面临多种道路选择时，天气、个人喜好等都是影响其决定的因素，哪条路线会被选中是无法预测的。

从以上道路交通系统各基本要素的自身特性可以看出，影响交通流的每一个因素都存在着不确定性，而决定一辆车在路上运动状态的往往是以上各种因素相互作用的结果。什么时间、什么驾驶员驾驶着什么样的车辆、以什么样的运动状态进入路网是不可预知的，进入路网后，车辆的运动状态又将受到前车的运动状态以及道路的拥挤程度等不同因素的影响，而这些因素如何变化也是不可预知的。同时，人们的出行目的、驾驶员的喜好等都有可能随时变化。因此，交通流中不仅存在着不确定性，而且这种不确定性不仅受到客观条件与环境的影响，还受到人的影响，根本无规律可循，所以它属于本质不确定性。

交通中各种不确定因素的综合作用，将导致交通的无序运动和堵塞。人们认识到了交通流中的混沌现象是由各种不确定因素引起的，并对交通流中的混沌现象进行了初步的探讨。而借助交通流模型来观察和研究交通流中的混沌现象，将是一项新的研究，也是本书的内容之一。

2.2　交通流模型简述

交通流理论研究的目标是建立能描述实际交通一般特性的交通流模型，以揭示控制交通流动的基本规律，从而更好地指导交通工程部门规划、设计和完善交通网络与交通控制服务系统。而建立交通流模型、模拟交通流问题，目前大体上分为概念上不同的两类或者三类描述方法：微观方法和宏观方法，或者微观、宏观、中观方法，也就是基于自驱动粒子理论的微观模型、基于气体动力论的中观模型以及基于流体动力学的宏观模型。这三类模型各有千秋，互有长短，在交通领域中有各自适用的方向，由于复杂的交通系统难以用统一的模式加以描述，至今为止，在交通流建模中还没有统一的理论或绝对优越的方法，现存的数百种模型中不存在普适的、万能的模型。

微观模型将车辆视为远距离相互作用的粒子，这些粒子具有一定的主观能动性，所以可将交通系统称为自驱动粒子系统，这种模型着重于车辆之间相互跟随和干扰的动力学行为，可以清晰地了解车辆之间的相互作用，最早出现的跟驰模型和近期研究热点之一的元胞自动机模型即属此列。

宏观模型将交通行为者的集合当作连续介质处理，把众多车辆组成的交通流从宏观上加以考察，将其视为可压缩的流体，采用流体动力学的基本方程作为控制方程，以波的传播来处理交通流的疏密变化。自 1950 年宏观模型问世以来，其揭示了种种非线性交通现象（交通激波、幽灵式交通阻塞、时走时停交通等），这说明流体动力学模型可以整体把握交通流的宏观特性，而且仿真过程费时较少，有利于实时预报交通状况。但仍然存在着诸多问题，如单个车辆个体行为和特征如何体现、随机扰动的影响，以及仿真时模型中的诸多参数的辨识工作等。

中观模型介于微观模型和宏观模型之间，由著名物理学家 Prigogine 首先提出，引用统计物理中的玻尔兹曼方程，采用气体动力论的手段来描述交通流。很多学者将此类模型划归于微观描述方法之列。这一模型可以解释一些交通现象，但难点在于相互作用项的准确描述和物理参数的确定，使用过于复杂，相对于其他模型发展迟缓，因此实用结果不多。

2.2.1　跟驰模型

车辆跟驰行为是车辆行驶模式中相对简单的一种，然而在单道行驶以及多道行驶但不易超车的情况下，又是最常见的实际行驶方式。车辆跟驰理论就是运用动力学方法，研究在无法超车的单一车道上，当车辆列队行驶时，后车跟随前车行驶状态的一种理论，它用数学模型表达跟车过程中发生的各种状态。跟驰理论试图通过观察单个车辆跟驰前车的方式来了解单车道交通流的特性。这种特性的研究可以用来描述交通流的稳定性，加速干扰以及干扰的传播；检测高速公路上汽车车队的特性；检验管理技术和通信技术，使追尾事故降到最低限度。此外，它还可以用于分析、计算道路通行能力。

车辆跟驰理论假定以下基本条件成立：①一条车道的交通流中，在车头间距处于 10~100/125m 的相邻车辆之间存在一种可以定量描述的相互影响关系；②由车辆-道路-车辆所构成的系统，在其行驶的动态过程中，后车单元（包括车辆和驾驶员）是主动的、可控的，他跟随前车行进，凭借感知能力、判断能力和控制能力，对前车一系列连续的刺激有规律地作出反应；③不存在超车行为。其主要行为过程包括以下内容。

（1）感知：驾驶员在可视范围内收集相关信息，信息来源于本车状态及前车行驶运动的整个过程，内容包括车辆速度、加速度、车头间距、相对速度等，以及这些变量之间的相关函数。

（2）决策：驾驶员根据收集到的信息进行判断，以决定车辆跟驰行为的具体模式。

（3）控制：后车驾驶员调整本车的速度等变量以保持与前车的呼应。

车辆跟驰理论作为最基础的交通流理论分支，早在 20 世纪 50 年代国外就开始了这方面的研究，1950 年 Reushel 和 1953 年 Pipes 对跟驰过程的研究，标志着跟驰理论解析方法研究的开始，至今已取得一系列研究成果。在建模方法上，主要有刺激-反应模型和安全车头间距模型两大类[84]。刺激-反应模型重在描述驾驶环境中各种刺激对驾驶员行为的影响，安全车头间距模型最早是由 Kometani 和

Sasaki 在 1959 年提出的，它不考虑刺激-反应关系，而是寻求一个安全的跟随距离，在前车驾驶员行为无法预测的情况下，避免碰撞产生，即驾驶员在选择行车速度时，要遵循这样的基本原则：当前车突然以某未知减速率制动时，可以在反应时间内安全地停车，也就是说保证一个安全的车头间距。

1. GM 模型[85, 86]

Chandler、Herman、Montroll 等于 1958 年前后在美国通用汽车动力实验室提出的 GM（general motor）模型，成为早期跟驰理论研究中最重要的工作。GM 模型是刺激-反应模型的一种形式，即反应（$t+\Delta t$）= 灵敏度×刺激（t）。跟驰过程中，后车驾驶员通过视觉感知与前车的距离以及前车后部面积在视野中的大小变化来判断与前车是逐渐接近还是远离，并通过接受这一刺激作出判断，实施操纵，从而达到安全而紧密地跟随前车行驶的目的。GM 模型基于如下假设：在时间 $t+\Delta t$ 内，后车的反应依赖于后车对刺激的敏感度和前车所给的刺激强度，刺激强度以前车与后车之间的相对速度、距离的形式给出，后车的反应通过加速度测得，敏感特性描绘出单位刺激的反应，Δt 为反应时间。

图 2-1 是车辆跟驰行为的形象描述，其中 v_i 是当前时间第 i 辆车的行驶速度，x_i 是当前时间第 i 辆车的位置，h_i 是当前时间第 i 辆车与前车的车头间距。

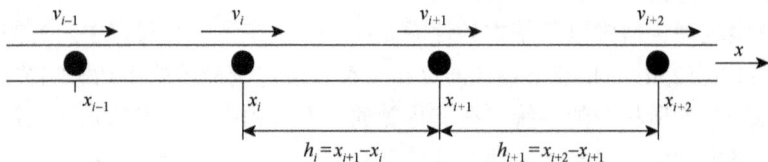

图 2-1　车辆跟驰行为图示

GM 模型最简单也最经典的数学描述可以表述成如下形式：

$$\ddot{x}_i(t+\tau) = \alpha(\dot{x}_{i+1}(t) - \dot{x}_i(t)) \tag{2-1}$$

式中，$x_i(t)$、$x_{i+1}(t)$ 分别为跟驰车和头车在时刻 t 的位置，一阶导数表示速度，二阶导数表示加速度；τ 为反应时间；α 为反应灵敏度系数。式（2-1）左端可以看作惯性项，右端看作阻尼项，当前车速度大于后车速度时，后车加速；当前车速度小于后车速度时，后车减速，这就是最基本的跟驰模型思想。

后来该模型的提出者 Chandler 等通过对 8 个实验对象的测试，测定出 α 的值为 0.17～0.74，τ 为 1.0～2.2。对于如此之大的波动，作者解释为驾驶员在观测到信息之后踩油门或制动时的力度并不一定是他所希望的程度，因此加速度大小的波动范围比较大。

此后，人们对该模型作了种种改进并取得了许多新的研究成果。其中 Gazis、

Herman 等研究出较为实用的模型，他们认为后车的速度变化（加速度）与前车及本车的速度差有关，而比例系数与两车的车头间距成反比，其数学表达式为

$$\ddot{x}_i(t+\tau) = \frac{\alpha}{x_{i+1}(t) - x_i(t)}(\dot{x}_{i+1}(t) - \dot{x}_i(t)) \tag{2-2}$$

式中，$\alpha / (x_{i+1}(t) - x_i(t))$ 为灵敏度的量度。

在后继的研究过程中，一些学者又对该模型进行了改进，提出了各种新的非线性理论模型形式，其中较为著名的有 Bierley 模型和 Rockwell-Treiterer 模型等。

Edie 在将跟驰模型与其他宏观模型比较的过程中发现，加速度的改变还与跟驰车的速度有关，于是进一步对敏感因子进行了改进，模型变为

$$\ddot{x}_i(t+\tau) = \frac{\alpha}{(x_{i+1}(t) - x_i(t))^2}(\dot{x}_{i+1}(t) - \dot{x}_i(t)) \tag{2-3}$$

然后，Gazis 等在 Edie 的基础上研究了拥挤和非拥挤两个状态下的跟车情况，提出了在拥挤状态下更一般性的公式：

$$\ddot{x}_i(t+\tau) = \frac{\alpha \dot{x}_i^m}{(x_{i+1}(t) - x_i(t))^l}(\dot{x}_{i+1}(t) - \dot{x}_i(t)) \tag{2-4}$$

式中，m 和 l 为常数。

虽然他们在研究分析了 18 组数据之后，无法确切地给出到底哪个 m 和 l 的组合更好（这一部分是因为数据的缺乏，另一部分是由于所得到的数据太分散），但他们大致确定了最佳组合应该落在 $m = 0 \sim 2$，$l = 1 \sim 2$，而 Edie 提出的公式在低密度车流时更加适合，因为它预测了密度极低时的极限速度。在寻找式（2-4）中最佳 m 和 l 的组合过程中，涌现出大量的研究结果，并且大多注意区分拥挤和非拥挤，加速、平稳和减速等不同的状态，具体的研究情况如表 2-1 所示。

表 2-1 GM 模型中 m 和 l 的不同组合

作者	m	l	备注
Chandler	0	0	
Herman、Potts	0	1	
Hoef	1.5/0.2/0.6	0.9/0.9/3.2	无减速停车/减速停车/加速
May、Keller	0.8	2.8	
Heyes、Ashworth	−0.8	1.2	
Treiterer、Myers	0.7/0.2	2.5/1.6	减速/加速
Ceder、May	0.6	2.4	
Ceder、May	0/0	3/(0~1)	拥挤/非拥挤
Ozaki	0.9/(−0.2)	1/0.2	减速/加速

应用经典跟驰模型，可以从微观角度考察车辆动力学行为，即在已知头车运动的情况下，可以模拟跟驰车辆的运动规律。另外它还为用直观方法建立交通流微观描述和宏观描述的联系搭起了桥梁。然而这类模型只考虑了两车速度差对跟随车辆的作用效应，当跟随车辆与前车速度相等时，无论两车的车头间距多远，跟随车都不会作出反应，这显然是不符合实际情况的。

2. 优化速度模型[87, 88]

Newell 第一次使用了速度-车头间距函数（velocity-headway function）的概念，在 1961 年提出了另一种如式（2-5）所示的跟驰模型：

$$\frac{\mathrm{d}x_i(t+\tau)}{\mathrm{d}t} = V(x_{i+1}(t) - x_i(t)) = V(\Delta x_i(t)) \tag{2-5}$$

并选取优化函数为

$$V(h) = V(\Delta x_i(t)) = v^0(1 - \exp(-(\Delta x_i - x_c)/(v^0 T_s))) \tag{2-6}$$

式中，v^0 为期望速度（上限速度）；T_s 为高密度交通情况下跟车行为的安全时间间隔；x_c 为安全距离，这也是优化速度模型的原型。

这一模型引起人们的关注是在 1995 年，Bando 等基于速度-车头间距函数的概念提出了一个修正模型：

$$\ddot{x}_i(t) = \alpha(V(x_{i+1}(t) - x_i(t)) - \dot{x}_i(t)) \tag{2-7}$$

式中，α 为加速度常数，也称为驾驶员的敏感度系数；$V(x_{i+1}(t) - x_i(t))$ 为速度-车头间距函数，也称为优化速度函数。该模型的基本原理如下：驾驶员首先判断自己车与前车的车头间距 $x_{i+1}(t) - x_i(t)$，并确定汽车的理想行驶速度 $V(x_{i+1}(t) - x_i(t))$。一般情况下，理想速度与实际速度 $v_i(t)$ 之间总有一定的差别，驾驶员判断出这个差别 $V(x_{i+1}(t) - x_i(t)) - \dot{x}_i(t)$ 并且通过对汽车加速度的控制来减少这个差别，从而达到理想速度。相应的运动条件为

$$v_i(t) = \frac{\mathrm{d}x_i(t)}{\mathrm{d}t}, \quad h_i(t) = x_{i+1}(t) - x_i(t), \quad \frac{\mathrm{d}h_i(t)}{\mathrm{d}t} = \dot{x}_{i+1}(t) - \dot{x}_i(t) = v_{i+1}(t) - v_i(t) \tag{2-8}$$

式中变量说明如图 2-1 所示。

由于驾驶员在反应过程中存在延迟时间，Bando 又提出了带延迟时间的优化速度模型，认为驾驶员在调整车辆速度的过程中，需要在 $t+\tau$ 时刻才能达到希望的加速度，而此时车头间距又有了变化，驾驶员又需要作出新的调整，模型表示如下：

$$\ddot{x}_i(t+\tau) = \alpha(V(x_{i+1}(t) - x_i(t)) - \dot{x}_i(t)) \tag{2-9}$$

后来有人讨论了对延迟时间的选取，整合了早期包含线性速度优化函数的 California 模型以及两个延迟参数。所以优化速度模型的一般形式可表示为

$$\ddot{x}_i(t) = \alpha(V(h_i(t-\tau_1)) - \dot{x}_i(t-\tau_2)) \qquad (2\text{-}10)$$

对于优化速度函数的选择，一般需要满足如下要求。

（1）$V(h)$ 是一个连续的、非负的单调递增函数。这一点很容易理解，驾驶员在跟车行驶过程中，当本车与前车的车头间距加大时，一般会相应地增加自己的行车速度。

（2）当 $h \to \infty$ 时，$V(h) \to v^0$。v^0 称为期望速度，可以看作驾驶员在自由行驶时采用的速度值。

（3）存在一个阻塞状态下的车头间距 $h_{\text{stop}} \geqslant 0$，当处于跟驰状态的两辆车之间的车头间距 $h \in [0, h_{\text{stop}}]$ 时，$V(h) \equiv 0$。

在有关文献中采用的速度优化函数有

$$V_1(h) = \tanh(h-2) + \tanh 2 \qquad (2\text{-}11)$$

$$V_2(h) = 16.8(\tanh(0.0860(h-25)) + 0.913) \qquad (2\text{-}12)$$

$$V_3(h) = v^0(1 - 1/h^2) \qquad (2\text{-}13)$$

$$V_4(h) = v^0 \frac{h^2}{1+h^2} \qquad (2\text{-}14)$$

式中，函数 $V_2(h)$ 是根据日本高速路采集的实际数据经统计而得出的，有一定的实际适用性。

表 2-2 列出了优化速度模型中各参数的估计范围。

表 2-2 优化速度模型中各参数的估计范围

名称	符号	估计值
延迟时间	τ	0.5～2s
弛豫参数	$T = 1/\alpha$	0.5～50s
敏感度系数	α	0.04～2s^{-1}
期望速度	v^0	10～35m/s
阻塞车头间距	h_{stop}	2～15m
平均车头间距	$h^* = L/n$	

该模型由于可以模拟实际交通流的许多定性特征，引起了许多学者的关注，并对该模型作了一些改进。Helbing 和 Tilch 通过使用实测数据对优化速度模型进行了辨识，发现该模型会产生过高的加速度以及不切实际的减速度，为解决该问

题，他们提出了广义力模型，吴清松、姜锐在广义力模型的基础上，又提出了全速度差模型，通过计算机模拟仿真得出了更符合实际数据的结果。

3. 智能驾驶员模型[89]

智能驾驶员模型（intelligent driver model，IDM）是一个连续的确定型模型，可以很好地再现实际交通流的各种现象，是 Treiber 和 Helbing 为了解决以下问题而提出的：①传统的跟驰模型不能描述单辆车的行驶情况；②改进后的速度优化模型没有考虑驾驶员对本车与前车速度之间的差值的反应，所以对优化函数的选取非常敏感，而且难以避免碰撞事故的发生。

IDM 的具体表示形式如下：

$$\frac{\mathrm{d}v_i}{\mathrm{d}t} = a\left(1 - \left(\frac{v_i}{v^0}\right)^\delta\right) - a\left(\frac{s^*}{s_i}\right)^2 \tag{2-15}$$

$$s^*(v_i, \Delta v_i) = s_0 + \max\left(v_i T + \frac{v_i \Delta v_i}{2\sqrt{ab}}, 0\right) \tag{2-16}$$

式中，$\Delta v_i = v_{i+1} - v_i$ 为车辆 i 与前车的相对速度；v^0 为车辆的期望速度；s_0 为车辆处于拥挤状态时的最小车头间距（minimum jam distance）；$s_i = x_{i+1} - x_i - l$ 为车辆 i 与车辆 $i+1$ 之间的车头间距，l 是车长；T 为拥挤状态下行走车辆间的安全时距；a 为最大加速度；b 为最大减速度；δ 参数为 1~4；s^* 为驾驶员根据当前情况（本车速度与前车速度差）判断得出的期望车头间距（effective desired distance），这一变量的引入有效地解决了优化速度模型中不能避免的撞车现象。

式（2-15）中的前一项反映了驾驶员在自由路段行驶的加速趋势，后面一项描述与其他车辆之间相互作用的影响，减速度的大小依赖于期望车距和实际车距之间的比值，而期望车距是根据车辆的当前速度以及与前车的速度差值动态变化的，相应地，驾驶员也动态地根据这种变化而产生实时反应，这也正反映了该模型中驾驶员的智能特点。

除了以上介绍的模型，还有其他一些描述车辆跟驰行为的模型，但基本上都可以归入刺激-反应模型和安全车头间距模型两大类中。其中心理-生理模型是将刺激抽象为前后车之间的相对运动，包括速度和距离的变化，这些刺激只有超过阈值才能被驾驶员感知并作出反应，从而建立相应的车辆跟驰模型，如张云龙提出的多段式模型以及 Wiedemann 提出的 MISSION 模型等。模糊逻辑推理模型是近些年来发展较为迅速的跟驰模型，该模型主要通过推理驾驶员未来的逻辑阶段来研究驾驶员的驾驶行为。这类模型最具特色的是把模型的输入项分为几个相互部分重叠的模糊集，每个模糊集用来描述各项的隶属度，一旦定义清楚隶属度的等级，就可以通过逻辑推理得到输出模糊集，如 MISSION 模型、MITRAM 模型等。安全距离模型通过经典的牛顿运动定律寻找一个特定的安全跟车距离，如果前车驾驶员做了一个突然的动作，跟车距离在小于这个特定的安全跟车距离情况下，可能会发生碰撞，该模型主要应用于交通仿真，如 CARSIM 模型、SpEACS 模型、SISTM 模型。随着研究经验的积累，国外的跟驰模型越来越细致，越来越复杂[90]。

近几年，元胞自动机模型开始用于单车道、多车道以及网络交通流的模拟，模拟的基本思想是将路面格子化，每个格子被视为有独立思维的小细胞，若干个小细胞对应一辆或几辆小汽车，把车辆在路面上的运动看成格子场的演变，细胞可以像小汽车一样通过观察周围环境的变化来决定下一步的运动状态，凡车辆应遵守的交通规则都表述为细胞的演变规则，车辆行驶的加速、减速、惯性、跟驰等均可以通过细胞的速度变化规则来详细刻画，从而把交通流的变化规律转化为细胞的演变规则加以研究。这与以往的交通模拟思路有很大差别，它不必非要找到函数形式的运动方程，而是直接用各种离散规则刻画运动。元胞自动机模型在揭示交通系统的内在规律方面具有独特的优势：一是参数少、结构简单，容易建立微观规则和宏观变量之间的关系；二是易于计算机实现，仿真方法为系统分析提供了强大的工具；三是能够对大规模路网进行快速仿真计算。因此元胞自动机模型具有很高的理论价值和广泛的应用前景。但总体而言，目前元胞自动机模型在交通研究中仍处于非主流地位，还面临一些问题：一是元胞自动机模型整体把握交通流特性的能力较差，数学上往往对应于离散的非线性动力学系统的求解，在考虑较多因素时，仿真的周期较长；二是从方法论角度上讲，尽管元胞自动机模型属于微观模型，但其微观规则缺乏驾驶员心理-行为数据支持，只能从统计物理角度研究，需要与其他微观方法融合。基于这一点，最近跟驰模型的思想被应用于元胞自动机模型的构造，Helbing 提出一个一维交通流元胞自动机模型，其借鉴了优化速度模型中的速度更新规则，可以视为优化速度模型的元胞自动机版本。董力耘等基于跟驰模型的思想，提出了一个改进的一维元胞自动机模型来模拟周期性边界条件下的高速路上的车流运动，并可直接用于研究在交通灯控制下城市道路中的各种现象[91-93]。

我国在车辆跟驰方面的研究起步较晚，研究的范围主要集中在理论方面，其中，早期研究提出了基于运动学方程的车辆跟驰模型，并在考虑不同制动距离的基础上，对该模型进行了改进[94-96]。章三乐等[94]研究了直行车队通过交叉口的行为特性，提出了相应的跟驰模型；陈建阳提出了关于速度平方的车头间距方程，并着重分析了交通流微观模型与宏观模型的关系；荣建[95]在博士论文中提出了基于可变跟驰时间和随机因素的跟驰理论模型；段进宇针对混合车流，提出了车辆跟驰模型；许伦辉提出了滞后时间与跟车状态有关的非线性跟驰模型。

2.2.2　流体动力学模型

　　交通流在一定程度上具有流动、波动、激波、压缩及扩散等流体属性。流体模型近似地将交通流视为连续流，即将流量、速度和密度等集聚变量视为时间和空间的连续函数，流量定义为速度和密度的乘积。从直观感觉出发，可以发现，随着道路上车辆的增加，行驶速度会受到限制而下降，当车辆密度超过某一个临界值时，就会发生交通阻塞。这种车辆少速度高、车辆多速度低的关系，是初期交通流模型研究的主要对象，人们试图通过对大量观测结果的整理和分析，找出速度、密度和流量三者之间的关系。在实际应用中，交通管理者一般不对单个车辆的精确运动感兴趣，也不关心分布函数 f，而主要关注的对象是车流密度、平均速度和车辆的速度方差（variance），也就是前面所说的速度-密度-流量关系。这是宏观层次上的交通流描述，与之相应的这类交通流模型主要就是指流体动力学模型。

　　宏观模型是由 Lighthill 和 Whitham 最先将流体动力学中质量守恒的基本原理应用到交通流中而建立起来的。但这个一阶连续性方程表示的模型未考虑加速度和惯性影响，没有如实反映非平衡态交通流的动力学特性。所以后来 Payne 根据跟驰理论的概念在原模型的基础上增加了平均速度与密度之间的关系，构造了交通流的高阶连续介质模型，并在他著名的交通流仿真程序 FREFLO 中使用了该模型。以后 Papageorgiou、Phillips、Daganzo 等分别对其作了改进，演化出了形式各样的交通流宏观模型[97, 98]。

　　Lighthill 和 Whitham 在 1955 年提出了第一个宏观流体动力学的交通流模型，称为 LW 理论。该理论认为交通流满足下述连续性方程：

$$\frac{\partial \rho}{\partial t} + \frac{\partial q}{\partial x} = 0 \qquad\qquad (2\text{-}17)$$

式中，x 和 t 分别为空间和时间；ρ 为交通密度；q 为交通流量。为使方程封闭需引用速度-密度关系或流量-密度关系 $q = g(\rho, s, t)$。

　　1971 年，Payne 根据车辆跟驰理论的思想，将流体动力学的动量方程引入交通流理论。该理论认为交通流满足连续性方程：

$$\frac{\partial \rho}{\partial t} + \frac{\partial q}{\partial x} = s(x, t) \qquad\qquad (2\text{-}18)$$

式中，x 和 t 分别为空间和时间；$s(x,t)$ 为流量产生率，对无进出匝道 $s(x,t) = 0$，对进口匝道 $s(x,t) > 0$，对出口匝道 $s(x,t) < 0$；ρ 为交通密度；q 为交通流量。

　　为解决稳态假设的有效性问题，Payne 提出了一个平均速度的附加方程，包含给定时间 τ 内 V 靠向其均衡值 $V_e(\rho)$ 的松弛度，系统描述为

$$\rho_t + (\rho V)_x = 0$$
$$V_t + VV_x = -\frac{1}{\rho}(P_e(\rho))_x + \frac{1}{\tau}(V_e(\rho) - V) \qquad (2\text{-}19)$$

式中，$-\dfrac{1}{\rho}(P_e(\rho))_x = -\dfrac{P_e'(\rho)}{\rho}\rho_x$ 为一个预期项，考虑了驾驶员对前面交通状况的感知情况；$P_e(\rho)$ 为平衡态下的交通压力（the equilibrium traffic pressure）。Payne 使用了 $P_e'(\rho) = \dfrac{1}{2\tau}\left|V_e'(\rho)\right|$。

我国学者也在该领域做了大量的工作，如吴正针对低速混合型交通流，由流体连续方程结合流体动量公式建立了交通流的数值模型；冯苏苇、Xue 和 Dai 建立了考虑松弛项、可压缩项和道路面积可变项的交通流的数学模型；薛郁在他的博士学位论文中，通过考虑两种不同的延迟时间尺度，建立了一种各向异性的流体动力学模型，与 Zhang 的模型殊途同归，具有一定的代表性[99-102]。

流体动力学模型以车辆的平均速度、平均密度、速度方差等宏观量刻画交通流，在交通系统实时仿真中有很强的适用性，因此交通流宏观模型在交通流理论中占着重要的地位，但同样，它也存在许多不足之处。

（1）流体动力学模型适于描述稠密、均匀和稳态的交通流，因为这种车流更接近于流体，而对于自由流和间歇流情形并不适用，对于超车和换道现象几乎无能为力，即使对于非自由流情形，流体动力学模型也不能完全解释交通拥挤、走走停停、交通堵塞和车流不稳定现象。

（2）交通流实际车流速度随密度上升单调下降的特性明显区别于一般流体，流体动力学模型的守恒方程不能充分解释这一现象。不存在唯一的速度与密度的关系，每条速度-密度曲线都有各自的适用范围，因此动态的速度与密度关系是一个启发式方程，特别需要实测数据予以校正。

（3）流体动力学模型未考虑驾驶员行为影响，与微观跟驰理论严重脱节，不能对交通流进行有效的稳定性分析。

（4）从计算角度看，流体动力学模型中的偏微分方程难以求解，传统的特征线法计算过程复杂，从控制的角度来看，求解问题时需要对模型进行空间离散化，由此得到一个差分微分方程。考虑到计算量、实时性的要求，需要对模型进行时间离散化，由此很难选取适当的离散化步长，另外差分格式选取不当也会使计算失稳或不收敛。

2.2.3　气体动力论模型

气体动力论模型介于前面两种模型之间，理论基础是玻尔兹曼方程式（Boltzmann equations），与宏观模型相比，其可以更精确地反映实际交通流状况，与微观模型相比其则大大减少了计算量。该模型的研究起始于 Prigogine 的工作，他介绍了一个动力项来解释减速反应，后继者利用一个启发式的弛豫项来描述车辆的加速度。直到最近，Nelson 通过对加速度的动力学描述成功地改进了动力学方程，使之更为合理。

这种模型的基本原理是利用一个分布函数 f 描述一定时间段内处于特定位置和速度的车辆数：

$$N_M = \int_M f(x,v,t)\mathrm{d}x\mathrm{d}v, \quad (x,v) \in M \subset [0,v_m] \tag{2-20}$$

式（2-20）可表示为

$$N = \int_{R \times [0,v_m]} f(x,v,t)\mathrm{d}x\mathrm{d}v \tag{2-21}$$

分布函数的时间演化由玻尔兹曼类型的积分微分方程式（integral-differential equation of Boltzmann type）给出。对于几何位置 M 中的坐标 (x_j, v_j)，车辆总数还可以从微观角度定义：

$$N_M = \sum \chi M(x_j, v_j) \tag{2-22}$$

式中，$\chi M(x_j, v_j) = \begin{cases} 1, & (x,v) \in M \\ 0, & (x,v) \notin M \end{cases}$。这实际上也给出了一个从微观演化方程得出动力学方程式的途径。

这一类模型比较有代表性的包括 Prigogine 模型、Paverri-Fontana 模型以及 Helbing 提出的 GKT（gas-kinetic-based traffic）模型，详细内容请参阅文献[103]。

2.2.4 三种模型之间的联系

尽管三种模型的出发点不同，并从不同的角度来研究交通流问题，但它们建立的基础是一致的，所以，在一定意义下，三者之间是相互关联的。事实上，除了气体动力论的中观模型可以建立微观和宏观模型的联系，许多唯象的高阶宏观连续模型还可直接从微观跟驰模型直观地演化得到[104]，由此产生的三种不同模型之间的相互推演也是交通流理论研究的一个热点问题。

Klar 和 Wegener[105]用一个简单的微观模型确定出了描述交通流的气体动力学方程；原始的 Payne 模型可视作微观模型到宏观模型的一个"退化"形式；Leutzbach[106]从中观模型推导出交通流模型的宏观方程；Yserentant[107]利用粒子方法对压缩流体进行宏观建模；Kai 和 Schreckenberg[92]分析了元胞自动机模型与波动学之间的关系；van Aerde 和 Yagar[108]利用离散粒子从宏观模型角度讨论了微观模型；Hoogendoorn 和 Bovy[109]从气体动力论模型出发，导出了离散粒子模型，并将其应用于行人流的描述。三类交通流模型之间的关系如图 2-2 所示。

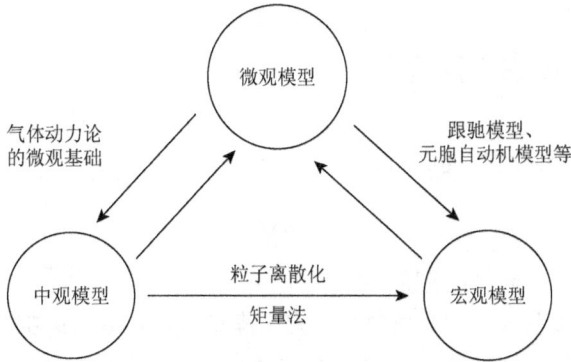

图 2-2　三类交通流模型之间的关系

从前面交通流理论的研究现状可以看出，现有交通流理论的研究主要集中在流量、速度、密度与容量之间的关系上，而各种模型在进行研究时都作了各种各样的假设，并不是建立在完全真实的交通状况基础上的，忽略了交通流中存在的不确定性，更没有对交通流的不确定性进行任何处理，这是与实际情况相违背的，如果能在交通流研究中全面地考虑到交通流的不确定性，无疑会使交通流理论更接近现实，提高交通流理论的实际应用价值。

2.3　稳定性、分岔和混沌理论基础

稳定性、分岔和混沌理论的研究起源于 19 世纪末的 Poincare 和 Lyapunov，而在 20 世纪得到长足的进展。运动稳定性的 Lyapunov 方法在力学中有了广泛的应用。在 20 世纪 40 年代，林家翘建立了流动稳定性理论，Kármán、钱学森和 Koiter 等开展了板壳等结构的稳定性研究，他们为连续介质力学领域的稳定性分析奠定了基础，并使其在各类工程技术问题中发挥重要作用。60 年代 Thom、Zeeman 和 Arnold 创立了动力系统的分岔理论，分岔理论成为研究动力系统失稳后行为的基础。分岔是非线性动力学的一个重要内容，它建立了对力学稳定性的全面深刻认识，还提供了用于力学稳定性理论和应用研究的解析与数值手段。混沌是指非线性确定性系统中由于对初值敏感而出现的貌似随机的运动。1963 年 Lorenz 在对气象预报研究引出的一类非保守系统里发现了这类混沌现象。另外，1954～1962 年，Kolmogorov、Arnold 和 Moser 从数学上证明的 KAM 理论，解释了保守的力学系统里出现的混沌现象。60 年代以后，对非保守和保守系统中混沌理论及应用的研究得到很大发展，并且认识到混沌往往在参数空间的一系列分岔之后出现。混沌理论的产生，揭示了牛顿力学中确定性和随机性之间的辩证关系，反映了自然现象的复杂性[24, 110]。

2.3.1　Lyapunov 稳定性理论

考虑运动微分方程描述的系统：

$$\dot{u} = g(u) \tag{2-23}$$

式中，$u \in U \subset R^n$；$g : U \subset R^n \rightarrow R^n$。

设 $u_s \in U$ 是该系统的一个孤立平衡点，满足 $g(u_s) = 0$，u_s 描述的是式（2-23）的某种特定运动，在实际中对应于某种平衡态，此特定的运动称为系统的未扰运动或稳态运动，只要状态变量 u 的初始值满足稳态运动的要求 $u(t_0) = u_s(t_0)$，则此稳态运动必能实现系统的实际运动。但初始条件往往不可避免地存在微小偏差，即 $u(t_0)$ 偏离 $u_s(t_0)$，此时系统的运动将偏离稳态运动，称为该稳态运动的受扰运动。显然受扰运动和未扰运动是同一运动微分方程在不同条件下的解，为便于分析，引入扰动变量 $x(t) = u(t) - u_s(t)$，式（2-24）的方程称为扰动微分方程：

$$\dot{x}(t) = g(u) - g(u_s) = g(x(t) + u_s(t)) - g(u_s) \tag{2-24}$$

不失一般性，设 $u_s(t) = 0$，否则可通过坐标平移将平衡点移到系统在新坐标系下的原点，而不影响对稳定性的分析，这样扰动微分方程就变为

$$\dot{x} = f(x) \tag{2-25}$$

对于给定任意小的正数 $\varepsilon > 0$，如果存在 $\delta = \delta(\varepsilon) > 0$ 满足 $\|x(t_0)\| < \delta$，则对于所有 $t > t_0$ 均有 $\|x(t)\| < \varepsilon$，那么称未扰运动是稳定的，若 $\lim_{t \to \infty} x(t) = 0$，则未扰运动渐近稳定。

若存在 $\varepsilon > 0$，对于任意 δ，存在受扰运动，当满足初始条件 $\|x(t_0)\| < \delta$ 时，在时刻 $t_1 > t_0$，满足 $\|x(t)\| = \varepsilon_0 > \varepsilon$，则称未扰运动是不稳定的。

以上定义是 Lyapunov 稳定性理论的基础。但它是以求解 $x(t)$ 为前提的，许多非线性问题直接按照定义判断稳定性是非常困难的。

将式（2-25）在 $x = 0$ 附近作泰勒展开并利用 $f(x) = 0$ 可得

$$\dot{x} = f(x) = Df(0)x + o\left(\|x\|^2\right) = Ax + o\left(\|x\|^2\right) \tag{2-26}$$

式中，$A = Df(0) \in R^{n \times n}$ 为矢量函数 $f(x)$ 在 $x = 0$ 处的 Jacobian 矩阵；$O\left(\|x\|^2\right)$ 为泰勒展开式的余项，x^2 的高阶无穷小。因此系统对应的线性派生系统为

$$\dot{x} = Ax \tag{2-27}$$

1. 线性系统的稳定性准则

矩阵 A 的特征方程记为

$$\det(A - \lambda I) = a_0 \lambda^n + a_1 \lambda^{n-1} + \cdots + a_{n-1} \lambda + a_n = 0 \qquad (2\text{-}28)$$

设矩阵 A 的特征值为 $\lambda_i, i = 1, 2, \cdots, n$，系统（2-28）的稳定性分为三种情况。

（1）如果特征值的实部 $\mathrm{Re}\,\lambda_i < 0$，则系统渐近稳定，反之亦然。

（2）如果存在某一个 λ_i，使 $\mathrm{Re}\,\lambda_i > 0$，则系统不稳定。

（3）如果存在零实部的特征值 λ_i，并且零实部根为单根，而其余根的实部为负，则系统稳定，但非渐近稳定；若为重根，则系统不稳定。

而对于高维系统，式（2-28）往往难以用代数方法求解，系统的稳定性可采用下面的判据进行。

Routh-Hurwitz 判据：式（2-28）的所有根具有负实部的充要条件是式（2-29）所有行列式同号：

$$
\begin{cases}
\Delta_0 = a_0, \quad \Delta_1 = a_1, \quad \Delta_2 = \det \begin{pmatrix} a_1 & a_0 \\ a_3 & a_2 \end{pmatrix} \\[2ex]
\Delta_3 = \det \begin{pmatrix} a_1 & a_0 & 0 \\ a_3 & a_2 & a_1 \\ a_5 & a_4 & a_3 \end{pmatrix}, \cdots, \Delta_n = \det \begin{pmatrix} a_1 & a_0 & \cdots & 0 \\ a_3 & a_2 & \cdots & 0 \\ \vdots & \vdots & & \vdots \\ a_{2n-1} & a_{2n-2} & \cdots & a_n \end{pmatrix}
\end{cases} \qquad (2\text{-}29)
$$

构造式（2-29）所示行列式时，若 $i > n$，则取 $a_i = 0$。

2. 非线性动力系统的稳定性准则

根据一次近似的派生线性系统的稳定性在一定程度上可以推断原方程的稳定性。

（1）如果派生系统（2-27）渐近稳定，则系统（2-26）的原点也渐近稳定。

（2）如果派生系统（2-27）的某一特征值有正实部，则系统（2-26）的原点不稳定。

（3）如果派生系统（2-27）存在零实部的特征值，则不能根据派生系统的情况来判断系统（2-26）的稳定性，其稳定性与非线性项有关，这种情况称为临界情况。

一般非线性动力学系统的确定性运动有四种形式。其中平衡点运动、周期运动是最常见的，另外两种是概周期运动和混沌运动。概周期运动实质上是非周期运动，有时表现为拟周期运动，例如，由至少两个频率互不通约的简谐运动叠加而成。对于混沌运动尚无明确的定义，事实上，常常把前几种运动以外的运动状态都称为混沌运动，对于本书所讨论的交通流系统，以上所提到的四种确定性运动都有可能发生。

2.3.2 分岔

物理系统的动力学行为是用微分方程来描述的，描述线性物理系统的微分方程是线性的，描述非线性物理系统的动力学行为是非线性微分方程。分岔是非线性微分动力系统的重要特性之一，它反映了当系统的物理参数发生变化并经过某些临界值时系统的定性性质，如平衡态或周期运动状态的数目以及状态的稳定性将会发生突然变化（这对应于描述非线性物理系统的非线性微分方程的定常解的数目以及定常解的稳定性在参数的临界值点发生突然变化）。

对于结构不稳定的非线性微分动力系统，总存在任意小的扰动，使系统的拓扑结构发生变化，这就是分岔现象，其定义为：设有含参数的非线性微分动力系统，则

$$\dot{x} = f(x,\mu), \quad x \in R^n, \quad \mu \in R^m \tag{2-30}$$

当参数 μ 连续地变动时，若系统相轨迹的拓扑结构在 $\mu = \mu_0$ 处突然发生变化，则这种现象称为分岔（bifurcation），相应的临界值 μ_0 为分岔值。在参数空间 R^m 中，分岔值构成的集合称为分岔集。

另外为了以后讨论的方便，这里给出倍周期分岔的定义：一个系统在某个（组）参数的变化过程中，随着参数从小到大，每一个稳定的周期在分岔点上都分为两个稳定的周期，称为倍周期分岔（period-doubling bifurcation）。

由分岔的定义可知，当分岔发生时，系统必定是结构不稳定的，因此分岔问题和结构稳定性问题的联系十分紧密。而分析其稳定性特征的一个重要因素就是系统的 Jacobian 矩阵的特征值，尤其是特征值实部为零时，就会引起分岔。

从系统的 Jacobian 矩阵的特征值 λ 看，参数 μ 变化引起的 $\mathrm{Re}\lambda = 0$ 的情况有三种。

（1）特征值沿复平面 $(\mathrm{Re}\lambda, \mathrm{Im}\lambda)$ 的实轴穿过虚轴。

（2）特征值沿复平面 $(\mathrm{Re}\lambda, \mathrm{Im}\lambda)$ 的上方或下方穿过虚轴。

（3）特征值沿复平面 $(\mathrm{Re}\lambda, \mathrm{Im}\lambda)$ 的实轴两边趋于虚轴。

这表明当参数变化时，系统的稳定性在结构上也有所不同，形态上是各异的，以上三种情况分别称为叉型分岔、Hopf 分岔和鞍-结分岔，如图 2-3 所示。

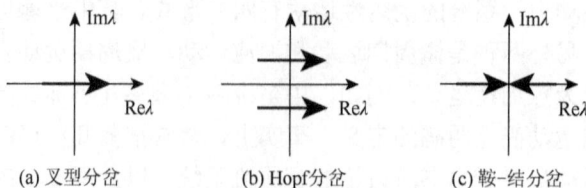

(a) 叉型分岔　　(b) Hopf分岔　　(c) 鞍-结分岔

图 2-3　三种不同类型的分岔

在这三种类型的分岔中，讨论最多的是 Hopf 分岔，它是指当系统参数变化经过临界值时，平衡点由稳定变为不稳定并从中生长出极限环的现象，在分岔点前后都存在稳定状态的情形，称为超临界 Hopf 分岔（supercritical Hopf bifurcation），分岔点前后其中一边没有稳定状态的情形则称为亚临界 Hopf 分岔（subcritical Hopf bifurcation）。这是一种比较简单又十分重要的动态分岔问题，主要研究内容包括：①分岔集的确定，即研究发生分岔的必要条件和充分条件；②当出现分岔时，系统的拓扑结构随参数变化的情况，即分岔的定性性态的研究；③计算分岔解，尤其是平衡点和极限环，并分析其稳定性；④考察不同分岔的相互作用问题，以及分岔与混沌、分形等其他动力学现象的关系。

Hopf 分岔定理：对系统 $\dot{x}=f(x,\mu)$，其中 $x\in R^n$，$\mu\in R^m$，满足以下两点。

（1）$f(0,\mu)=0$，且（0，0）为系统的非双曲平衡点。

（2）$A(\mu)=D_x f(0,\mu)$ 在 $\mu=0$ 附近有一对复特征值 $\alpha(\mu)\pm i\beta(\mu)$。当 $\mu=0$ 时，$\alpha(0)=0$，$\beta(0)=\beta_0>0$，且 $d=\alpha'(\mu)\neq0$，即当 $\mu=0$ 时，$\alpha(\mu)\pm i\beta(\mu)$ 横穿虚轴。

则存在 $\varepsilon_0>0$ 和一个解析函数 $\mu(\varepsilon)=\sum_{i=2}^{\infty}\mu_i\varepsilon^i$，当 $\mu=\mu(\varepsilon)\neq0$（其中 $\varepsilon\in(0,\varepsilon_0)$）时，系统在原点的充分小邻域内有唯一的闭轨（周期解）Γ_ε，该周期解的解析表达式为

$$x(s,\varepsilon)=\sum_{i=1}^{\infty}x_i(\varepsilon)\varepsilon^i \tag{2-31}$$

式中，$s=\dfrac{2\pi}{T}t$；解的周期为 $T(\varepsilon)=\dfrac{2\pi}{\beta_0}\left(1+\sum_{i=2}^{2\pi}\tau_i\varepsilon^i\right)$。

当 $\varepsilon\to0$ 时，$\mu(\varepsilon)\to0$，Γ_ε 趋于原点。记 μ_{j_1} 为展开式中第一个不为 0 的系数，则当 μ_{j_1} 与 d 同号时，Γ_ε 是稳定极限环；当 μ_{j_1} 与 d 异号时，Γ_ε 是不稳定极限环。

分岔问题的研究是动力系统和非线性微分方程中的重要研究课题之一，其研究对象是结构不稳定的系统。动力系统的研究不仅要讨论结构稳定性问题，也应当考虑结构不稳定而引起的定性性态可能的变化，因此，在讨论动力系统时应在分岔研究的基础上同时研究分岔行为的进一步演化，如一系列的分岔可能导致混沌运动的出现，分岔问题的研究应与混沌运动问题紧密结合。

2.3.3　混沌

混沌的确切定义很难给出，一般认为混沌就是指在确定性系统中出现的一种貌似无规则的、类似随机的现象。确定性的非线性系统中出现的具有内在随机性

的解称为混沌解。这种解在短期内可以预测而在长期内不能预测，与确定解和随机解都不同（随机解在短期内也不可预测）。混沌不是简单的无序，而是没有明显的周期性和对称性，是具有丰富的内部层次的有序结构，是非线性系统中平衡态、周期解、拟周期解之外的另一种存在形式。

1. 混沌的数学定义

目前混沌的数学定义有几种，在此介绍两种影响较大的定义。

1）Li-Yorke 的混沌定义[24]

混沌定义：闭区间 J 上的连续自映射 $f(x)$，如果满足下列两个条件，则称 f 在不规则集合 S 上是混沌的。

（1）f 的周期点的周期无上界：f 具有任意正整数周期的周期点，即对任意自然数 n，有 $x \in J$，J 是实数域 R 上的区间，使 $f^n(x) = x$（非不动点的 n 周期点）。

（2）闭区间 J 上存在不可数子集 S（包括非周期点），满足 $\forall x, y \in S$，当 $x \neq y$ 时，有

$$\limsup_{n \to \infty} \left| f^n(x) - f^n(y) \right| > 0$$

$\forall x, y \in S$，有

$$\liminf_{n \to \infty} \left| f^n(x) - f^n(y) \right| = 0$$

对所有周期点（即 $\forall x \in S$）和 f 的任一周期点 y，有

$$\limsup_{n \to \infty} \left| f^n(x) - f^n(y) \right| > 0 \tag{2-32}$$

这个定义表明了混沌运动的重要特征：①存在可数无穷多个稳定的周期轨道；②存在不可数无穷多个稳定的非周期轨道；③至少存在一个不稳定的非周期轨道。

2）Devaney 的混沌定义[111]

Devaney 的混沌定义：设 V 是一个紧度量空间的集合，连续映射 f：$V \to V$ 如果满足下列三个条件，则称 f 是在 Devaney 意义下 V 上的混沌映射或混沌运动。

（1）f 对初值的敏感依赖性：存在 $\delta > 0$，对于任意 $\varepsilon > 0$ 和任意 $x \in V$，在 x 的 ε 邻域内存在 y 和自然数 n，使 $d(f^n(x), f^n(y)) > \delta$。

（2）f 的拓扑传递性：对于 V 上的任意一对开集 X、Y，存在 $k > 0$，使 $f^k(X) \bigcap Y \neq \varnothing$（如果一个映射具有稠轨道，则它显然是拓扑传递的）。

（3）f 的周期点集在 V 中稠密。

2. 混沌运动的特征[112-116]

混沌运动是一种不稳定有限定常运动，即全局压缩和局部不稳定的运动。这个定义指出了混沌运动的两个主要特征：不稳定性和有限性。混沌运动是确定性

非线性动力系统所特有的复杂运动形态。混沌运动具有通常确定性运动所没有的几何和统计特征，如局部不稳定而整体稳定、无限自相似、连续的功率谱、混沌吸引子、分维、正的 Lyapunov 指数、正的测度熵等。一般认为混沌运动应具有以下几个方面的主要特征，它们之间有着密不可分的内在联系。

1）内部似随机性

一定条件下，如果系统的某个状态可能出现，也可能不出现，该系统被认为具有随机性。一般来说当系统受到外界干扰时才产生这种随机性，一个完全确定的系统（能用确定的微分方程表示），在不受外界干扰的情况下，其运动状态也应当是确定的，即可以预测的。不受外界干扰的混沌系统虽然能用确定的微分方程表示，但其运动状态却具有某些随机性，那么产生这些随机性的根源只能在系统本身，即混沌系统内部自发地产生这种随机性。混沌的内随机性实际就是它的不可预测性，对初值的敏感性造就了它的这一性质，同时说明系统是局部不稳定的。

2）整体稳定而局部不稳定性

混沌态与有序态的不同之处在于，它不仅具有整体稳定性，还具有局部不稳定性。整体稳定性是指系统受到微小的扰动后保持原来状态的属性和能力；局部不稳定性是指系统运动的某些方面（如某些维度、熵）的行为强烈地依赖于初始条件。一个系统要演化，要达到一个新的演化状态，不能把稳定性绝对化，而应在整体稳定的前提下允许局部不稳定，这种局部不稳定或失稳正是演化的基础。在混沌运动中这一点表现得十分明显。

3）对初始条件的敏感依赖性

在没有任何干扰、无限观察精度等理想条件下，混沌行为也是可以精确确定的。但是在实际中，干扰和有限精度是必然的。因此混沌行为演化的部分或局部的重复性，就会使微小的初值差异经过不长的时间后，形成差异巨大的不同演化轨迹。这就是混沌对初值的敏感依赖性，它直接导致了混沌行为的长期不可预测性。

4）短期可预测而长期不可预测性

由于混沌系统所具有的轨道的不稳定性和对初始条件的敏感性的特征，初始条件仅限于某个有限精度，而初始条件的微小差异可能对以后的时间演化产生巨大的影响，所以不可能长期预测将来某一时刻之外的动力学特性。

5）混沌吸引子

混沌吸引子是混沌现象在相空间的一个基本标志，可以引入定常态分布函数进行统计描述。各种运动模式在演化过程中衰亡，最后只剩下少数自由度决定系统的长期行为，即耗散结构的运动最终趋向维数比原始相空间维数低的极限集合——吸引子。长期以来，动力学系统研究的是耗散系统的规则性态，即简单吸引子（平庸吸引子，如不动点、极限环、环面等）上出现的定常性态。

混沌吸引子完全不同于简单吸引子，它的出现与运动轨道的不稳定性密切相关。出于对初始条件的敏感性，运动沿着某些方向指数分离，因此无穷次的伸长和折叠好像体积为零而面积无穷大的几何结构，于是形成混沌吸引子。

6）轨道不稳定性及分岔

长时间动力运动的类型在某个参数或某组参数发生变化时也发生变化。这个参数值（或这组参数值）称为分岔点，在分岔点处参数的微小变化会产生不同定性性质的动力学特性，所以系统在分岔点处是结构不稳定的。

7）普适性

普适性是指不同系统在趋向混沌态时所表现出来的某些共同特征，它不因具体的系统方程或参数而变化。具体体现为几个混沌普适常数，如著名的 Feigenbaum 常数等。普适性是混沌内在规律性的一种体现。

2.3.4 时滞微分方程

在工程中，许多动力系统可由状态变量随时间演化的微分方程来描述。这其中相当一部分动力系统的状态变量之间存在时间滞后现象，即系统的演化趋势不仅依赖于系统当前的状态，也依赖于系统过去某一时刻或若干时刻的状态，这类动力系统称作时滞动力系统。和常微分方程所描述的动力系统不同，时滞动力系统的解空间是无限维的，已不能简单地用微分方程来描述，其数学模型是时滞微分方程（组）。例如，含单个时滞的交通流动力学分析可归结为时滞常微分方程（2-33）的初值问题：

$$\dot{x}(t) = f(t, x(t), x(t-\tau)), \quad t > t_0 \tag{2-33}$$

式中，$\tau > 0$ 为系统的时滞。

对于时滞微分方程（2-33），其初始条件由定义在 $[t_0-\tau, t_0]$ 上的连续可微函数确定，系统在 $t > t_0$ 后的行为不仅依赖于 t_0 时刻的状态，而且与 $[t_0-\tau, t_0]$ 这一时间段的运动有关。因此，时滞系统的解空间是无穷维的。

时滞对系统的动态性质有很大的影响。例如，时滞常常导致系统失稳，时滞系统一般有无穷多个特征值，从而从一个侧面说明时滞系统是无穷维的。非线性时滞动力系统比用常微分方程所描述的动力系统有更加丰富的动力学行为。例如，一阶非线性自治时滞系统会产生分岔与混沌，而对常微分方程来说，一阶系统和二阶自治系统都是不可能产生混沌的。

目前，对非线性时滞动力系统尚没有针对性特别强的研究方法。无论时域方法还是频域方法，其基本上都是沿着与常微分方程平行的途径来研究时滞动力系统的动力学性质的，如讨论稳定性的方法主要是特征值法和 Lyapunov 方法，研究分岔的常用方法有中心流形法与正规型摄动法，而时间历程、功率谱、Poincare 截面、Lyapunov 指数、分数维等仍是刻画非线性时滞动力系统的混沌的工具。

中心流形定理和正规型是研究非线性时滞系统最常用的化简方法。以非线性时滞微分方程：

$$\dot{x} = Ax(t) + Bx(t-\tau) + f(x,x(t-\tau)), \quad A,B \in R^{n\times n} \tag{2-34}$$

为例，若定义：

$$\eta(\theta) = \begin{cases} -B, & \theta = -\tau \\ 0, & -\tau < \theta < 0 \\ A, & \theta = 0 \end{cases} \tag{2-35}$$

则它可化为式（2-36）形式的泛函微分方程：

$$\dot{x} = \tilde{L}x_t + \tilde{f}(x_t) \tag{2-36}$$

式中，$x_t \equiv x(t+\theta) \in C$，$\theta \in [-\tau+t_0, t_0]$；$R^n$ 为连续函数空间，并对任意 $\phi \in C$ 赋予范数 $\|\phi\| = \sup\limits_{\theta \in [-\tau+t_0, t_0]} |\phi(\theta)|$ 使 C 成为 Banach 空间；$\tilde{L}: C \to R^n$ 为线性算子：

$$\tilde{L}x_t = Ax + bx(t-\tau) = \int_{-\tau}^{0} \mathrm{d}\eta x(t+\theta) \tag{2-37}$$

系统非线性项 $\tilde{f} \in C^r(C, R^n), r \geq 2$，进一步，式（2-36）又可写成

$$\dot{x}_t = Lx_t + F(x_t) \tag{2-38}$$

式中

$$L(\phi(\theta)) = \begin{cases} \mathrm{d}\phi/\mathrm{d}\theta, & \theta \in [-\tau, 0) \\ \tilde{L}\phi = A\phi(0) + B\phi(-\tau), & \theta = 0 \end{cases} \tag{2-39}$$

$$F(\phi(\theta)) = \begin{cases} 0, & \theta \in [-\tau, 0) \\ \tilde{f}(\phi(\theta)), & \theta = 0 \end{cases} \tag{2-40}$$

L 的共轭算子 L^* 为

$$L^*(\phi(\zeta)) = \begin{cases} -\mathrm{d}\phi/\mathrm{d}\zeta, & \zeta \in (0, \tau] \\ \tilde{L}^*\phi = A^{\mathrm{T}}\phi(0) + B^{\mathrm{T}}\phi(\tau), & \zeta = 0 \end{cases} \tag{2-41}$$

为简单起见，下面考虑仅有一对纯虚数的特征根 $\pm i\omega$，而其他所有特征值的实部为负数的情况，来说明中心流形化简方法的思路。设 $u(\theta)(\theta \in [-\tau, 0])$ 是对应 $i\omega$ 的特征向量，即 $Lu = i\omega u$；而 $v(\zeta)(\zeta \in [0, \tau])$ 是 L 的共轭算子 L^* 对应于 $-i\omega$ 的特征向量，即 $L^*v = -i\omega v$。对任何定义在 $[-\tau, 0]$ 上的连续可微函数 $p(\theta)$ 和定义在 $[0, \tau]$ 上的连续可微函数 $q(\zeta)$，定义如下内积：

$$\langle q, p \rangle = \bar{q}^{\mathrm{T}}(0)p(0) - \int_{-\tau}^{0}\int_{\theta}^{0} \bar{q}^{\mathrm{T}}(s-t)\mathrm{d}\eta(\theta)p(t)\mathrm{d}t \tag{2-42}$$

式中，$\bar{q}^{\mathrm{T}}$ 为 q 的共轭转置。那么

$$x_t(\theta) = z(t)u(\theta) + \bar{z}(t)\bar{u}(\theta) + h, \quad z(t) \equiv \langle v, x_t \rangle \tag{2-43}$$

容易知道，函数 $z(t)$ 满足：

$$\dot{z} = \langle v, \dot{x}_t \rangle = \langle L^*v, x_t \rangle + \langle v, F(x_t) \rangle = i\omega z + \bar{v}^{\mathrm{T}}(0)F(x_t)(0) \tag{2-44}$$

上述结果也可用实函数表示。

一般地，设有 m 个零实部的特征值（按代数重数计算），而其他所有特征值的实部都为负。那么存在 C 的 m 维中心流形，使得非线性方程解的长时间行为可由中心流形上的流来逼近。记 P 为式（2-38）的零实部特征值所对应的解生成的子空间，将 C 分解为 $C = P \oplus Q$，则中心流形可表述为

$$M_c = \{\phi \in C : \phi = \Phi z + h(z, \tilde{f}), z \in U \subset R^m\} \tag{2-45}$$

中心流形上的流为

$$x_t = \Phi z + h(z, \tilde{f}) \tag{2-46}$$

式中，U 为 R^m 中原点的一个邻域；Φ 为 P 的一组基组成的矩阵；$h \in Q$，满足下面的常微分方程：

$$\dot{z} = Bz + bf(\Phi z + h(z, \tilde{f})) \tag{2-47}$$

通常，还假定 $h = O(|z|)^2$，此时可取式（2-47）的近似形式：

$$\dot{z} = Bz + bf(\Phi z) \tag{2-48}$$

式中，B 为对应零实部特征值的 $m \times m$ 矩阵；b 由式（2-38）的伴随方程对应于 P 的解子空间的基所决定。于是，可通过了解式（2-47）或式（2-48）的解的性质来获得对式（2-48）的解的认识。

Faria 和 Magalhaes 在文献[117]中对非线性时滞微分方程的正规型计算及其对分岔问题的应用作了详细的分析，限于篇幅，具体过程参阅相关文献。

2.4 处理时间序列的理论方法简介

用混沌理论研究交通流混沌问题的前提是确定交通流系统是混沌的，这就涉及混沌判别的问题。另外，交通流混沌判别的主要依据是交通流状态的变化，判别的主要问题是对交通流是否处于混沌态的判别，因此混沌判别问题成为交通流混沌转化研究的一个重要内容。在许多自然科学和工程技术等领域，人们往往容易获得的是研究对象的时间序列，传统的做法是直接根据这个序列去形式地分析它的时间演变。但由于时间序列是许多物理因子相互作用的综合反映，它蕴藏着参与运动的全部变量的痕迹，所以必须把该时间序列扩展到三维甚至更高维的相空间，才能把时间序列中的信息充分地显露出来，即时间序列的相空间重构。

混沌理论的各种计算的基本依据都是必须基于非线性学科中的各相关理论进

行的，如 Lyapunov 指数的计算与相空间重构理论（phase space reconstruction theory，PSRT）是分不开的，同时混沌预测模型构造的依据也必须依赖于相空间重构理论。因此各种对混沌判定的方法都是在结合了各种理论的基础上进行的。

2.4.1　相空间重构理论

相空间重构理论在混沌时间序列分析中有着重要意义，这一方法是由 Takens 和 Packard 等提出的[32, 33]。其主要目的是通过单一的系统输出时间序列来构造一组表征原系统动力学特性的坐标分量，从而近似恢复系统的混沌吸引子。混沌科学从理论走向应用在很大程度上取决于相空间重构理论将混沌理论引入非线性时间序列分析的提出，并成为混沌动力学系统时间序列分析的重要理论依据。对于一个复杂的高维系统，能够得到的往往是一维的标量信息，如交通流的时间序列数据，在这种情况下如何构建系统的相空间是相空间重构理论的核心。相空间重构理论根据一个变量有限的时间序列实现重构动力系统的相空间，基本原理观点为：系统中任一分量的演化都是由与之相互作用的其他分量所决定的。因此这些相关分量的信息都隐含在任一分量的发展过程中，每个分量的演化过程都隐含着系统的全部信息。

Takens 在 1981 年提出的嵌入定理对相空间重构理论进行了严格的数学证明[32]，按照 Takens 的嵌入定理，只要嵌入维数 m 足够大，即要求延迟坐标的维数 $m \geqslant 2D+1$（D 是动力系统的关联维数），则在该嵌入维空间里可把有规律的轨道（吸引子）恢复出来，即在重构的 R^n 空间的轨道上与原动力系统保持微分同胚。该意义说明构造系统与原动力系统吸引子的拓扑结构和几何结构完全相同，即有同等的动力学特性，从而为混沌时间序列的预测算法奠定了理论基础。对于观察到的时间序列 $x(t_i) = \{x(t_1), x(t_2), \cdots, x(t_n)\}$，$n$ 为时间序列样本数。用延迟时间的方法构造 $M = N-(m-1)\tau$ 个 m 维相空间矢量：

$$X_j = (x(t_j), x(t_j+\tau), \cdots, x(t_j+(m-1)\tau)), \quad j = 1, 2, \cdots, M \quad (2\text{-}49)$$

于是重构的轨道为

$$X = [X_1, X_2, \cdots, X_n]^T \quad (2\text{-}50)$$

式中，m 和 τ 分别为嵌入维数和延迟时间；X 为 $M \times n$ 维矩阵。

式（2-49）中任一相点 X_j 都包含 m 个分量（或状态点），对 n 个相点在 m 维的相空间中构成一个相型，相点间的连线就是动力系统在 m 维相空间中的演化轨迹。

Takens 提出和证明了嵌入定理，但对重构参数的选择没有给出指导性的建议。理论上，对于一个无限长、无噪声的时间序列，延迟时间的选取可以是任意的，但实际上这样的序列是不可得到的，实际应用中延迟时间的选取对相空间重构的质量有重大的影响，因此适当地选取延迟时间具有重要意义。另外，Takens 已经证明，对于一个维数为 D 的吸引子，当嵌入维数 $m \geqslant 2D+1$ 时，重构的吸引子能保持原来吸引子的拓扑特性。但实际上由于一个未知的动力学系统的吸引子维数 D 是不知道的，这一条件在应用中没有实际意义，而嵌入维数高于实际维数时，在混沌时间序列分析和动力学不变量的计算中又带来多余的计算与噪声。因此，嵌入维数的确定也是混沌时间序列分析的一个重要内容，有重要意义。为了重构高质量的吸引子，必须正确地选择重构参数，如时间序列长度 n、嵌入维数 m 和延迟时间 τ 等。目前尚无选择重构参数的公认标准，只有一些经验标准供参考。

2.4.2　时间序列长度的求取方法

时间序列的长度 n 越长，相应时间序列所包含的原系统的信息就越多，但太长的时间序列将包含更多的噪声，使重构过程计算时间过长，通常要求时间序列的长度 $n \gg 10^{D/2}$ [118, 119]，其中 D 为关联维数。

2.4.3　嵌入维数的求取方法

关于嵌入维数 m，Takens[32] 和 Sauer 等[120] 先后从理论上证明了当 $m=2D+1$ 时可获得一个吸引子的嵌入，但这只是一个充分条件，对实验数据选择 m 没有帮助。Ding 等[121] 证明了对无噪声、无限长的数据，只要取 m 为大于关联维数 D 的最小整数即可。但对长度有限且具有噪声的数据，m 要比 D 大得多。如果 m 选得太小，则吸引子可能折叠以至在某些地方自相交。这样一来，在相交区域的一个小邻域内可能会包含来自吸引子不同部分的点。如果 m 选得太大，理论上是可以的，但在实际应用中，随着 m 的增加会大大增加吸引子的几何不变量（如关联维数、Lyapunov 指数等）的计算工作量，且噪声和舍入误差的影响也会大大增加。在实际应用中通常的方法是计算吸引子的某些几何不变量，逐渐增加 m 直到这些不变量停止变化。从理论上讲，由于这些不变量是吸引子的几何性质，当 m 再增加时，这些不变量与嵌入维数就无关了。取吸引子的几何不变量停止变化时的 m 为饱和嵌入维数[122]。

因此，嵌入维数的确定原则是能够充分描述由时间序列给出的原系统动力学行为的最小嵌入维数。在实际操作时，求取最佳嵌入维数的方法主要有以下几种：G-P 算法、C-C 方法、关联指数饱和法、奇异值分解（singular value decomposition，SVD）法、虚假最近邻点（false nearest neighbors）法、Cao 方法、预测效果法、映象距离（distances between images）法、真实矢量场（true vector fields）法。

在这些方法中，以 G-P 算法、C-C 方法、Cao 方法较为常用。

2.4.4　延迟时间的求取方法

实验研究表明[123]，如果延迟时间 τ 选取得太小，则相空间矢量 X_j 的相邻延迟坐标元素（如 $x(t_j)$ 与 $x(t_j+\tau)$）差别太小，即冗余较大，重构相空间的样点所包含的关于原吸引子的信息偏少，表现在相空间形态上为信号轨迹向相空间主对角线压缩；如果 τ 选取得太大，则相空间矢量 X_j 的相邻延迟坐标元素不相关，信息丢失，信号轨迹就会出现折叠现象。因此，要求延迟时间既不能太小，也不能太大。

因此，相空间的延迟时间选择成为重构相空间的关键影响因素之一，选择合适的延迟时间还可降低嵌入维数。目前，在实际操作中最佳延迟时间的选取方法主要有以下几种：互信息（mutual information）法、其他信息论的方法，如冗余度（redundancy）法和信息熵等方法、自相关法和复自相关法、预报效果法、真实矢量场法、波动积（wavering product）法、填充因子（fill factor）法、累积局部变形（integral local deformation）法、简单轨道扩张（simple spreading of trajectories）法、奇异值分数（singular value fraction，SVF）法和 Jacobian 矩阵行列式法。

在这些方法中，以自相关法[124]及在此基础上改进的复自相关法[125]和互信息法[126]最为常用。

第 3 章　交通流混沌判别方法

用混沌理论研究交通流混沌问题的前提是确定交通流系统是混沌的，这就涉及混沌判别的问题。另外，交通流混沌判别的主要依据是交通流状态的变化，判别的主要问题是对交通流是否处于混沌态的判别，因此混沌判别问题成为交通流混沌转化研究的一个重要内容。

3.1　混沌判别的常用方法

尽管混沌有不同的定义，但是根据混沌的定义来判断识别混沌会有许多不便。所以，从混沌理论出现以来，便有许多学者致力于研究混沌的判别问题。然而到目前为止，还不存在一个普适性的混沌判别方法。由于混沌状态的高度复杂性，利用解析的方法来判别是很困难的。而且计算机技术和数字信号处理技术飞速发展，所以人们在研究混沌判别问题时通常采用数值方法。

3.1.1　混沌判别的解析判别方法

用解析方法研究混沌运动是当前非线性动力学研究的热点之一，出现了很多有价值的成果，但离完全解决问题还有很长的一段距离。相对比较成熟的方法是 Melnikov 方法，这种方法是基于摄动分析给出受到小扰动的可积系统出现横截同宿轨道或者异宿轨道的解析条件，从而作为系统出现混沌的必要条件。它是由苏联科学家 Melnikov 在研究保守系统同宿轨道和异宿轨道受扰动后分裂时而得出的。研究过程中，他提出了一种度量分裂后稳定流形和不稳定流形距离的方法，进而得出一种判断受小周期扰动的平面可积系统出现横截同宿点的解析方法。该方法的适用条件是未受扰动的平面可积系统存在双曲鞍点和连接鞍点的同宿轨道或异宿轨道，对于受扰动系统，先通过 Poincare 映射将非自治平面系统转化为平面映射，在小扰动的情形中，原系统的双曲鞍点小邻域内有相应平面映射的双曲鞍点，其稳定流形与不稳定流形之间的距离经过一阶近似简化后可写作一种便于计算的形式，即 Melnikov 函数。

在交通流系统中，系统的复杂性以及队列中车辆数目造成的系统高维特性，均使交通流系统难以满足 Melnikov 方法的适用条件，另外考虑驾驶员延迟时间的时滞系统也使该方法的使用受到很大的约束，尤其考虑到交通流混沌研究的实用性，解析方法对混沌的识别更是难以应用到实际交通流管控系统中，还有解析方法是以混沌的拓扑描述为基础的，尽管有一定的理论依据，但是拓扑意义上的混沌与实际观测到的混沌并非完全一致，因此解析方法得到的混沌出现条件往往与数值结果存在较大差别。基于以上原因，本书中不使用该方法作为研究交通流混沌的主要方法，该方法的主要内容不再赘述，可参考文献[127]。

3.1.2　混沌判别的数值判别方法

如上所述，由于混沌状态的高度复杂性以及理论研究方法的滞后性，利用解析的方法来判别是很困难的。而且计算机技术和数字信号处理技术飞速发展，所以人们在研究混沌判别问题时，通常采用数值方法，这也是目前人们识别非线性系统中混沌现象的主要方法。数值方法主要包括直观方法和定量方法。

1. 直观方法

直观方法就是通过对被分析信号的时域或频域特征曲线的观察，直观地确定混沌的存在与否。该类方法基于理论上对混沌的认识，采用实验的手段来观察混沌现象，所以相对简单、直观，不需要复杂的计算。这类方法包括时间历程法、相轨迹图法、频闪采样法、Poincare 截面法以及功率谱法。根据本书的需要，这里简单介绍一下功率谱法。

功率谱就是对大量轨道点采样后作快速傅里叶变换（fast Fourier transform，FFT）所得到的谱线。任何运动都包含一定的频率结构，一个复杂的信号应该是不同频率的混合体。功率谱的尖峰表示明确限定的分谱率比附近的频率要强。

周期运动的功率谱是分立、离散的（对应尖峰），它包括基频 $f_0 = 1/T$（T 为时间序列的周期）和其谐波 $2/T, 3/T, 4/T, \cdots$ 或它的分频 $f_0/2, f_0/3, f_0/4, \cdots$。

准周期运动的功率谱包括各种各样的周期（或频率），且各频率之间的比例为无理数，其频谱线并不像周期运动那样以某间隔的频率分立。

非周期运动的功率谱与上述周期运动和准周期运动的谱线不同，是连续的谱。非周期运动包括随机运动和混沌运动，而随机运动的功率谱的振幅与频率无关，是连续的平谱。混沌运动的功率谱也是连续的，但由于其运动极其复杂，在倍周期分岔过程中，功率谱会出现一批对应新分频及倍频的峰，所以混沌运动的谱不是平谱，即功率谱中出现了噪声和宽峰。

直观方法具有简单易行、判别方便等特点，因此成为判别混沌的最基本手段，很多学者在研究混沌现象时，都采用了此类方法[19, 57]。但是，这类方法也有其不可否认的缺点，其中最主要的缺点就是判别准确度不高，尤其不能区别随机性序列和混沌序列，另外利用直观方法得到的判别结果很容易受各方面因素的影响，如实验中仿真时间的长短、采样点的多少等，甚至还可能受到实验人员主观因素的影响。这些影响因素的存在，也必然会造成直观法准确性低、误差较大。

2. 定量方法

定量方法就是通过一定的方法计算可以描述时间序列混沌特性的某个特征量，根据得到的特征量数值判别混沌存在的可能性。这些混沌的特征量包括最大Lyapunov 指数（Lyapunov exponents）、关联维数、Kolmogorov 熵（Kolmogorov entropy）等。

1）Lyapunov 指数

混沌运动的基本特点是运动对初值条件极为敏感，两个很靠近的初值所产生的轨道，随时间推移按指数方式分离，Lyapunov 指数就是定量描述这一现象的量。Lyapunov 指数一般用 λ 表示。

Lyapunov 指数作为沿轨道长期平均的结果，是一种整体特征，其值总是实数，可正、可负，也可等于零。当 Lyapunov 指数 $\lambda < 0$ 时，相体积收缩，运动稳定，且对初始条件不敏感，系统收敛于不动点；当 $\lambda > 0$ 且有限时，轨道迅速分离，长时间行为对初始条件敏感，系统既不会稳定在不动点，也不存在稳定的周期解，同时不会发散，运动呈混沌状态；$\lambda = 0$ 对应于稳定边界，属于一种临界情况。若系统最大 Lyapunov 指数 $\lambda_1 > 0$，则该系统可能是混沌的或者随机的。因此，时间序列的最大 Lyapunov 指数是否大于零可作为该序列是否为混沌的一个判据。另外，通过对 Lyapunov 指数谱的分析还可以得出混沌的强弱。

目前计算 Lyapunov 指数的方法有很多，主要方法包括基于相轨线、相平面、相体积等演化来估计 Lyapunov 指数，适用于时间序列无噪声，切空间中小向量的演变高度非线性的 Wolf 方法[128]；也适用于时间序列噪声大，切空间中小向量的演变接近线性的 Jocobian 方法；还适用于 Barana 和 Tsuda 提出的 p-范数算法，这是上述两种方法的改进算法，目的是在 Wolf 方法和 Jacobian 方法之间架起桥梁。

2）关联维数

在实际应用中，一个系统的动态行为是否混沌，即是否有混沌吸引子，一般从两个基本特征上来判断：系统的相空间中的吸引子是否具有自相似结构的分数维几何体；系统对于初始状态条件是否敏感。如果所研究的吸引子具有这两个特征，那么可以认为该吸引子是混沌吸引子，首先给出分数维的定义。

分数维 D 是使系统在伸缩变换下保持不变的不变量，它度量了系统填充空间的能力，从测度论和对称理论方面刻画了系统的无序性与复杂性。

在实际中得到广泛应用的是关联维数，记为 D_2，其定义式为

$$D_2 = \lim_{\varepsilon \to 0} \frac{\ln(C(\varepsilon))}{\ln \varepsilon} \tag{3-1}$$

式中，ε 为变换的标度；$C(\varepsilon)$ 为关联积分函数，其定义为

$$C(\varepsilon) = \frac{1}{N^2} \sum_i^N \sum_j^N \theta(\varepsilon - |y_i - y_j|) = \frac{1}{N^2} \sum_i^N \sum_j^N \theta(\varepsilon - r_{ij}) \tag{3-2}$$

式中，y_i、y_j 为数据列；$\theta(\varepsilon - r_{ij}) = \begin{cases} 1, & (\varepsilon - r_{ij}) \geqslant 0 \\ 0, & (\varepsilon - r_{ij}) < 0 \end{cases}$。

关联维数 D_2 可以提供一些有用的系统动态信息，例如，当 $D_2 = 1$ 时，系统处于自持周期振荡；当 $D_2 = 2$ 时，系统具有两种不可约频率的准周期振荡；当 D_2 不是整数或大于 2 时，系统表现出一种对初始条件敏感的混沌振荡。

3）Kolmogorov 熵

Kolmogorov 熵是刻画系统的一个重要参量，就是表示状态信息随时间而丢失的速度，它等于正的 Lyapunov 指数之和。

在不同类型的动力系统中，K 的值不同。在随机系统中，$K = \infty$；在规则系统中，$K = 0$；在确定性混沌系统中 $K > 0$。因此通过 K 的计算可给出系统的粗略分类。

和直观法不同，定量方法需要经过一定量的计算过程，根据得到的具体数值判别混沌的存在与否。因此，定量方法比直观方法要复杂一些。但是，定量方法是通过具体的数值而不是直观的图形判别混沌，具有直观方法不可比拟的精确性，因此越来越多的学者开始采用定量方法研究混沌现象[54, 60, 65]，但这并不是说这种方法能完全准确地识别出非线性系统中的混沌现象，准确地讲，它或许能更精确地排除系统的周期或准周期态，使识别范围越来越小。而在某些应用中，直观方法比定量方法简洁方便，更易在实际系统中得到应用。因此，在混沌识别的研究中，定量方法与直观方法的结合兼顾了准确性与简洁性，是一种值得关注的方法。

3.1.3　直观方法与定量方法的比较

时间历程法、相轨迹图法、频闪采样法、Poincare 截面法以及功率谱法等方法作为混沌的直观判据，有其自身的优点：可以直观地描述物理模型抽象概念所蕴含的科学内涵，使某些抽象的概念和复杂的过程视觉形象化，能较有效地探讨系统内在的本质和规律性。

但是这种直观方法的缺点是不容忽视的。首先，这种方法的效率低，若想真正反映系统的特性，在计算机仿真中必须有足够长的仿真时间，选取足够多的采样点，而这势必造成实验效率的降低；其次，直观方法的误差很大，造成误差大

的原因很多，如计算机仿真中采样点的不足、实验人员的主观判别误差等；最后，直观方法不能精确地辨识系统从混沌态向周期态的跃变，微弱信号混沌检测技术的关键是判别出系统从混沌态跃变到周期态的那一瞬间，混沌判据的精确与否直接关系到检测结果的精确度。

相对而言，定量方法有直观方法不可比拟的精确性，定量方法通过具体的数值判别出系统是否处于混沌状态，而不会出现直观方法难以判别的问题，所以定量方法消除了直观方法可能出现的误判情况，大大提高了判断的精确性。因此，本书主要研究定量方法，又由前面所述，定量方法中 Lyapunov 特性指数法是最基本的，也是最重要的，另外两种方法，即关联维数法和 Kolmogorov 熵法，都与之有密切联系[129]，所以本书确定采用 Lyapunov 指数作为混沌判据，并应用于交通流混沌判别中。

3.2　基于组合特征分析的交通流混沌识别算法

在实际交通流管控系统中，混沌识别算法的应用更注重于它的实时性、高效性，而确定性则处于相对无关紧要的地位，然而在目前交通流混沌的初步讨论过程中，尤其是在讨论交通流系统的内部动力学行为时，混沌判别的准确性就成为至关重要的一个问题。

尽管混沌识别的定量方法准确性比直观方法高，但单一的特征量仍不足以确切说明混沌现象的存在。例如，对于最大 Lyapunov 指数，当其大于零时，所分析的时间序列有可能是混沌的，但也有可能是拟周期或者随机的，这样凭借单一的特征量计算并不能给出相关系统混沌特性的准确描述，而其他的一些判定方法往往可以对此进行弥补，如功率谱方法可以将拟周期和混沌、随机性序列区分开。所以，通过直观方法与多特征量的组合分析，对交通流序列中混沌的识别能作出更为准确的描述。下面来讨论基于组合分析的交通流序列混沌特性判别算法的实现问题。

3.2.1　时间序列确定性与随机性的判定

前面已经提到最大 Lyapunov 指数和功率谱结合能排除周期与拟周期时间序列，但对确定性序列和随机性时间序列的识别却无能为力。文献[130]在解决相空间重构过程中嵌入维数的选取问题时，给出了一个判定时间序列是随机性序列还是确定性序列的方法，其算法过程如下。

对于给定的一个动力系统，假定时间序列 $\{x_1, x_2, \cdots, x_N\}$，首先进行重构相空间：

$$y_i = (x_i, x_{i+\tau}, \cdots, x_{i+(d-1)\tau}), \quad i = 1, 2, \cdots, N-(d-1)\tau \qquad (3-3)$$

式中，d 为嵌入维数；τ 为延迟时间。

$y_i(d) = (x_i, x_{i+\tau}, \cdots, x_{i+(d-1)\tau})$，$i = 1, 2, \cdots, N-(d-1)\tau$，$y_i(d)$ 是 d 维重构相空间的第 i 个向量，近似于虚假邻点法，定义：

$$a(i, d) = \frac{\left\| y_i(d+1) - y_{n(i,d)}(d+1) \right\|}{\left\| y_i(d) - y_{n(i,d)}(d) \right\|}, \quad i = 1, 2, \cdots, N-d\tau \qquad (3-4)$$

式中，$\|y_k - y_l\| = \max\limits_{0 \leqslant j \leqslant m-1} \left| x_{k+j\tau} - x_{l+j\tau} \right|$；$y_i(d+1) = (x_i, x_{i+\tau}, \cdots, x_{i+d\tau})$ 为嵌入维数为 $d+1$ 的相空间中第 i 个向量；$n(i,d)(1 \leqslant n(i,d) \leqslant N-d\tau)$ 为一个整数；$y_{n(i,d)}(d)$ 为 d 维嵌入空间中距 $y_i(d)$ 最近的邻点（不是自身）。

如果两个点在 d 维空间距离比较接近，并且在 $d+1$ 维空间里仍然保持邻近状态，则称这两个点为真邻点，否则称为虚假邻点。虚假邻点法的基本思想就是合适的嵌入维数可保证没有虚假邻点存在。诊断一个虚假邻点就是判断 $a(i,d)$ 是否大于一个给定的阈值，由于阈值的选定比较困难，嵌入维数的计算由式（3-5）决定：

$$E(d) = \frac{1}{N-d\tau} \sum_{i=1}^{N-d\tau} a(i, d), \quad E_1(d) = \frac{E(d+1)}{E(d)} \qquad (3-5)$$

当 d 足够大时，$E_1(d)$ 趋于 1，相对比较合适的嵌入维数就是当 $E_1(d)$ 停止变化时的 d 值。

下面的特征量用来判断时间序列是随机性序列还是确定性序列：

$$E^*(d) = \frac{1}{N-d\tau} \sum_{i=1}^{N-d\tau} \left| x_{i+d\tau} - x_{n(i,d)+d\tau} \right|, \quad E_2(d) = \frac{E^*(d+1)}{E^*(d)} \qquad (3-6)$$

$x_{n(i,d)}(d)$ 是 d 维嵌入空间中距 $x_i(d)$ 最近的邻点（不是自身），区分的原则为：对于随机性序列，由于前后数据不相关，对任何 d 值，$E_2(d)$ 都接近 1；而对于确定性序列，由于前后数据的相关性，$E_2(d)$ 不可能是一个常数，总存在一些 d 值，使 $E_2(d)$ 不接近 1。这样，通过计算 $E_2(d)$ 的值，就可以得出所分析时间序列是确定性序列还是随机性序列，另外因为在计算 Lyapunov 指数时，同样需要进行相空间重构并计算嵌入维数，所以 $E_2(d)$ 的计算不会增大算法的计算量。

3.2.2　最大 Lyapunov 指数的计算

对于 Lyapunov 指数的计算，小数据量算法是相对比较理想的选择[24]，原因在于交通系统强调的是交通流的实时控制，所以要使理论结果能成功地实施到实际系统中，就要求算法不仅效率高，而且对采集的样本数的要求不是很高，其算法过程如下。

首先重构相空间，然后寻找给定轨道上每个点 X_j 的最近邻点 $X_{\hat{j}}$，即

$$d_j(0) = \min_{x_{\hat{j}}} \| X_j - X_{\hat{j}} \|, \quad |j - \hat{j}| > p \tag{3-7}$$

式中，p 为时间序列的时间窗口，即 $(m-1)\tau$，那么最大 Lyapunov 指数就可以通过基本轨道上每个点的最近邻点的平均发散速率估计出来。其估计表达式为

$$\lambda_1(i,k) = \frac{1}{k\Delta t} \frac{1}{M-k} \sum_{j=1}^{M-k} \ln\left(\frac{d_j(i+k)}{d_j(i)} \right) \tag{3-8}$$

式中，k 为常数；Δt 为采样周期；$d_j(i)$ 为基本轨道上第 j 对最近邻点经过 i 个离散时间步长后的距离。由于最大 Lyapunov 指数的几何意义是量化初始闭轨道的指数发散和估计系统的总体混沌量，结合式（3-5）的估计式有

$$d_j(i) = C_j \mathrm{e}^{\lambda_1(i\Delta t)}, \quad C_j = d_j(0) \tag{3-9}$$

将式（3-9）两边取对数得到

$$\ln(d_j(i)) = \ln C_j + \lambda_1(i\Delta t), \quad j = 1, 2, \cdots, M \tag{3-10}$$

显然，最大 Lyapunov 指数大致相当于式（3-10）这组直线的斜率。它可以通过最小二乘法逼近这组直线而得到，即

$$y(i) = \frac{1}{\Delta t} \langle \ln(d_j(i)) \rangle \tag{3-11}$$

式中，$\langle \cdot \rangle$ 为所有关于 j 的平均值。

3.2.3　功率谱

离散时间序列反映了实际非线性动力系统的运动状态，而吸引子正是这种状态的归宿，因此吸引子的信息就包含在这一时间序列之中。假定一个离散时间序列 $x_1, x_2, \cdots, x_n$，对这个数列加上边界条件 $N_{n+j} = N_j$，$\forall j$，然后计算自关联函数：

$$C_j = \frac{1}{N} \sum_{i=1}^{N} x_i x_{i+j} \tag{3-12}$$

再对 C_j 作离散傅里叶变换，计算傅里叶系数：

$$p_k = \sum_{i=1}^{N} C_j \exp\left(\frac{2\pi k \sqrt{-1}}{N} \right) \tag{3-13}$$

式中，p_k 为第 k 个频率分量对 x_i 的作用。这就是频率谱的本来意义。

应用快速傅里叶变换算法可以不经过自关联函数而直接求 x_i 的傅里叶系数：

$$\begin{cases} a_k = \dfrac{1}{N}\sum_{i=1}^{N} x_i \cos\left(\dfrac{\pi i k}{N}\right) \\[2mm] b_k = \dfrac{1}{N}\sum_{i=1}^{N} x_i \sin\left(\dfrac{\pi i k}{N}\right) \end{cases} \tag{3-14}$$

然后计算 $\overline{p}_k = a_k{}^2 + b_k{}^2$。得到时间序列的功率谱后，就可以分析非线性动力系统的波动状态，从功率谱上来区分周期运动、准周期运动和非周期运动。

基于组合特征分析的交通流序列混沌特性判别算法流程示意图如图3-1所示。

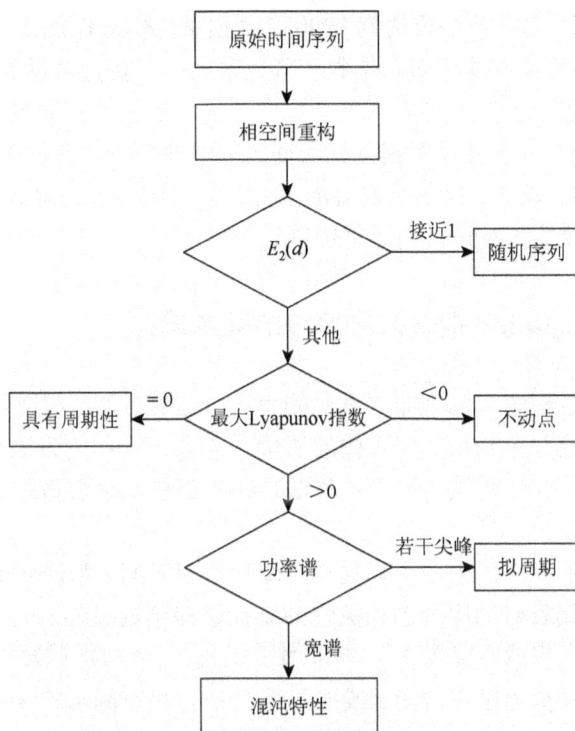

图 3-1　基于组合特征分析的交通流序列混沌特性判别算法

3.3　基于最大 Lyapunov 指数的快速判别交通流混沌改进算法

关于如何识别交通流的混沌现象目前已有很多方法。Lyapunov 指数是检验系统不稳定、出现混沌的一个非常有用的特征量。计算时间序列的最大 Lyapunov 指数是判别混沌的一个重要方法，也是进一步对时间序列进行混沌预测和混沌控制的基础。

计算 Lyapunov 指数的算法有很多[131, 132]，常用的方法有 BBA（Brown Bryant Abarbanel）方法和 Wolf 方法。其中 BBA 方法可以求出系统的全部 Lyapunov 指数，但运算量大，需要的数据点很多，其应用受到很大限制；Wolf 方法适用于计算系统的最大 Lyapunov 指数，但 Wolf 等[128]提出的 Lyapunov 指数的轨迹算法运算复杂，实用性受到限制。因此，如何快速准确地计算最大的 Lyapunov 指数就成为人们关注的问题。虽然 Wu 提出的 Lyapunov 指数矩阵算法[133]使这一问题在一定程度上得到解决，但应用 Lyapunov 指数判别混沌的 Wolf 方法和矩阵算法仍然或多或少存在一些不可避免的缺点：①依赖于数据长度，如 Wolf 方法计算系统的最大 Lyapunov 指数时，至少要达到 8000 个数据量，最大 Lyapunov 指数才可以稳定下来[132]；②敏感地取决于嵌入维数和延迟时间；③耗费大量的计算时间。

由于交通流控制的实时性要求高，只有用较少的样本序列准确快速地计算出最大 Lyapunov 指数，才能及时捕捉到交通流的混沌现象并实现混沌控制，这样，以 Wolf 方法判别、预测、控制交通流混沌特性就受到很大的限制，因此有必要研究快速实时计算最大 Lyapunov 指数的算法。

3.3.1　最大 Lyapunov 指数改进算法的基本思想

相空间重构过程中有两个非常重要的参数：延迟时间 τ 和嵌入维数 m。它们选择得好与坏直接关系到相空间重构的质量。选择 τ 和 m 的方法有很多，比较常用的有自相关法、互信息法、平均位移法、G-P 算法、虚假最近邻点法以及 C-C 方法等。

在这些方法中，C-C 方法可以同时计算出延迟时间 τ 和嵌入维数 m，它通过关联积分来构造代表时间序列的相关性的统计量和延迟时间 τ 的关系图来确定最佳嵌入延迟时间 τ 和嵌入窗宽 τ_w，然后再通过 $\tau_w = (m-1)\tau$ 确定嵌入维数 m；其余方法一般只能计算出延迟时间 τ 或嵌入维数 m。相空间重构参数计算方法特点如表 3-1 所示。

表 3-1　相空间重构参数计算方法特点

方法	优点	缺点
自相关法	适用于小数据组、计算方便	不适合非线性问题
互信息法	适合非线性问题	适用于大数据组、计算不方便
G-P 算法	从时间序列直接计算出关联维数	要求的数据长度大，易引起虚假的维数估计
C-C 方法	同时计算 τ 和 m、计算 τ 不受样本量限制	计算 m 的 τ_w 值一般较大，需要较大的样本量
Cao 方法	计算简便	必须根据给定的延迟时间 τ 才能计算嵌入维数 m

根据不同计算延迟时间 τ 和嵌入维数 m 方法的不同特点，本书采用 C-C 方法求得延迟时间 τ 后选用 Cao 方法计算时间序列的嵌入维数 m。

小数据量的计算方法[124]是 Rosenstein 等对 Wolf 方法、Jacobian 矩阵算法等计算最大 Lyapunov 指数算法进行充分讨论后，从最大 Lyapunov 指数的几何意义出发，提出的一种计算最大 Lyapunov 指数的方法。该算法的优点是不需要很长的数据长度就可以计算出时间序列的最大 Lyapunov 指数 λ_1，而且计算量较小，计算时间较短。

最大 Lyapunov 指数 λ_1 的几何意义是量化初始闭轨道的指数发散和估计系统总体混沌水平的量，λ_1 满足方程：

$$d(t) = Ce^{\lambda_1 t}$$

式中，$d(t)$ 为 t 时刻的平均扩散度；C 为归一化常数。因此，可以通过基本轨道上每个点最近邻点的平均发散速率估计出 λ_1。

鉴于此，本书提出一种基于小数据量方法的最大 Lyapunov 指数改进算法，这种改进算法首先用功率谱方法判别该序列是否为混沌时间序列，以保证建模的可靠性；然后通过快速傅里叶变换确定序列的平均周期 P，使最近的邻点保持短暂分离，从而减少计算量，通过 C-C 方法和 Cao 方法确定较优的延迟时间 τ 与嵌入维数 m，有效地减少了盲目选取而导致的烦琐计算；最后用小数据量方法计算理论交通流混沌时间序列的最大 Lyapunov 指数。大量数值实验表明这种算法对小数据时间序列可靠，降低了计算量和人为因素的影响，提高了最大 Lyapunov 指数的计算精度。

3.3.2　相空间重构参数的选取方法

1. C-C 方法

C-C 方法[123]通过时间序列的关联积分来构成统计量，统计量代表了非线性时间序列的相关性，用统计量和延迟时间的关系图来确定延迟时间 τ。定义关联积分：

$$C(m,N,r,\tau) = \frac{2}{M(M-1)} \sum_{1 \le i < j \le M} \theta(r - \| X_i - X_j \|), \quad r > 0 \qquad (3\text{-}15)$$

式中，r 为尺度；$\| \cdot \|$ 为上确界范数；$\theta(a) = \begin{cases} 1, & a \ge 0 \\ 0, & a < 0 \end{cases}$ 为 Heaviside 函数。

Ray[134]研究 BDS（Brock Dechert Sheinkman）统计时指出，如果时间序列是无限长独立同分布的，对固定的 m 和 τ，应有 $C(m,N,r,\tau) = C^m(1,N,r,\tau)$，因此构造统计量：

$$S(m,N,r,\tau) = C(m,N/\tau,r,\tau) - C^m(1,N/\tau,r,\tau) \qquad (3\text{-}16)$$

把时间序列 $\{x_i, i=1,2,\cdots,N\}$ 分成 τ 个不相交的时间序列，$\tau=1$ 为单个时间序列本身；$\tau=2$ 为 $\{x_1,x_3,\cdots,x_{N-1}\}$ 和 $\{x_2,x_4,\cdots,x_N\}$，长度为 $N/2$，对这两个时间序列的 $S(m,N,r,2)$ 取平均值：

$$S(m,N,r,2)=\frac{1}{2}((C_1(m,N/2,r,2)-C_1^m(m,N/2,r,2)) \qquad (3\text{-}17)$$
$$+(C_2(m,N/2,r,2)-C_2^m(m,N/2,r,2)))$$

对 τ 个不相交的时间序列，则有

$$S(m,N,r,\tau)=\frac{1}{\tau}\sum_{s=1}^{\tau}(C_s(m,N/\tau,r,\tau)-C_s^m(m,N/\tau,r,\tau)) \qquad (3\text{-}18)$$

当 $N\to\infty$ 时，定义：

$$S(m,r,\tau)=\frac{1}{\tau}\sum_{s=1}^{\tau}(C_s(m,r,\tau)-C_s^m(m,r,\tau)) \qquad (3\text{-}19)$$

如果时间序列是独立同分布的，对固定的 m 和 τ，当 $N\to\infty$ 时，对所有的 r，均有 $S(m,r,\tau)$ 恒等于零。但实际的序列是有限的，因此一般 $S(m,r,\tau)$ 不等于零，定义关于 r 的最大偏差：

$$\Delta S(m,\tau)=\max(S(m,r_j,\tau))-\min(S(m,r_j,\tau)) \qquad (3\text{-}20)$$

式中，$m=2,3,4,5$；$j=1,2,3,4$。

计算给定时间序列的标准差 σ，选取合适的数据长度 N，计算下列三个统计量：

$$\bar{S}(\tau)=\frac{1}{16}\sum_{m=2}^{5}\sum_{j=1}^{4}S(m,r_j,\tau) \qquad (3\text{-}21)$$

$$\Delta\bar{S}(\tau)=\frac{1}{4}\sum_{m=2}^{5}\Delta S(m,\tau) \qquad (3\text{-}22)$$

$$S_{\text{cor}}(\tau)=\Delta\bar{S}(\tau)+|\bar{S}(\tau)| \qquad (3\text{-}23)$$

式中，$r_j=j\sigma/2, j=1,2,3,4$。

作 $\bar{S}(\tau)$ 和 τ、$S_{\text{cor}}(\tau)$ 和 τ 的关系图，$\bar{S}(\tau)$ 第一个极小值对应最佳延迟时间 τ_d。

2. Cao 方法

Cao 方法是在虚假最近邻点法基础上发展起来的[130]，并具有很多优良的性质。与虚假最近邻点法相似，首先定义：

$$a(i,m)=\frac{\|X_{n(i,m)}(m+1)-X_i(m+1)\|}{\|X_{n(i,m)}(m)-X_i(m)\|} \qquad (3\text{-}24)$$

式中，$X_i(m+1)$ 为 $m+1$ 维重构相空间中的第 i 个矢量；$n(i,m)$ $(1\leqslant n(i,m)\leqslant N-m\tau)$ 为在 m 维重构相空间中使 $X_{n(i,m)}(m)$ 是 $X_i(m)$ 最近邻域的整数，$n(i,m)$ 依赖于 i 和 m；$\|\cdot\|$ 为欧氏距离，可以用最大范数来计算和实现，即

$$\|X_k(m) - X_l(m)\| = \max_{0 \le j \le (m-1)} \left| x_{k+j\tau} - x_{l+j\tau} \right| \tag{3-25}$$

定义所有 $a(i,m)$ 的平均值为

$$E(m) = \frac{1}{N - m\tau} \sum_{i=1}^{N-m\tau} a(i,m) \tag{3-26}$$

并定义从 m 到 $m+1$ 维的变化为

$$E_1(m) = E(m+1) / E(m) \tag{3-27}$$

如果时间序列来自混沌吸引子，则当 $E_1(m)$ 随着 m 的增加达到饱和时，$m+1$ 即最小的嵌入维数。

3.3.3 最大 Lyapunov 指数改进算法的计算步骤

基于小数据量方法的最大 Lyapunov 指数改进算法的计算步骤如下。

（1）对该时间序列 $x(t_i)(i=1,2,\cdots,N)$ 进行谱分析，用功率谱方法判别该序列为混沌时间序列或噪声；同时用快速傅里叶变换，计算其平均周期 P。

（2）分别采用 C-C 方法和 Cao 方法计算相空间重构时的最佳延迟时间 τ 和最佳嵌入维数 m。

（3）用延迟时间 τ 和嵌入维数 m 重构相空间。

（4）寻找相空间中每个点 X_j 的最近邻点 $X_{\hat{j}}$，并限制短暂分离。$X_{\hat{j}}$ 是通过遍历所有点和参考点（reference point）的最小距离而得到的。用公式可以表示为

$$d_j(0) = \min_{\hat{j}} \|X_j - X_{\hat{j}}\| \tag{3-28}$$

式中，$d_j(0)$ 为到第 j 个点的最近距离；$\|X_j - X_{\hat{j}}\|$ 为欧几里得范数。

这里还需要一个附加条件 $|j - \hat{j}| > P$，P 为时间轨道平均周期。

（5）对相空间中每个点 X_j，计算出该邻点对应的第 i 个离散时间步后的距离为 $d_j(i)$，有

$$d_j(i) = \|X_j - X_{\hat{j}}\| = C_j e^{\lambda_1(i\Delta t)} \tag{3-29}$$

式中，$i=1,2,\cdots,\min(M-j, M-\hat{j})$；$\Delta t$ 为时间序列的采样间隔或步长。

（6）对式（3-29）两边同时取对数，得到 $\ln(d_j(i)) = \ln C_j + \lambda_1(i\Delta t)$。对每个 i，计算出所有 j 的 $\ln(d_j(i))$ 平均值 $y(i)$：

$$y(i) = \frac{1}{q\Delta t} \sum_{j=1}^{q} \ln(d_j(i)) \tag{3-30}$$

式中，q 为非零 $d_j(i)$ 的数目；$y(i)$ 为距离 $d_j(i)$ 对 q 的累积和的平均值。

做出 i-$y(i)$ 曲线图，找出曲线图中呈线性关系的部分，用最小二乘法进行直线拟合，所得直线的斜率即最大 Lyapunov 指数计算值 λ_1。

这种最大 Lyapunov 指数改进算法由于充分利用了序列的演变信息,能够得到较可靠的 Lyapunov 指数。与 Wolf 方法[128]相比,这种方法的计算不需要每一步进行标准化和寻找夹角,而只需要计算出每个邻点对第 i 个离散时间步后的距离 $d_j(i)$。所以,这种改进算法显著降低了计算量和人为因素的影响,提高了 Lyapunov 指数的计算精度。

3.3.4　改进算法的有效性检验

为检验改进算法的有效性,将书中最大 Lyapunov 指数改进算法分别用于几个最大 Lyapunov 指数已知的经典混沌系统,在不同样本长度的时间序列下计算其重构参数和最大 Lyapunov 指数,计算结果如表 3-2 所示。从表 3-2 可以看出,采用这种最大 Lyapunov 指数改进算法能利用较短的时间序列较为准确地计算出时间序列相空间重构的参数和最大 Lyapunov 指数。因此,将这种改进算法用于混沌时间序列最大 Lyapunov 指数的计算是可行的、有效的。

表 3-2　不同时间序列长度的已知混沌系统最大 Lyapunov 指数计算值

系统	方程	N	τ	m	λ_1 计算值	λ_1 参考值	误差/%
Logistic	$x_{i+1}=4.0x_i(1-x_i)$	500	1	2	0.676	0.693	2.5
		1000			0.682		1.6
		2000			0.685		1.2
Hénon	$x_{i+1}=1-1.4x_i^2+y_i$ $y_{i+1}=0.3x_i$	500	4	2	0.382	0.418	8.6
		1000			0.394		5.7
		2000			0.415		0.7
Lorenz	$\dot{x}=16(y-x)$ $\dot{y}=x(45.92-z)-y$ $\dot{z}=xy-4z$	500	0.1	10	1.621	1.50	−8.1
		1000			1.572		−4.8
		2000			1.510		−0.7

注:误差 =(λ_1 参考值−λ_1 计算值)/λ_1 参考值×100%。

本章主要介绍混沌判别的常用方法,在此基础之上,提出了两种交通流混沌判别的基于组合特征分析的交通流混沌识别算法和基于最大 Lyapunov 指数的快速判别交通流混沌的改进算法,并证明了算法的可行性和有效性。

第 4 章 交通流稳定性分析与相变仿真

阻塞现象可视为动力系统的不稳定和相变。交通流稳定性分析是研究交通堵塞、交通事故和交通流特性的基础，也是研究交通阻塞现象的重要理论工具。交通流丧失稳定性会导致交通流状态产生交通流相变，造成交通拥堵或者交通事故。用非线性理论对交通流的稳定性进行分析，并研究交通流中的不同交通相之间的转化过程，对于提高车辆行驶的安全性和道路通行能力等方面的研究都具有重要的现实意义。

4.1 交通流稳定性与交通流相变

4.1.1 交通流稳定性

构建交通流模型、研究交通流理论的目的是优化交通系统的管理控制、保障实际交通流的顺畅通行，提高交通能力，也就是说要最终服务于实用性。所以在建模时，强调模型要能再现交通流系统出现的种种现象，以保证其描述系统的准确性，而模型的稳定性则是除了其准确性的另一个重要标准，这里的稳定性是考察干扰在车队中传播和消散的情况。如果随机干扰逐渐消失，则模型是稳定的，或者干扰不消失，但却保持在一定范围之内，也可以说模型是稳定的。对稳定性的研究有助于解释追尾事故和交通阻塞的原因，同时可用于对隧道和瓶颈路段车流特性的分析与改进。稳定性好的模型能保证仿真过程的延续性，在仿真中能更有效地再现真实的场景，使模型更为真实、有效和安全。可以说交通流模型的稳定性分析对衡量这个模型的实际适用性有重要的意义。

交通流稳定性包含两层概念[135]：一是考察一对车（前导车和跟随车）的行为，在什么情况下，前一辆车的偏离行为会导致后一辆车的过度补偿行为，也就是后一辆车的调整是否超过了所需要的调整范围，这种调整也使后车产生了类似简谐运动的振动，如果这种振动的幅度随时间而衰减，就形成了车辆的局部稳定性（local stability）；二是考察一队车（头车及多辆跟驰车辆），是指在车队中某车的速度变化向其后各车传播的特性，如果速度变化的振幅在传播过程中扩大了，则称为不稳定，如果振幅逐渐衰弱，则称为渐近稳定（asymptotic stability）。

交通流稳定性的丧失会导致交通流状态之间的转化，这种转化称为交通流相变，从数学意义上讲，相变与分岔是同一个概念，但在交通领域，它们之间有根本的区别。它们的不同点包括以下几方面。

（1）研究方法上，对相变的研究主要是通过仿真实验手段来发现交通流状态的变化，而对分岔的研究主要是通过解析方法，仿真只是一种验证手段。

（2）相变分析是一种粗粒度的研究手段，而分岔能展示出交通流相变过程中更精确的动力学行为。

（3）在研究对象上，相变研究涉及大多数交通流模型，尤其是利于计算机仿真的元胞自动机等离散模型以及对实测数据的统计分析，分岔则主要针对传统的表示为微分方程形式的连续模型。

（4）分岔更多的是关注交通流系统中的隐性动力学行为，而相变是根据实际观测数据分析或通过计算机模拟仿真而发现显性的交通流状态变化。

因此，相变是交通流分岔行为的外在体现方式之一，对相变的研究实际上就是对交通流分岔的实验研究。本章的内容主要考虑相变和分岔两个问题。

4.1.2　交通相与三相交通流理论

在交通流中最重要的数据显示形式是基本图，它描述交通密度和流量之间的关系。通常测量的数据要经过 1～5min 的时间间隔进行平均才能得到较为可靠的数据时间序列，否则就不能够反映真实交通所遵循的规律。但是利用基本图方法来分析交通流存在一个基本假设，这个假设是：在建模时，假设在无扰动（unperturbed）、无噪声限制（noiseless limit）的情况下，交通流应该有一个平稳的状态，在这种状态下车辆行驶时保持相同的间距和与时间系数无关的车速。这种平稳的状态有时候也称为平衡态或稳态，或者均匀状态。

Kerner 综合分析了 1995～2001 年德国公路实测数据后发现：在孤立瓶颈处可能出现多种交通流模式，他称为普通模式（general pattern）和同步流模式（synchronized flow pattern），而且这两种模式中同样包含了不同的交通流形态。鉴于交通流模式的复杂性，他提出需要区分强阻塞和弱阻塞，并经过观察得出结论：强阻塞经常出现在普通模式中，而弱阻塞经常出现在同步流模式中；强阻塞经常出现在驶入匝道处，而弱阻塞经常出现在驶出匝道处。

在对大量数据分析的基础上，Kerner 摒弃了传统基本图方法的假设条件，提出了三相交通流理论（three phase traffic flow theory）[136, 137]，也就是将交通流模式分为以下三种不同的基本状态：①自由流（free flow）；②同步流（synchronized flow）；③宽幅运动阻塞流（wide moving jam flow）。

根据 Kerner 的理论，在自由流状态，车辆之间的相互作用可以忽略，每辆车均以期望速度运动,因此车流量随车辆密度线性增加。所有非自由流的状态都称为阻塞态。

在高速公路和大中城市的道路上经常观察到车辆时停时走(stop-and-go)的交通状态,即一系列的阻塞,一辆车离开拥挤区域不久又不得不由于前面交通的阻塞而停下来。宽幅运动阻塞流处于车辆密度相对很高的区域,车辆的平均速度和流量均很小。阻塞区域的宽度比车辆速度突然变化的波前宽度大很多,宽幅运动阻塞以特征速度 V_{jam} 向上游运动,实测数据表明 $V_{jam} \approx 15km/h$。宽幅运动阻塞的另一个特性是:它的流出流量与流入阻塞区域的流量无关。

不属于宽幅运动阻塞的阻塞交通组成了同步流,处于同步流的平均速度明显低于自由流,然而,它的流量比宽幅运动阻塞大得多,主要的特性就是没有明确的流量-密度关系,即对应的数据点无规则地弥散于基本图上一个大的二维区域内。而且,在多车道的高速公路上,不同车道的测量时间序列是高度相关的,即同步的,这是把这样的交通状态称为同步交通的原因。

Kerner 等在三相交通流理论基础上,分析了不同交通流状态之间的相变过程。他们在德国高速公路上进行观测实验并对得到的结果进行分析,证实了高速公路交通阻塞的自发形成主要通过不同的临界相变过程,是从自由流→同步流→运动阻塞或自由流→宽幅运动阻塞流的过程,而且其中还存在流量崩溃、滞后现象以及成核效应等,在这两个相变过程之间会出现滞后现象,如在自由流→同步流的相变与相反过程相比发生在较高的密度和较低的速度时。同时实验数据表明自由流→同步流的相变本质上是多车道效应,车道变换的策略使不同车道车辆运动内在关联,引起同步模式。尽管已经有各种多车道的交通流模型,但是直到现在对同步流的数据点呈无规则散布状态的一般可接受的解释还没有提出来,对这个现象值得信赖的解释五花八门,包括不同类型车辆混合、时距的各向异性、沮丧驾驶员的行为变化、期望效应、多平衡解和多亚稳振荡状态等,但只有不同类型车辆混合假设和时距的各向异性假设得到了实测数据支持。

而传统的基本图方法也显示出交通流状态的多样性,最近几年的交通观察实验表明交通流的流量-密度基本图是相当复杂的,在低密度自由流动区域,车辆之间没有相互作用,各自以平均速度 v 运动,流量 q 与密度 k 近似地成比例 $q = kv$;在中等密度情况下,系统的均匀流以及拥挤状态可能维持较长的时间,对高速公路的观测数据进行详细的分析后,发现流量并不是密度的单值函数。在基本图上某些密度区域流量出现两个分支,表明亚稳态的存在:一个分支对应于较大的流量,此时车辆之间的相互作用可以忽略不计,没有出现阻塞;另一个分支对应于较小的流量,会显示出均匀流与阻塞相分离现象,最新的实验数据证明了这一点,阻塞下游的流量小于均匀流流量。交通流发生阻塞的现象是一种临界的现象,交通流临界行为是相当复杂的，它会呈现各种各样的状态，交通流发生阻塞一般可以分为振荡阻塞态、触发时走时停态、固定的局域堆集、完全阻塞态四种同步态。特别值得一提的是许多学者认为存在幽灵式的阻塞，这是一种既无交通事故，又非交通高峰期的无缘无故的交通阻塞，而且对城市交通和高速公路的交通都有很大的影响。

对于交通流不同状态尤其是交通阻塞的成因，学术界作出了多种解释，比较有代表性的有两种观点分别是以德国科学家 Helbing 和 Kerner 等为代表的斯图加特学派与以美国加利福尼亚大学 Daganzo 和 Bertini 等为代表的伯克力学派。前者认为交通阻塞的产生是自发的，并不需要明显的外部因素；而后者则认为交通阻塞就是匝道、交通事故、车道数目变化等因素造成的，一般不会自发地出现，而且实际测得的交通数据与他们的观点并不冲突。实际上如果把驾驶员、车辆、道路看作一个完整的系统，这两种观点在一定程度上是相容的，首先，系统内外的划分不再明显；其次，系统内的因素，如驾驶员施加在油门的力度、道路的不均匀程度等的微小变化都可能引起交通阻塞，同样地，交通事故、外来干扰等系统之外的因素对交通流的影响更加明显。因此对交通流相变的研究应该寻求新的理论方法，从全面的角度来找到合理的解释。

4.2　跟驰模型的稳定性分析

4.2.1　GM 模型稳定性分析

1. 局部稳定性分析

对于第 2 章介绍的 GM 模型：

$$\ddot{x}_f(t+\tau) = \alpha(\dot{x}_l(t) - \dot{x}_f(t)) \tag{4-1}$$

式中，下标 f 和 l 分别为后车与前车；α 为敏感度系数。

以前的分析是利用拉普拉斯变换和拉普拉斯逆变换得到的，得到的结果十分复杂，不容易对其进行分析，下面利用第 2 章介绍的稳定性理论来讨论参数变化对交通流稳定性的影响。

显然这个模型是用二阶时滞微分方程描述的，在分析时，一般化为一阶方程来处理。但对于式（4-1），当 $t \to \infty$ 时，$x_f \to \infty$。显然方程的解并不收敛于一个吸引子，这样无法应用非线性动力学理论来讨论，为解决这个问题，需引入相对位移和相对速度的概念。

假定初始状态下，车辆行驶处于稳定态，即两车以相同速度行驶，两车之间的车头间距保持常数值 b，令

$$y(t) = x_l(t) - x_f(t) - b, \quad z(t) = \dot{x}_l(t) - \dot{x}_f(t) = v_l(t) - v_f(t) \tag{4-2}$$

则式（4-1）可变化为

$$\dot{z}(t) = \ddot{x}_l(t) - \ddot{x}_f(t) = \ddot{x}_l(t) - \alpha z(t - \tau) \tag{4-3}$$

由于前车的加速度为 0，式（4-3）可变化为

$$\dot{z}(t) = -\alpha z(t - \tau) \tag{4-4}$$

系统的平衡解为 $z(t) = 0$。不失一般性，假定 $z(t) = e^{\lambda T}$，并代入式（4-4），可得式（4-4）的特征方程为

$$\lambda + \alpha e^{-\tau \lambda} = 0 \tag{4-5}$$

令 $t = T\tau$，代入式（4-4），则式（4-4）变为

$$\dot{z}(T) = -\alpha \tau z(T - 1) \tag{4-6}$$

则式（4-5）的特征方程为

$$\lambda + \alpha \tau e^{-\lambda} = 0 \tag{4-7}$$

令 $\lambda = \mu + i\omega$，代入式（4-7）并分离虚、实部可得

$$\begin{cases} \mu + \alpha \tau e^{-\mu} \cos \omega = 0 \\ \omega - \alpha \tau e^{-\mu} \sin \omega = 0 \end{cases} \tag{4-8}$$

为方便起见，令 $c = \alpha \tau$，由式（4-8）可得

$$\mu = -\omega \cot \omega, \quad c = \omega e^{\mu} / \sin \omega, \quad \omega \neq k\pi, k = 1, 2, \cdots \tag{4-9}$$

下面通过分析特征根取值的情况来讨论后车的局部行为稳定性的条件。

如果 $\omega = 0$，也就是说式（4-7）只有实根，那么显然有 $\mu + c e^{-\mu} = 0$，即

$$c = -\mu e^{\mu} \tag{4-10}$$

因为 $c > 0$，所以 $\mu < 0$ 一定成立，按照第 2 章给出的稳定性条件，在这种情况下，原来系统的状态是稳定的。而在这种条件下，因为 $\omega \to 0$，所以 $\mu \to -1$ 并且 $c \to 1/e$，当 $\omega \to 2k\pi$ 时，$\mu \to -\infty$ 并且 $c \to 0$，可以通过式（4-10）的函数关系图 4-1 看出 c 和 μ 之间的关系。

由图 4-1 可以看出 $c \leqslant 1/e$，在这种情况下，$\mu < 0$，系统平衡解稳定，而且 $\omega = 0$，不存在振荡解。

如果 $\omega \neq 0$，假定 $\mu > 0$，由式（4-8）可知：

$$\cos \omega < 0, \quad |\omega| = c e^{-\mu} \sin \omega < c \tag{4-11}$$

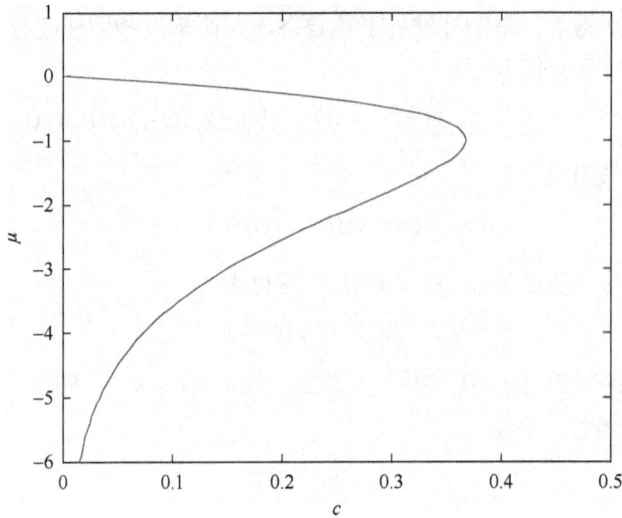

图 4-1　当 $\omega = 0$ 时 c 和 μ 函数关系图

在一个周期 $\omega \in [0, 2\pi]$ 中，由于 $\omega = ce^{-\mu}\sin\omega$，显然 $\omega \notin [\pi, 2\pi]$，也就是说要满足 $\cos\omega < 0$，必须有 $c > \omega > \pi/2$ 成立。即当 $0 < c < \pi/2$ 时，$\mu > 0$ 不成立，所以这种情况下，式（4-6）的平衡解稳定。

当 $\mu = 0$ 时，如果 $\omega \neq 0$，则必有 $\cot\omega = 0$，因此 $\omega = \pm\left(2k\pi + \dfrac{\pi}{2}\right)$，同时有

$$|\omega| = ce^{-\mu}\sin|\omega| = c \tag{4-12}$$

因此，当 $c = \pi/2$ 时，系统有一对纯虚根 $\omega = \pm\left(2k\pi + \dfrac{\pi}{2}\right)$，将相应值代入式（4-4），可求得系统的一个频率为 $\pi/(2\tau)$ 的周期解 $z(t) = e^{\pm i\frac{\pi}{2\tau}t}$，系统在这一点上产生周期振荡。实际上 $c = \pi/2$ 是系统的一个临界分岔点，当 c 继续变化时，产生 Hopf 分岔，这是第 5 章要讨论的内容。

另外 $\dfrac{\mathrm{d}\mu}{\mathrm{d}c}\Big|_{\lambda = \pm i\omega} = \dfrac{\omega^2}{c(1+\omega^2)} > 0$，因此在 $c = \pi/2$ 处，μ 随着 c 的增大而增加，当 $c > \pi/2$ 时，$\mu > \mu|_{c=\pi/2} = 0$，所以，这种情况下，系统是不稳定的。

综合以上分析，可得模型（4-1）的稳定性条件如下。

（1）若 $c = \alpha\tau \leqslant e^{-1}$，则系统稳定，并且扰动将呈指数衰减。

（2）若 $e^{-1} < \alpha\tau < \pi/2$，则系统稳定，并且扰动振幅逐步减小。

（3）若 $\alpha\tau = \pi/2$，则系统稳定，扰动呈等幅振荡。

（4）若 $\alpha\tau > \pi/2$，则系统不稳定，扰动呈增幅振荡。

Hermen 等在 1958 年针对该模型的局部稳定性进行了仿真实验，实验中两辆

车跟随行驶，初始速度相同，头车首先减速然后再加速至原速度，针对不同的 c 值，头车波动对后车产生的影响可由图 4-2 看到：当 $c = 0.50$ 以及 $c = 0.80$ 时，一开始产生振荡，随即很快衰减，回复至原来的车头间距；当 $c = 1.57 \approx \pi / 2$ 时，振荡呈等幅度地向后传播；当 $c = 1.60$ 时，振荡的幅度逐渐增加，与前面的分析一致。

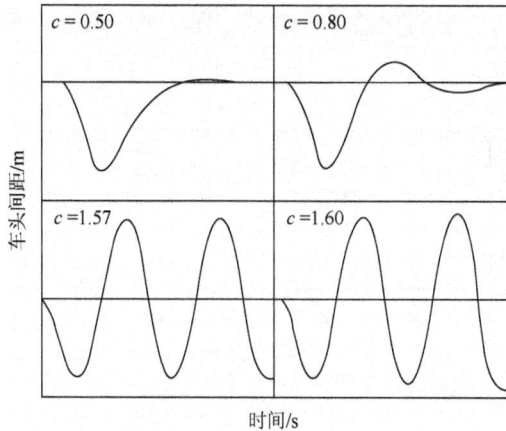

图 4-2　不同 c 值下车头间距随时间变化序列

2. 渐近稳定性分析

渐进稳定性的概念最早由 Chandler 等提出，以一队前后跟随的车辆速度为对象，对其波动进行傅里叶分析。假设头车的速度为 u_0，第 n 辆车的速度为 u_n，ω 为频率，f 为振幅，则头车和第 n 辆车的速度傅里叶分解为

$$u_0(t) = a_0 + f_0 e^{iwt} \qquad (4\text{-}13)$$

$$u_n(t) = a_0 + f_n e^{iwt} \qquad (4\text{-}14)$$

将式（4-13）和式（4-14）代入式（4-1），得

$$u_n(t) = a_0 + F(\omega, \alpha, \tau, n) e^{i\Omega(\omega, \lambda, \tau, n)} \qquad (4\text{-}15)$$

式中，$F(\omega, \alpha, \tau, n) = \left(1 + \left(\dfrac{\omega}{\alpha}\right)^2 + 2\left(\dfrac{\omega}{\alpha}\right)\sin(\omega\tau)\right)^{-n/2}$

当 $1 + \left(\dfrac{\omega}{\alpha}\right)^2 + 2\left(\dfrac{\omega}{\alpha}\right)\sin(\omega\tau) > 1$ 时，随着 n 的增加，振幅因子 $F(\omega, \alpha, \tau, n)$ 逐步递减，最后得到渐近稳定条件为

$$\alpha\tau < \frac{1}{2}\left(\lim_{\omega \to 0}\frac{\omega\tau}{\sin(\omega\tau)}\right) \qquad (4\text{-}16)$$

考虑到实际车速的振动频率 ω，式（4-16）的右边将落在 0.5～0.52 范围内。

观察后可以发现，反应时间越短，稳定范围内的敏感因子 α 的范围就越大，这也是符合实际情况的。

图 4-3 是对前面分析的模型进行仿真得到的，仿真的初始条件与本小节"局部稳定性分析"部分相同，从车队中相邻车辆之间的车头间距变化可以看出，当 $c=1/e=0.368$ 时，前两车振荡明显，然后迅速衰减，系统满足局部稳定；当 $c=1/2$ 时，扰动的振幅随着向后的传播逐渐衰减，属于渐近稳定；而当 $c=0.75$ 时，呈现出明显的不稳定性。

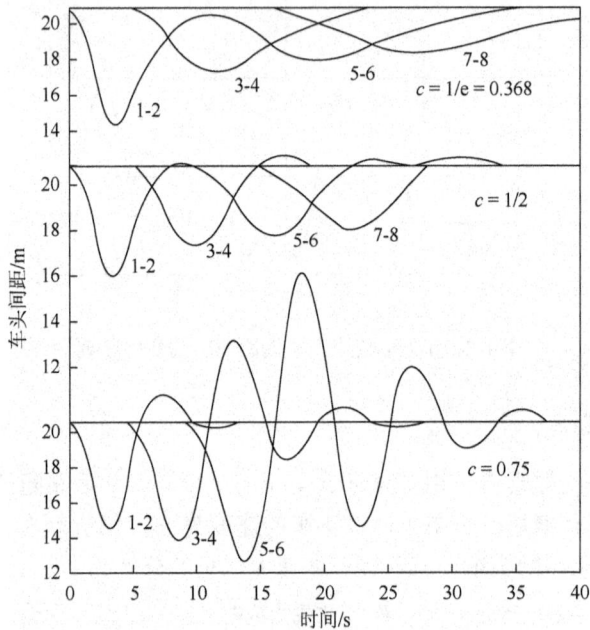

图 4-3 不同 c 值下跟随车辆车头间距随时间变化序列

对于不同类型的跟驰模型（见第 2 章），其稳定性条件的部分结果如表 4-1 所示。

表 4-1 不同跟驰模型的稳定性条件

模型	稳定性条件
式（2-2）	$T_1^2 > 2/\alpha$
式（2-3）	$\dfrac{\alpha_1 + 4\alpha_2}{2(\alpha_1 + 2\alpha_2)^2} > \dfrac{\alpha_1 T_1 + 2\alpha_2 T_2}{\alpha_1 + 2\alpha_2}$
式（2-9）	$\dfrac{1}{\tau} > \dfrac{2\alpha \dot{x}^l}{(\Delta x)^m}$

3. 时滞参数对交通流稳定性的影响

这里时滞参数指的是驾驶员的延迟时间，仍然选取模型（4-1），并且在模型中去掉时滞参数来分析车流的稳定性，即头车的扰动是否会被放大。假定初始条件是车流以速度 v_0 行驶，头车受正弦干扰而周期摆动，定义：

$$u_n(t) = v_n(t) - v_0, \quad u_n(t) = 0, \quad t \leqslant 0 \tag{4-17}$$

则有关系式（4-18）成立：

$$u_1(t) = \sin(\omega t), \dot{u}_2(t) = \lambda(u_1 - u_2), \dot{u}_3(t) = \lambda(u_2 - u_3), \cdots, \dot{u}_{n+1}(t) = \lambda(u_n - u_{n+1}),$$

$$n = 1, 2, 3, \cdots, N \tag{4-18}$$

对式（4-18）利用傅里叶级数求解可得

$$u_2(t) = \left(1 + \frac{\omega^2}{\lambda^2}\right)^{-1/2} (\mathrm{e}^{-\lambda t} \sin\phi + \sin(\omega t - \phi)) \tag{4-19}$$

式中，$\left(1 + \dfrac{\omega^2}{\lambda^2}\right)^{-1/2} = \cos\phi = u$ 为振幅；ϕ 为初相。

$$u_3(t) = u^2((\sin(2\phi + \omega t))\mathrm{e}^{-\lambda t} + \sin(\omega t - 2\phi)) \tag{4-20}$$

······

显然当 $t \to \infty$ 时，有 $|u_2| \leqslant u$，$|u_3(t)| \leqslant u^2$，$\cdots$，以此类推，$|u_k(t)| \leqslant u^{k-1}$。

由于 $u < 1$，当 k 与 t 很大时，$|u_k(t)| \to 0$，这也就说明对头车产生的扰动不会随着车辆的行驶而被放大，车流会一直稳定。这显然与实际交通流是不符的，所以模型（4-1）如果没有时滞参数，从实际交通意义上讲显然是错误的。

这个模型比较简单，而且是一个线性模型，不能代表所有的跟驰模型，因为对于非线性模型，其中的非线性因素会产生相应的作用而不会出现在前面的结果中。但这足以说明，交通流模型中，驾驶员的延迟时间是一个重要的参数，交通流中的许多现象是与这个参数有关的。

4.2.2　优化速度模型稳定性分析

实际上，交通流的局部稳定性与渐近稳定性之间没有明显的划分，对于交通流模型，在分析其稳定性条件时，一般考虑的都是它的渐近稳定性。下面来分析优化速度模型的稳定性条件。

1. 无时滞参数的优化速度模型稳定性分析

首先分析模型（2-7）的稳定性条件。模型描述为

$$\frac{\mathrm{d}^2 x_i(t)}{\mathrm{d}t} = \alpha(V(\Delta x_i(t)) - v_i(t)) \tag{4-21}$$

在分析该模型稳定性之前，首先需要确定系统的平衡解，显然，假定车辆以相同的车速行驶，相邻车辆之间保持相同的车头间距，平衡解就是在这样一个稳定的行驶状态下方程的解。因此可得

$$v^0 = V(h^*), \quad x_i^0(t) = v^0 t + h^* i \tag{4-22}$$

式中，h^* 为相邻车辆之间的车头间距。

令 $\xi_i = x_{i+1} - x_i = \Delta x_i - h^*$，则有

$$\ddot{\xi}_i(t) = \ddot{x}_{i+1}(t) - \ddot{x}_i(t) = \alpha(V(\Delta x_{i+1}) - V(\Delta x_i)) - \alpha(\dot{x}_{i+1}(t) - \dot{x}_i(t)) \tag{4-23}$$

式中，$V(\Delta x_{i+1}) - V(\Delta x_i) = V(\xi_{i+1} + h^*) - V(\xi_i + h^*)$。

将式（4-23）在 h^* 处利用泰勒展开式展开可得

$$V(\xi_{i+1} + h^*) = V(h^*) + V'(h^*)\xi_{i+1} + o(\xi_{i+1})$$

$$V(\xi_i + h^*) = V(h^*) + V'(h^*)\xi_i + o(\xi_i)$$

将高阶项忽略不计，然后代入模型（2-10）中整理可得

$$\ddot{\xi}_i(t) = -\alpha \dot{\xi}_i(t) + \alpha V'(h^*)(\xi_{i+1}(t) - \xi_i(t)) \tag{4-24}$$

假定式（4-22）的解为

$$\xi_i(t) = \exp(\mathrm{i}a_k i + \lambda t)$$

式中，$a_k = \dfrac{2\pi}{N}k, k = 0,1,\cdots,N-1$。

代入式（4-22）可得其特征方程为

$$\lambda^2 + \alpha\lambda - \alpha V'(h^*)(\mathrm{e}^{\mathrm{i}a_k} - 1) = 0 \tag{4-25}$$

则有

$$\lambda_{1,2} = \frac{-\alpha \pm \sqrt{\alpha^2 + 4\alpha V'(h^*)(\mathrm{e}^{\mathrm{i}a_k} - 1)}}{2} \tag{4-26}$$

按照第 2 章的稳定性理论，系统稳定必须使所有根的实部均为负数，因此，对于给定的 k 值，由式（4-23）可知当满足条件 $V'(h^*) > \dfrac{\alpha}{1 + \cos k}$ 时，对系统（2-6）施加小扰动将使系统变得线性不稳定，并且当 $k = 0$ 时系统的不稳定性最强。由此可得系统（2-7）的稳定性条件为 $\alpha > 2V'(h^*)$，也就是说，在这个条件下，式（2-7）的稳态解是渐近稳定的；当 $\alpha < 2V'(h^*)$ 时，系统不稳定；$\alpha = 2V'(h^*)$ 是一个临界点。如图 4-4 所示，不稳定区域分为两部分：一部分是亚稳定区域；另一部分是绝对不稳定区域。

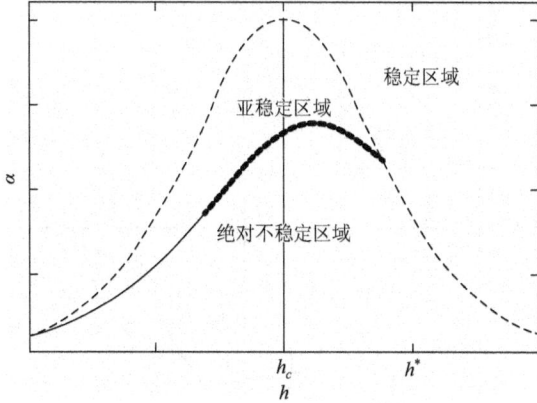

图 4-4　参数 α、h 及系统稳定性关系示意图

2. 带时滞参数的优化速度模型稳定性分析

带时滞参数的优化速度模型为

$$\frac{\mathrm{d}^2 x_i(t)}{\mathrm{d}t} = \alpha(V(\Delta x_i(t-\tau)) - v_i(t-\tau)) \qquad (4\text{-}27)$$

由于模型的描述是一个时滞微分方程，对其稳定性分析的处理要复杂得多。

与 4.2.1 小节的初始条件相同，假定车辆以相同的车速行驶，相邻车辆之间保持相同的车头间距，平衡解就是在这样一个稳定的行驶状态下方程的解。因此可得

$$v^0 = V(h^*), \quad x_i^0(t) = v^0 t + h^* i$$

令 $\xi_i = x_{i+1} - x_i = \Delta x_i - h^*$，经整理可得

$$\ddot{\xi}_i(t+\tau) = -\alpha \dot{\xi}_i(t) + \alpha V'(h^*)(\xi_{i+1}(t) - \xi_i(t)) \qquad (4\text{-}28)$$

令 $\xi_i(t) = \exp(\mathrm{i}a_k i + \lambda t)$，其中 $a_k = \dfrac{2\pi}{N}k, k = 0,1,\cdots,N-1$。代入式（4-28）可得其特征方程为

$$\lambda^2 \mathrm{e}^{\lambda\tau} + \alpha\lambda - \alpha V'(h^*)(\mathrm{e}^{\mathrm{i}a_k} - 1) = 0 \qquad (4\text{-}29)$$

显然，相应的特征方程是一个复杂的超越方程，对其特征值的分布难以给出明确的结论，因此 Bando 和 Hasebe 在文献[88]中对 $V'(h^*)/\alpha = 0.75$，以及 $\alpha\tau = 0.02$ 和 $\alpha\tau = 0.4$ 进行了仿真分析，得出了相应的临界曲线，如图 4-5 所示。

在图 4-5 中，实线和虚线分别表示 $\alpha\tau = 0.02$ 和 $\alpha\tau = 0.4$ 的临界曲线，$V'(h^*)/\alpha = 0.75$ 对应的是图 4-5 中的点划线圆环。临界曲线右侧的区域对系统来讲是不稳定的。在参数 $V'(h^*)/\alpha = 0.75$ 时，系统的平衡解是不稳定的。并且不稳定模式随着延迟时间参数 τ 的增大而加剧。但三个参数之间的明确关系还不清楚。

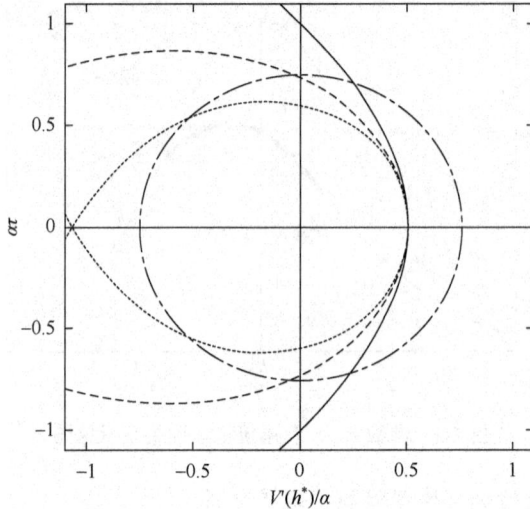

图 4-5 $V'(h^*)/\alpha = 0.75$ ，$\alpha\tau = 0.02$ 和 $\alpha\tau = 0.4$ 的临界曲线图

第 5 章的内容对该模型的稳定性作进一步的讨论，并给出系统失稳（分岔）时三个参数之间的函数关系表达式。

3. 时滞参数对交通流稳定性的影响

由于优化速度模型属于非线性模型，一定程度上，非线性因素在模型中占主导地位，所以经过许多人的研究发现，无时滞参数和带时滞参数的优化速度模型都能从一定的角度反映出交通流中实际出现的一些交通现象，都受到了该领域工作人员的关注。尽管该模型中的时滞参数（驾驶员的延迟时间）不像在 GM 模型中对交通流稳定性的影响那么明显，但是由于时滞参数的存在，它的稳定性条件要受到更多的约束，另外显然带时滞参数的优化速度模型是由时滞微分方程描述的，正如第 2 章所言，它的动力学行为也复杂得多。尤其值得一提的是，时滞参数在交通流混沌的研究中起着非常重要的作用，在第 5 章对无时滞参数和带时滞参数的优化速度模型分岔分析中可以看到，这个参数可能是交通流混沌现象产生的主要诱因之一。

4.3 交通流临界相变仿真研究

对一维交通流的仿真一般有两种约束条件可以选择：周期边界（闭合边界）条件和开放边界条件。周期边界条件下的仿真类似于实际交通中的环形道路，如北京市的二环路、三环路等；开放边界条件下的交通流仿真一般是指定一段固定的路段，车辆以一定方式进入该路段，在路段内的行驶过程是数据统计的来源，一旦驶出该路段，该车辆即不在仿真过程的关注范围之内。这两种仿真方式各有利弊，周期边界条件易于处理，车流密度是仿真过程中最值得关注的参数，因为其类似于一个封闭系统，所以对车流状态变化产生干扰的参数（或外部行为）比较少，尤其是在需要结合数学模型进行分析时，可以简化分析条件，一般与解析方法结合的仿真大多采用这种方式；开放边界条件更近似于实际交通条件，除了车辆行驶中受到的干扰，与车辆进入仿真路段的方式也有很大的关系，由于扰动的向后传播特性，路段长度也是应该考虑的主要影响因素之一，在这种仿真条件下，往往能产生更丰富的动力学行为。

三相交通流的提法来源于实际数据的统计，所以对实际交通的指导作用很大，但这种交通流状态的区分对挖掘交通流系统内部的特性有着明显的不足。其主要原因在于自由流（畅行相）/阻塞相的划分遮盖了交通流状态的多样性，因此，在交通流理论的研究中，一些隐性的交通流动力学行为及交通流状态，尤其是在交通相的转化过程中，还有待于进一步分析讨论。

4.3.1　周期边界条件下自由流向阻塞相的转化

走走停停交通流是实际交通流中经常见到的一种现象，这也是宽幅运动阻塞流在实际交通中的主要体现形式之一，下面利用 IDM 来仿真自由流向走走停停交通流的转化过程。模型描述见式（2-15）和式（2-16）。

在周期边界条件下，随着车流密度的增加，自由流向阻塞相的转化是很容易得到的，这在实际交通中也是很容易理解的。而且，这种交通相的转化在大部分交通流模型中都可以实现，这里之所以选择 IDM，在于 IDM 与 Bando 的优化速度模型属于同一类的交通流模型，与本书讨论内容的主要范畴并未偏离，同时它具有以下特有的优点。

（1）采用相对速度，避免了仿真时出现的撞车情况。

（2）有自组织特性、滞后效应和复合情况。

（3）所有模型参数都有很好的实际意义，可以参考，可以测量。

（4）能快速进行数值仿真。仿真过程中，最关注的是状态转化过程中的交通流所呈现的多样性特征。

这里采用 C 语言编制仿真程序，利用 MATLAB 进行仿真数据处理，仿真步长为 0.5～1s，仿真时段大约为 100min，初始状态 N 辆车在长为 1000m 的环形路上匀速等间距行驶，参数选取采用文献[89]给出的参数组合，初始参数的取值为：$v_0 = 33\text{m/s}$，$s_0 = 2\text{m}$，$l = 5\text{m}$，$\delta = 4$，$a = 1\text{m/s}^2$，$b = 3\text{m/s}^2$，$T = 1.5\text{s}$。假定各个单元（车辆和驾驶员）无差别。另外需要说明以下几点。

（1）驾驶员在不同的条件下对环境的敏感程度也不相同，这里采用文献[138]

中对平衡态交通流的扰动手段，对车队中的若干车辆增加驾驶员针对前车的安全时距，也就是说驾驶员的驾驶行为更小心，为简单起见，只选取了一辆车，将驾驶员的安全车头时距在一定周期内由 1.5s 增加到 1.8s，其他车辆的安全车头时距值保持不变，由于各单元无差别，仿真过程中选取编号为 1 的车辆。

（2）初始速度的选取。为保持与仿真模型的一致性，在给定仿真车辆数目情况下，通过下面的方法来计算不同密度车流在初始状态下的速度。由于车流初始状态是匀速等间距行驶，在这种情况下，式（4-22）和式（4-23）中，加速度 $\dfrac{\mathrm{d}v}{\mathrm{d}t}=0$，$\Delta v_i(t)=v_i(t)-v_{i-1}(t)=0$，将其代入式（4-22）和式（4-23），则可以得出在初始状态下车头间距与车辆行驶速度之间的关系式：$1-\left(\dfrac{v_i}{v_0}\right)^{\delta}-\left(\dfrac{s_0+v_iT}{s_i}\right)^2=0$，这样由于给定密度的车流在给定长度的道路上的车头间距已知（$s_i=1000/N-l$），据此可计算在该状态下的速度值。

（3）由于采用了闭合边界条件，仿真过程主要针对不同交通密度条件下的情况进行仿真，模拟了 10～100 辆车在该环形路上的行驶情况。在下面的分析过程中，只选取了部分具有代表性的图示结果，如图 4-6 所示。

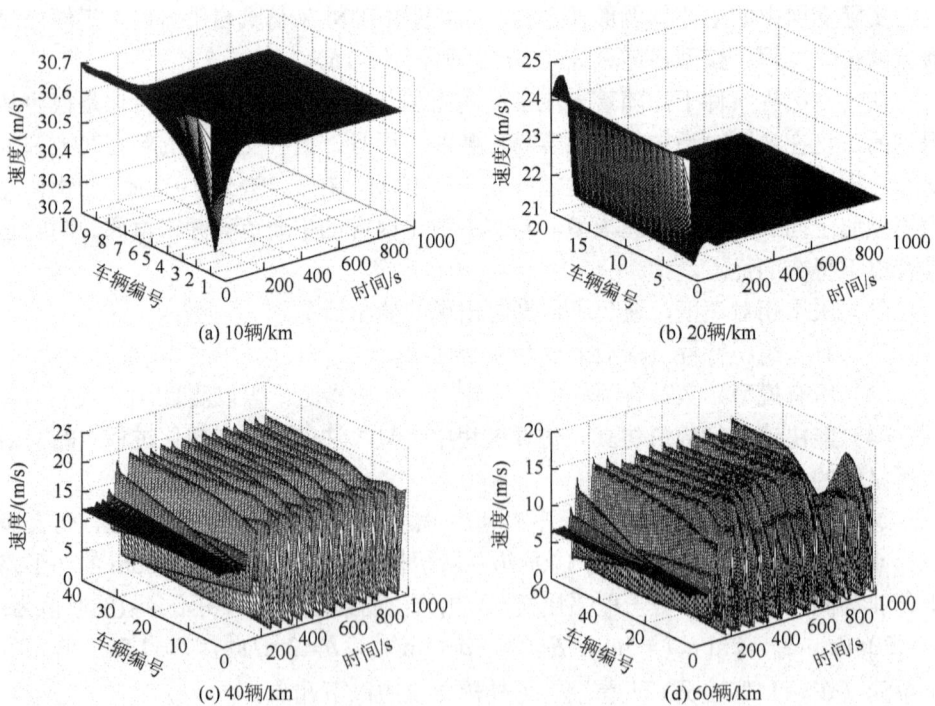

(a) 10辆/km　　　　　　　　　　　　　(b) 20辆/km

(c) 40辆/km　　　　　　　　　　　　　(d) 60辆/km

图 4-6　不同密度下的仿真交通流形态

仿真过程中，可以发现在不同密度条件下，交通流呈现出不同的交通形态，对于低密度情况，开始有一些波动，在自组织作用下，逐渐恢复为一种稳定有序的行驶状态，说明驾驶员安全时距的微小变化对交通流状态影响不大。而随着车辆密度的增大，交通流从稳定有序的状态转化为准周期性的波动状态，车流密度继续增大时开始出现走走停停的交通流形态，而有规律的周期特性逐渐减弱并消失，最终演化为大范围的拥堵现象。交通流在低密度（自由行驶）和高密度（堵塞）下的状态基本上是稳定的，而在中密度下，交通流的状态出现了非常复杂的变化，这里主要选取了 40～60 辆/km 中密度交通流的现象进行分析。

由图 4-6（a）和图 4-6（b）可以看出，当车流密度很低时，车辆行驶速度在短时波动后，逐渐变化为一种近似于匀速行驶的稳定状态，而当车流密度增大到 40 辆/km（图 4-6（c））时，已经有走走停停的情况出现，但与密度值较高的图 4-6（d）（60 辆/km）相比，明显车辆速度变化的频率较大，也就是说车辆在停留状态的时刻要短，而且车速波动的起伏程度也比高密度时小（由于图 4-6 中只选取了 1000 个点，编号较大的车辆起伏较均匀）。

不同密度下第一辆车与第二辆车的车头间距时间序列曲线如图 4-7 所示。由图 4-7（a）可以看出，当车流密度为 20 辆/km 时，初始情况下有短暂的波动（这里舍弃了初始的 2000 个点，而关注经过波动后交通流的演化形态），然后逐渐演化为一种近似于等间距的行驶状态。而在密度为 40 辆/km（图 4-7（b））情况下，车头间距波动幅度增大，近似于周期运动，并且车头间距在最低时近似达到了 s_0，也就是说出现了短暂停留状态。当密度达到 60 辆/km（图 4-7（c））时，走走停停的情况异常明显，而且明显在低车头间距状态（拥挤状态）和接近零速度状态（结合图 4-6（c）的速度变化，近似于停留状态）下的周期变长，并且不再保持图 4-7（b）的准周期性，而变得没有明显的规律性。

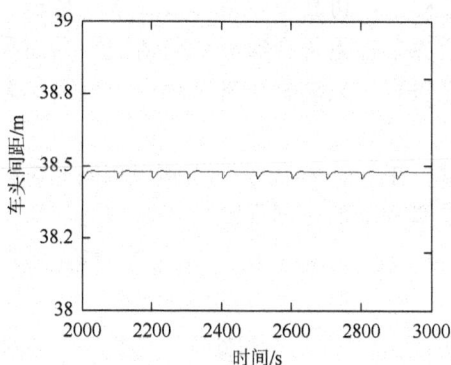

(a) 20辆/km

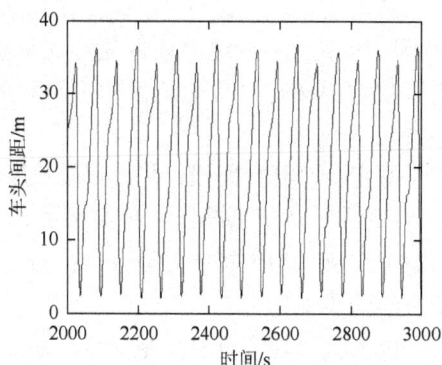

(b) 40辆/km

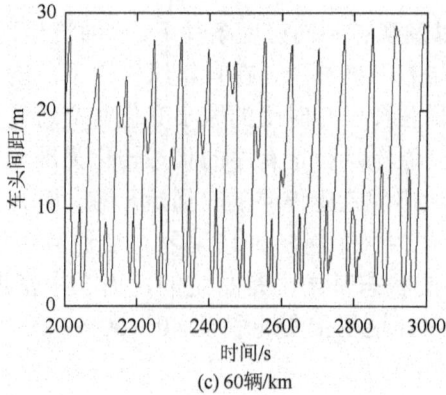

(c) 60辆/km

图 4-7 不同密度下第一辆车与第二辆车的车头间距时间序列曲线

从前面的分析可以看出，在一定密度条件下，车辆经过初始阶段的波动以后，出现了两种不同的走走停停交通流形态：一种是相对稳定的周期形式的走走停停状态，从宏观上讲，这时交通流的局部集簇行为体现为周期性质，整体形态上尽管处于阻塞状态，但相对而言有一定的规律性；而另一种情况较为复杂，属于非常混乱的走走停停运动状态，没有明显的规律性，车辆在行驶过程的走走停停状态难以捉摸，整个交通流处于非常不稳定的情形。可见交通流即便在同样的外在形态（阻塞）下，内部往往也呈现出不同的特征属性，实际上可以通过后面章节给出的方法判断出在第二种情况下，交通流已经处于一种混沌的状态。因此即便处于同一相态下，交通流系统内部的动力学行为仍然会存在很大的差异，而这正是交通流形态各异性的根本原因。

4.3.2 开放边界条件下的交通流相变仿真

在考虑不同交通流形态模式的形成过程中，仿真中使用的边界条件是一个重要的因素。开放边界条件显然比周期边界条件更符合实际交通情况，下面采用开放边界条件对优化速度模型进行模拟仿真，来观察仿真过程中交通流形态的变化。

假定一个开放路段，并设路段长度为 L，在入口 $x = 0$ 处，车辆以相同的速度 $v^0 = V(h^*)$ 进入仿真路段，相邻车辆进入仿真系统的时间间隔为 $h^* / V(h^*)$，头车前方无车辆，当车辆行驶至 $x = L$ 处，这辆车驶出考察路段，然后第一辆跟驰车变成新的头车。

因为头车前方没有跟驰车辆，所以它的运动方程要单独处理。这里头车以期望速度匀速行驶，并假定在进入考察区域前，车流以稳定状态行驶，即车辆均以

期望速度 $v^0 = V(h^*)$ 与前车保持车头间距为 h^*。在头车进入考察区域后，对其施加小扰动，头车运动方程为 $dv_1/dt = \alpha(v_{max} - v_1)$，仿真过程中其运动离散方程为

$$v_1(t + \Delta t) = v_1(t) + \Delta t \times \alpha(v_{max} - v_1(t))$$
$$x_1(t + \Delta t) = x_1(t) + \Delta t \times \frac{v_1(t) + v_1(t + \Delta t)}{2} \tag{4-30}$$

当 $t = 0$ 时，$v_1(t) = v_1(t) + \varepsilon$，$\varepsilon$ 为附加的小扰动。

其他车辆运动方程为

$$v_i(t + \Delta t) = v_i(t) + \Delta t \times \alpha(V(x_{i-1}(t) - x_i(t)) - v_i(t))$$
$$x_i(t + \Delta t) = x_i(t) + \Delta t \times \frac{v_i(t) + v_i(t + \Delta t)}{2} \tag{4-31}$$

优化速度函数选取为 $V(h) = \frac{v_{max}}{2}(\tanh(h - h_c) + \tanh h_c)$，$h_c$ 是安全的车头间距[139]。仿真中，$v_{max} = 5\text{m/s}$，变化 α、h_c 及小扰动的值，针对不同的参数组合，记录车辆行驶过程中的相关变量值，因为考察车队中车辆数目不定，所以数据结构采用链表方式，具体描述如下。

```
struct car
{long num; //车辆序号
float acc; //当前时刻的加速度值
float v; //当前时刻的速度值
float s; //车辆行驶距离
float dis; //与前车的车头间距
struct car *next; //下一车辆记录指针
};
struct queue
{struct car *head; //车队头指针，指向车队中的第一辆车
struct car *tail; //车队尾指针，指向车队中的最后一辆车
};
```

在仿真中根据第 2 章给出的稳定性条件分别选取不同的参数值，当 $\alpha > 2V'(h^*)$ 时，对系统初始运动条件（稳态解）下的扰动将随时间而逐渐衰减，系统状态是稳定的。当 $\alpha < 2V'(h^*)$ 时，选取不同的参数值，会出现多种多样的交通流形态以及它们之间的演变。不同参数组合下车流的车头间距分布情况如图 4-8 所示。

图 4-8（a）是典型的自由流的交通流模式，在这种情况下，交通流是稳定的，车辆基本上是按照期望速度行驶的。当选取图 4-8（b）中的参数时，稳定的交通流形态发生变化，产生一种大部分车辆相对稳定行驶，而局部车辆集簇行驶的状态，在实际交通中，车流中某个驾驶员或某辆车的状况不同，有时会导致此种形

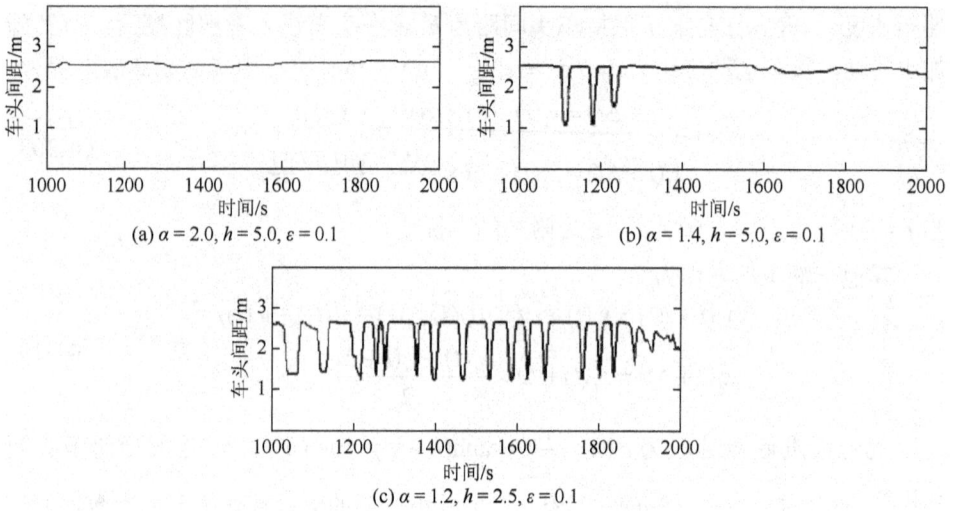

(a) $\alpha = 2.0, h = 5.0, \varepsilon = 0.1$　　　　　(b) $\alpha = 1.4, h = 5.0, \varepsilon = 0.1$

(c) $\alpha = 1.2, h = 2.5, \varepsilon = 0.1$

图 4-8　不同参数组合下车流的车头间距分布情况

态的交通流现象产生。而对于图 4-8（c），这是常见的振荡流的形式，这可能是类似于三相交通流中宽幅运动阻塞相的阻塞状态，也可能是阻塞状态发生的前兆，可以注意到这种形态往往伴随着多个不同振幅的局部振荡流的并存，这与非线性动力学系统中由亚临界分岔的存在而导致系统多种特解并存的情况是一致的，这种状态也往往是混沌状态产生的必经之路。因为实验参数选择的不同，可能会挖掘出更多的不同形式的交通流模式。

下面是文献[140]对优化速度函数选取为式（2-9）的交通流模型进行模拟得到的时空图，仿真环境与本书采用的仿真方式相同。在该文献的仿真过程中，作者得到了三种在不稳定状态下的交通流模式，分别将它们称为对流不稳定性模式、绝对不稳定性模式和非线性因素的不稳定性模式，如图 4-9 所示。

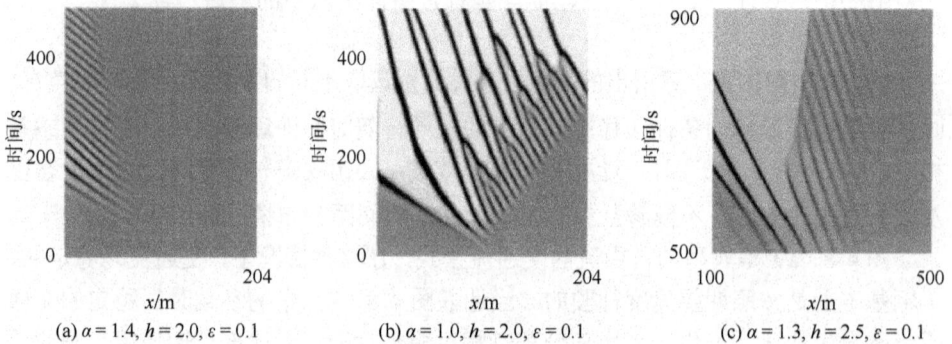

(a) $\alpha = 1.4, h = 2.0, \varepsilon = 0.1$　　(b) $\alpha = 1.0, h = 2.0, \varepsilon = 0.1$　　(c) $\alpha = 1.3, h = 2.5, \varepsilon = 0.1$

图 4-9　文献[140]的仿真时空图

交通流模式的多样性已经由许多学者通过实测数据和计算机模拟加以证实[103, 139]，Helbing 曾给出了多种交通流模式的说法：自由流（free traffic，FT），均匀阻塞流（homogeneous congested traffic，HCT），振荡阻塞流（oscillating congested traffic，OCT），走走停停交通流（stop-and-go traffic，SGT），以及局部车簇移动流（moving localized clusters，MLC）等。Nagatani 在仿真中发现了在振荡交通流中局部车簇分别以压缩波和扩展波形式行驶的交通状态。这些研究成果是三相交通流理论的有益补充。

4.3.3　限速瓶颈条件下自由流向同步流的转化

同步相更多的是考察多道交通流效应，与本书考察的内容有些出入，这里利用文献[23]给出的限速瓶颈条件下交通流向同步流的转化的仿真方法来进行模拟。

在 4.3.2 小节的仿真中，加入限速瓶颈路段，实现方式如下：若某车 i 在区域 L_1 和 L_2 之间（$0 < L_1 < L_2 < L$），且其计算速度大于限速速度 v_s，也就是说，当 $L_1 < x_i(t) < L_2$ 并且计算出的速度值 $v_i(t) > v_s$ 时，车辆 i 遵循以下方式行驶：

$$v_i(t + \Delta t) = v_s$$
$$x_i(t + \Delta t) = x_i(t) + v_s \times \Delta t \tag{4-32}$$

在仿真过程中，分别取 $L_1 = 200\text{m}$，$L_2 = 250\text{m}$，模拟时间为 20min，记录 $t_1 \sim t_2$ 时间内经过位置 $x = L_1 - 50\text{m}$ 处的车辆的数目 N。然后将考察路段的起始位置改变，逐步向后推移，对于每一个改变的考察位置值，可以得到不同的 N 值，图 4-10 给出了 N 随路段考察位置的变化情况。

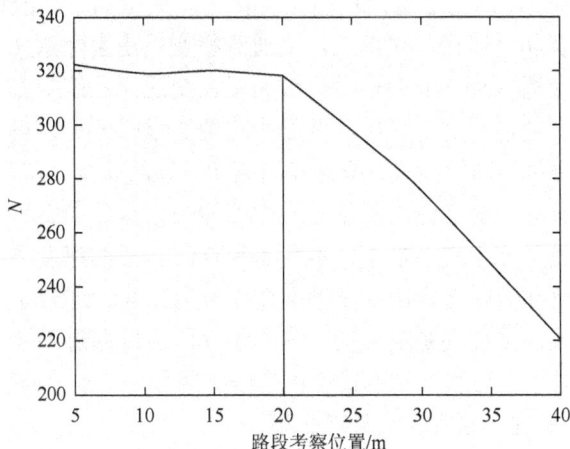

图 4-10　N 随路段考察位置的变化

在路段考察位置 20m 处，车流流量开始发生变化，根据流量随考察位置变化的情况，可以将其分为两部分，前半段可以近似看作同步流，而后半段则是自由流。而且在这一变化过程中，流量这一个参数是连续的，这时的相变也是连续的，此时为二阶相变。在仿真中变化路段考察位置及限速瓶颈长度，所得结果与文献[23]对全速度差模型中长限速瓶颈状态下的仿真结果大致相同，但仿真过程中未出现文献[23]中一阶相变的情形，这可能是模型及仿真参数的选择不同所造成的。在文献[23]中限速瓶颈长度不同而造成的自由流向同步流转化的不连续相变过程如图 4-11 所示。在图 4-11 中，由于采用短限速瓶颈，自由流向同步流的相变过程中，流量这一个序参数是不连续的，此时相变是一阶相变。

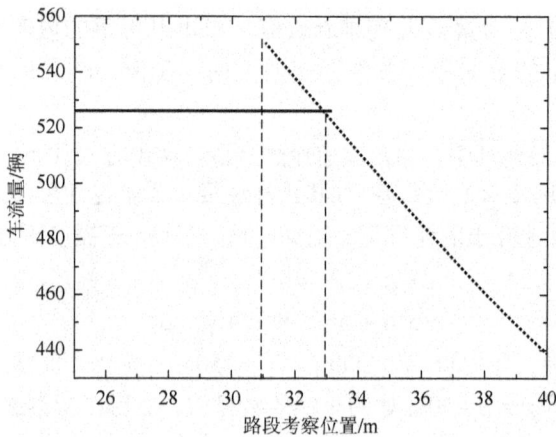

图 4-11　　短限速瓶颈下流量随路段考察位置的变化

由于文献[23]使用的全速度差模型是优化速度模型的一个改进模型，可以把该文献的工作结合起来讨论。实质上，交通流相变就是实际意义上的可观察到的系统分岔行为。交通流形态的多样性也说明了在交通流系统中多种分岔行为的出现和并存，同时，从前面的仿真中，并结合相关文献的研究，可以发现交通流在相变过程中，有两种不同的方式，即连续相变和不连续相变。在连续相变过程中，有一个明显的过渡态，交通流的不稳定性逐渐增强，从而导致另一种交通相的发生。而不连续相变类似于突变形式，也就是说扰动传播的速度很快，振荡的振幅也大，导致交通流在短时间内由于波动剧烈而发生相变，这与在第 5 章讨论的交通流混沌产生途径的多样性是吻合的，在交通流中可以通过不同的相变形式导致混沌态的出现，这些不同的相变形式也正是倍周期分岔（连续相变）或 Hopf 分岔（不连续相变）等不同分岔行为的外在体现。

第5章 交通流模型中的分岔现象研究

在交通流系统中，无论实际交通流还是仿真交通流，都存在着各种各样的交通流模式（交通相），不同交通流模式之间的转化称为相变。而相变就是数学意义上的分岔，也是分岔行为在交通流系统中的外在体现形式。由于分岔是非线性系统中的内部动力学行为，这是实际交通流以及仿真交通流无法观察到的，分析这种隐性的动力学行为对了解交通流系统的状态转化机理及进一步认识交通流系统有着非常重要的意义，尤其是在交通流混沌的研究中，这是发现交通流混沌产生的最基本手段。

5.1 交通流系统中的分岔研究进展

分岔和混沌作为非线性系统中典型的常见特性，两者的联系是相当紧密的，在交通流领域的研究工作中，同样有部分文献涉及这方面的内容。但由于研究方法的局限性以及相关学科发展的滞后性，大部分文献令人遗憾地将二者的研究割裂开，缺乏衔接性。因此本节对目前该领域的研究进展分为分岔与混沌两部分分别进行介绍。

谈及交通流中的分岔现象，往往要涉及一个基本概念：相变。相变现象的研究是交通流领域里的一个主要课题，它的历史由来已久，从某种意义上讲，分岔与相变是同一个概念，指的都是在临界参数变化时交通流状态的改变。但从交通流领域来讲，尤其是根据以往学者的研究来分析，它们涵盖的内容和研究手段是完全不同的，相变是分岔行为的外在体现形式，分岔是相变发生的内在原因，两者的主要区别参看第 3 章，下面内容只涉及对交通流分岔的研究。

交通流分岔行为研究的主要对象是交通流模型，研究内容主要包括分岔与交通流形态的关系（怎样影响交通流形态变化）、分岔的形式以及分岔点的计算等。另外，由于分岔行为的研究不可避免地要对方程求解，一般都采取周期边界条件进行处理，即假定 N 辆车在长为 L 的环形道路上行驶，以降低对方程分析的难度。就作者搜集到的文献来看，涉及交通流分岔内容的主要包括两类模型的研究。

5.1.1 基于跟驰模型的交通流分岔现象

针对交通流系统中的分岔现象，人们最关注的是由 Bando 等提出的优化速度模型[87]。该模型很好地解释了车流由自由态转化为拥挤态这一交通现象，并与实际交通数据有很好的拟合性。

Igarashi 等、Orosz 等和 Gasser 等分别选取了不同的优化速度函数对优化速度模型中的分岔现象进行了研究，并得出了相似的结论[141-143]。Igarashi 主要利用微分方程的稳定性分析以及摄动法，从不同的交通密度范围出发，给出了该系统均匀流（车速、车头间距相等的车流）以及稳定、不稳定拥挤流的精确解，而且由系统的稳态解与不稳定解并存揭示了亚临界 Hopf 分岔的存在性，并从动力学角度得出了正是亚临界 Hopf 分岔现象导致交通流基本图（密度-流量关系图）中自由流和拥挤流之间不连续转换的结论（即分岔点决定了基本图中不同形态交通流的边界），并计算出了分岔点值，原本稳定的均匀流在一定区域内变得逐渐不稳定而引发拥堵现象。

Orosz 采用了不同的方法，更多地使用了时滞微分方程分岔分析软件，利用计算机仿真并且在分析过程中使用了数值延拓技术，从而由系统稳态解的局部分岔行为讨论其全局分岔行为。他的结论与 Igarashi 的结论相似，发现在系统振荡解的分支处联结着 Hopf 分岔点，并且由于参数不同，可能表现为亚临界分岔或超临界分岔。而通过亚临界或超临界 Hopf 分岔，均匀交通流可能会失去它的稳定性特征。他的工作中，通过分岔分析软件生成了大量的分岔图示，可以确定出分岔轨道的振幅并能区分出 Hopf 分岔是亚临界分岔还是超临界分岔（在两个退化的Hopf 点之间是亚临界分岔，否则就是超临界分岔），并通过参数（初始速度 v_0 和敏感度系数 α）变化演化出交通流的不同运动模式。

Gasser 等针对满足一定条件的优化速度函数，对这一类跟驰模型给出了一个相对通用的结论。对于环形道路长度 L（车辆数 N 值保持不变，考虑的仍然是车流密度变化对交通流形态的影响），当 L 的值满足一定条件时，系统将出现 Hopf分岔。他们还给出了第一 Lyapunov 系数 l 的计算公式，通过 l 的值可以确定分岔的性质（$l<0$ 是超临界分岔，否则是亚临界分岔）。他们的工作也验证了 Igarashi、Orosz 等关于分岔现象的研究在该类跟驰模型中普遍适用的结论。

Safonov 等研究了另一类跟驰模型中由驾驶员延迟时间作用引发的混沌现象[55]，他们在周期边界条件下从稳态解入手，对上述模型进行了分析，发现系统的不同解对应交通流的不同状态（相），在低密度和高密度下系统有稳定的稳态解；而随着密度变化，出现了 Hopf 分岔现象，并在分岔点的小邻域内引发了极限环，在一定延迟时间及中密度车流下，系统通过若干次 Hopf 分岔进入混沌状态。

Nagatani 和 Huijberts 对 N 辆车在起点和终点之间往返行驶的公交系统进行了研究[144, 145]，他们均在速度优化模型的基础上，利用车头时距和车头间距作为控制变量来建立相应的优化速度函数，分别建立了系统的离散和连续模型。

Nagatani 主要利用计算机仿真技术分析了系统在规则运动、周期运动和混沌运动之间的转化，给出了正是由分岔现象引发了运动状态之间的变化的结论，与 Bando 的结论的不同之处在于其对分岔现象的识别不是通过对方程的求解，而是利用仿真得到的结果，通过一种直观的方式来表示出来。Huijberts 的工作与文献[143]的工作近似，但其主要是针对公交车在不同类型的同步运动下的稳定性分析，参数变化至一定范围内时，出现 Hopf 分岔现象并导致扭结阻塞相（kink jam phase）的出现。

5.1.2　基于流体动力学模型的交通流分岔现象

就搜集的文献而言，目前还未发现专门针对宏观模型中的分岔现象进行研究的内容，但一些分析交通流中非线性动力学行为的工作部分涉及了这个问题。

Li[146]对于 Payne-Whitham 模型进行了分析，他从该模型的行波解出发，推演了该类交通流模型的另一种离散表达形式，并结合文献[147]使用的流量-密度关系式：$q(\rho)=5.0461\rho\left(\dfrac{1}{1+e^{(\rho-0.25)/0.06}}-3.72\times10^{-6}\right)$，证明了其中的倍周期分岔现象，并且由于分岔的出现，系统状态最终可演化至混沌出现。在交通流形态上，分岔点体现为自由流向同步流的转化，而混沌的出现则表明交通阻塞现象的发生。他的工作与 Kerner 关于交通流中集群行为的研究[148]有相似之处。

Kuhne 和 Becksculte 对 Payne-Whitham 模型进行了改进，在方程中增加了一个黏性项 γv_{xx}（γ 为黏性系数），利用混沌动力学的观点解释了该模型中出现的走走停停现象，得到了与洛伦兹方程类似的动力学方程[149]。在分析过程中，Kuhne 利用分岔理论对不稳定区域里各种交通流中形态模式的形成进行了研究，发现密度以及道路瓶颈处通行能力这两个控制参数的变化，产生了亚临界分岔或超临界分岔，而导致交通流状态发生变化。

由于 Payne 类模型中仍然采用平衡态下的速度-密度关系，而在实际中很难得到这种情况下的一个准确、普适的关系；而且对于交通流流体动力学模型来讲存在着一个普遍缺陷，就是在实际交通中不存在唯一的速度-密度关系，每条速度-密度曲线都有各自的适用范围；同时该类模型未考虑驾驶员行为的影响，与跟驰理论脱节，所以分析过程中很难准确地捕捉到系统的动力学行为，但无可置疑，前面分岔问题的研究可以为这类模型的改进提供很高的参考价值。

5.2　宏观意义下优化速度模型的分岔现象

本章研究的主要对象是优化速度模型，这是一个微观模型，考察的是单个车辆在跟驰状态下的演化行为。而实际交通流管控系统中更为关注的是流量、密度或平均速度等宏观变量，从这一角度讲，从宏观角度来分析交通流更贴近实际的交通应用。

从优化速度模型直接出发是难以取得交通流的宏观性质的，为解决这个问题，可以采用两种手段从宏观意义上来考察交通流的分岔行为：一是利用交通流不同模型之间的联系，从优化速度模型来推演出它相应的宏观模型，再针对宏观模型来分析；二是利用由优化速度模型衍生出的各种非线性方程，如 KdV（Korteweg de Vries）方程或 mKdV（modified KdV）方程，来分析它的非线性动力学行为。

文献[104]从优化速度模型出发，演化出了宏观交通流模型：

$$\frac{\partial v}{\partial t} + v\frac{\partial v}{\partial x} = \alpha\left[V\left(\frac{1}{\rho}\right) - v\right] - \frac{\alpha V'}{2\rho^3}\frac{\partial \rho}{\partial x} + \frac{\alpha}{6\rho^2}\frac{\partial^2 v}{\partial x^2} \tag{5-1}$$

式中，V 为优化速度函数；α 为驾驶员的敏感度系数；ρ 为交通压力；v 为车辆平均速度；x 为车辆空间位置。

文献[103]对上面的宏观模型进行了分析，优化函数选取式（2-14），并根据车辆在稳态行驶状态下不同的期望速度值 v^0 和对应的流量值 q_g，将相图（v^0，q_g）从不动点 $(v, w \equiv \dot{v} = 0)$ 出发而演化出的不同形式分成六种不同的结构，如图 5-1 所示。

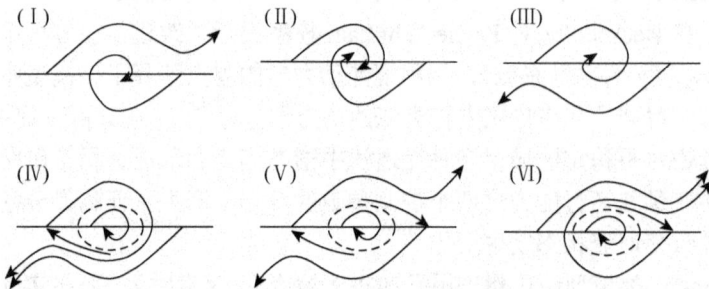

图 5-1　（v^0，q_g）不同结构的相图

显然，以上不同结构的相图对应了不同形式的稳态解，对于（Ⅰ）、（Ⅱ），中心的不动点为一个鞍点，而（Ⅳ）、（Ⅴ）、（Ⅵ）中均有极限环出现。可见当系统参数满足一定条件时，原来的稳定状态被破坏，系统相应地会出现鞍-结分岔和 Hopf 分岔。

文献[103]用摄动理论分析了交通密度波，从优化速度模型式（2-11）得到了 mKdV 方程来描述不稳定区域交通阻塞所呈现的扭结-反扭结密度波。文献[150]和文献[151]推导出在亚稳态区域附近密度波呈现类似 KdV 方程所描述的孤立波行为，以及在稳定区域密度波呈现 Burgers 方程描述的行为。这些方程均是典型的描述孤立子的非线性微分方程，同样它们的分岔等行为的研究也是现在相关领域研究的热点之一[152, 153]。

通过前面的分析可以看出，对优化速度模型，从宏观统计量的角度来看系统演化也存在分岔行为，这似乎为整体研究交通流的非线性现象提供了一个切入点，从宏观模型直接出发研究交通流的分岔行为也是一个值得关注的方向，但与本书内容相关度较低，所以只简要说明与优化速度模型相关的部分。下面从优化速度模型本身出发，分析交通流中的分岔现象。

5.3　无时滞参数的交通流 *N*-车模型中的分岔现象

在第 2 章介绍过，Bando 等提出的优化速度模型能很好地解释交通流中的许多现象，无时滞参数（驾驶员的延迟时间）的模型描述如下：

$$\begin{cases} \ddot{x}_i(t) = \alpha(V(h_i(t)) - \dot{x}_i(t)) \\ h_i(t) = x_{i+1}(t) - x_i(t) \end{cases} \tag{5-2}$$

式中，各参量含义参看式（2-7）。

第 4 章中通过讨论该模型的稳定性条件，可以知道模型所描述的交通流系统在一定参数条件下会失去稳定性，而产生不同的交通流形态，这一过程正是分岔的出现造成的。本节主要讨论由系统稳定性丧失而导致的分岔现象。

首先将原模型改写为

$$\begin{cases} \dot{x}_i = y_i \\ \dot{y}_i = \alpha(V(x_{i+1} - x_i) - y_i) \end{cases} \tag{5-3}$$

并假定 *N* 辆车在环形道路上行驶，环形道路长为 *L*，显然系统的稳态解为每一辆车均以期望速度行驶，并且相邻车辆之间保持相同的车头间距的情况，也即

$$v^0 = V(h^*), \quad x_i = x_i^0 + v^0 t, \quad h^* = L / N \tag{5-4}$$

式中，x_i^0 为车辆 i 的初始位置；v^0 为平衡态（稳态）下的车辆速度（期望速度）。

根据文献[154]的分析方法，令 $x_i = x_i^0 + v^0 t + \xi_i(t)$、$y_i = v^0 + \eta_i(t)$，其中 $\xi(t)$、$\eta(t)$ 是依赖于时间的小扰动。将其代入式（5-3）和式（5-4）并将方程线性化可得

$$\begin{pmatrix} \dot{\xi} \\ \dot{\eta} \end{pmatrix} = \begin{pmatrix} O & I \\ A & D \end{pmatrix} \begin{pmatrix} \xi \\ \eta \end{pmatrix} = M \begin{pmatrix} \xi \\ \eta \end{pmatrix} \tag{5-5}$$

式中，I 是 $N \times N$ 单位矩阵；$D = \mathrm{diag}\{\alpha, \alpha, \cdots, \alpha\}$；$O$ 是 $N \times N$ 零矩阵。

$$A = \begin{pmatrix} -\alpha V'(h^*) & \alpha V'(h^*) & 0 & \cdots & 0 \\ 0 & -\alpha V'(h^*) & \alpha V'(h^*) & \ddots & \vdots \\ \vdots & \ddots & \ddots & \ddots & 0 \\ 0 & \cdots & 0 & -\alpha V'(h^*) & \alpha V'(h^*) \\ \alpha V'(h^*) & 0 & \cdots & 0 & -\alpha V'(h^*) \end{pmatrix} \quad (5\text{-}6)$$

式中，h^* 为车辆在稳态下保持不变的车头间距。

矩阵 M 的特征方程可以通过以下计算得出。

由式（5-4）可得

$$\begin{cases} \lambda \xi = \eta \\ \lambda \eta = A\xi + D\eta \end{cases}$$

也即 $\lambda^2 \xi = A\xi + \lambda D\xi$，所以矩阵 M 的特征方程为

$$\det(A + \lambda D + \lambda^2 I) = 0 \quad (5\text{-}7)$$

令 $\beta = \alpha V'(h^*)$，特征方程（5-7）可整理为

$$f(\lambda) = \prod_{i=1}^{N}(\beta + \alpha\lambda + \lambda^2) - \prod_{i=1}^{N}\beta = 0 \quad (5\text{-}8)$$

则有式（5-9）成立：

$$(\lambda^2 + \alpha\lambda + \beta)^N - \beta^N = 0 \quad (5\text{-}9)$$

令 $\lambda = \mu + i\omega$，代入式（5-8），有

$$((\mu^2 - \omega^2 + \alpha\mu + \beta) + i(2\mu\omega + \alpha\omega))^N = \beta^N = (\beta(\cos 0 + i\sin 0))^N \quad (5\text{-}10)$$

将方程两边开 N 次方，并分离虚、实部可得

$$\begin{cases} \mu^2 - \omega^2 + \alpha\mu + \beta = \beta\cos\left(\dfrac{2k\pi}{N}\right) \\ 2\mu\omega + \alpha\omega = \beta\sin\left(\dfrac{2k\pi}{N}\right) \end{cases}, \quad k = 0,1,\cdots,N-1 \quad (5\text{-}11)$$

整理可得

$$\begin{cases} \mu^2 - \omega^2 + \alpha\mu = \beta\left(\cos\left(\dfrac{2k\pi}{N}\right) - 1\right) \\ (2\mu + \alpha)\omega = \beta\sin\left(\dfrac{2k\pi}{N}\right) \end{cases}, \quad k = 0,1,\cdots,N-1 \quad (5\text{-}12)$$

当 $k = 0$ 时，方程存在两个实数解 $\lambda_1 = 0$，$\lambda_2 = -1/\alpha$，对于任何 α、β 均成立。当 k 取其他不同的值时，方程特征根的分布如图 5-2 所示。

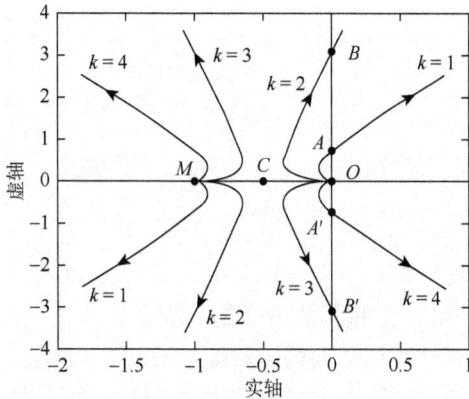

图 5-2　不同 k 值下特征根实、虚部的分布图

图 5-2 中，O 点为复平面的原点，M 是点 $(-1/\alpha,0)$，C 是 M 和 O 的中点 $(-1/(2\alpha),0)$。从图 5-2 中可以看到，对于足够小的 β，所有的特征根都分布于复平面的左半平面，也就是特征根的实部 $\mu < 0$，按照前面稳定性分析的条件，这种情况下，系统是渐近稳定的。这很容易理解，因为 $\beta = \alpha V'(h^*)$，如果保持敏感度系数 α 不变，则速度优化函数 V 的导数值 $V'(h^*)$ 足够小，这样，按照优化速度模型定义，车辆在行驶过程中的加速度波动很小，车辆速度变化不大，所以对整个交通流来讲是处于稳定状态的。

当变化 α、β 的值，以至于有一对共轭复根穿过虚轴进入复平面的右半平面时，系统的稳定性将发生变化，也就是说这时发生了分岔行为，下面分析分岔产生的临界条件。

当系统发生 Hopf 分岔时，有一对纯虚根出现，即 $\mu = 0$，$\lambda_{1,2} = \pm \mathrm{i}\omega$，将其代入式（5-11），可得

$$
\begin{cases}
-\omega^2 = \beta\left(\cos\left(\dfrac{2k\pi}{N}\right) - 1\right) \\
\alpha\omega = \beta\sin\left(\dfrac{2k\pi}{N}\right)
\end{cases}
\tag{5-13}
$$

整理可得

$$
\beta = \alpha^2 \frac{1}{1 + \cos\left(\dfrac{2k\pi}{N}\right)}
$$

也即

$$V'(h^*) = \alpha \frac{1}{1 + \cos\left(\dfrac{2k\pi}{N}\right)} \qquad (5\text{-}14)$$

显然这种情况下，有 $V'(h) = \alpha \dfrac{1}{1 + \cos\left(\dfrac{2k\pi}{N}\right)} > \dfrac{\alpha}{2}$ 成立，这与第 4 章中分析所

得到的稳定性条件保持一致。

下面讨论 Hopf 分岔产生的其他条件是否成立。

首先，由图 5-2 可以看到，当第一对纯虚根（分别对应 $k=1$ 和 $k=N-1$）穿越虚轴时，除去原点 O，其他 $N-2$ 个特征根值均位于复平面的左半部，记满足此条件时的 β 值为 β_1，下面来计算 Hopf 分岔的横截条件是否满足。

由式（5-11）可得

$$\text{Re}\left(\frac{\mathrm{d}\lambda_1(\beta_1)}{\mathrm{d}\beta_1}\right) = \frac{\sin^2\left(\dfrac{2\pi}{N}\right)}{5 - 3\cos\left(\dfrac{2\pi}{N}\right)} > 0 \qquad (5\text{-}15)$$

由此可知，Hopf 分岔产生的横截条件也满足，因此可以确定系统（5-4）中 Hopf 分岔的产生。

考虑优化速度函数 V 选取的基本条件，可知其导函数 V' 的基本形状大致如图 5-3 所示。

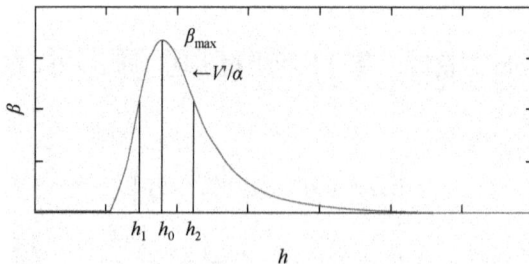

图 5-3 β 和 h 的函数关系图

由图 5-3 可以发现，当 $\beta_1 > \beta_{max}$ 时，式（5-11）无解，此时不会出现分岔现象，系统处于稳定状态。这种情形可以对应实际中这样一种交通状况，即前后车头间距较远，后车基本上类似于自由行驶的状态。当 $\beta_1 = \beta_{max}$ 时，产生一个退化的 Hopf 分岔点，此时的车辆跟驰行为中，整个车流处于一种临界状态，将由于受到某个相关参数变化的影响，摇摆于稳定态和不稳定态之间。当 $\beta_1 < \beta_{max}$ 时，

从图 5-3 中可以看到，存在两个 β 值满足式（5-13），此时这两个 β 值分别对应两个车头间距值 h_1、h_2，h_1、h_2 满足 $h_1 < h_0 < h_2$，h_0 对应值为 β_{max}，此时系统中出现特征根穿越虚轴的情况，并结合前面的横截条件，即出现 Hopf 分岔。假定 h_1、h_2 分别对应的车流密度为 ρ_2、ρ_1，显然有 $\rho_1 < \rho_2$ 成立，对于闭合边界内处于稳定状态的跟驰车流，如果密度值逐渐增大，当车流密度达到 ρ_1 时，整个交通流开始变得不稳定，相应地，式（5-11）中随着 k 值的变化，不断有特征根穿越虚轴，进入复平面的右半部，而当密度增大到 ρ_2 时，再一次出现 Hopf 分岔，而系统由不稳定态回归至稳定态，即说明系统进入稳定的阻塞状态。这也正说明了交通流在中密度下的不稳定性特征，与 Safonov 等和 Nagatani[55, 155] 的分析结果是一致的。

由此可得出如下结论[143]。

当 $\beta_1 = \dfrac{1}{1+\cos\left(\dfrac{2\pi}{N}\right)} < \beta_{max} := \max\limits_{x} V'(x)$ 时，系统（5-2）在临界点 h_1、h_2 处经历

两次 Hopf 分岔，h_1、h_2 是 $V'(L/N) = \beta_1$ 的两个解。

同时可以通过计算第一 Lyapunov 系数来确定分岔的方向[156]：

$$l_{1,2} = \frac{\sin\left(\dfrac{2\pi}{N}\right)\left(\cos\left(\dfrac{2\pi}{N}\right)+1\right)}{2\left(5-3\cos\left(\dfrac{2\pi}{N}\right)\right)}\left(V'''\left(\dfrac{h_{1,2}}{N}\right) - \frac{\left(V''\left(\dfrac{h_{1,2}}{N}\right)\right)^2}{V'\left(\dfrac{h_{1,2}}{N}\right)}\right) \tag{5-16}$$

$l < 0$ 为超临界 Hopf 分岔，$l > 0$ 为亚临界 Hopf 分岔。详细计算过程请参阅文献[143]。

5.4　带时滞参数的交通流 N-车模型中的分岔现象

在交通流模型中，驾驶员的延迟时间是一个重要的参数，如第 3 章交通流稳定性分析所得到的，对于某些模型，必须引入这个参数才能在一定程度上反映实际的某些交通流现象。因此，带时滞参数（驾驶员的延迟时间）的优化速度模型相对于 5.3 节讨论的无时滞参数模型，更贴近实际的交通流系统。本节中，考虑带时滞参数的优化速度模型，并分析该模型中出现的分岔现象。模型描述如下：

$$\begin{cases} \ddot{x}_i(t) = \alpha(V(h_i(t-\tau)) - \dot{x}_i(t-\tau)) \\ h_i(t) = x_{i+1}(t) - x_i(t) \end{cases} \tag{5-17}$$

式中，参量含义请参看第 2 章式（2-9）。

首先将方程改写为

$$\dot{v}_i(t) = \alpha(V(h_i(t-\tau)) - v_i(t-\tau))$$

将方程量纲化，令 $\tilde{t} = t / \tau$ 代入原方程，可将其化为

$$\dot{v}_i(t) = \alpha\tau(V(h_i(t-1)) - v_i(t-1)) \tag{5-18}$$

5.4.1　Hopf 分岔产生的基本条件

同 5.3 节，假定车辆序列在一个单道环形路上行驶，无超车，路长为 L，道路上车辆数为 N。所有车辆均以期望速度行驶，相邻车辆之间保持相同的车头间距，这种平衡态下的车流称为均匀流或稳态流。对于这种情况，容易求得对应的平衡解为

$$v^0 = V(h^*), \quad h^* = L / N$$

把 $V(h)$ 在 $h = h^*$ 处利用泰勒展开式展开，将式（5-18）线性化，则原式可变为

$$\dot{v}_i(t) = -\alpha\tau v_i(t-1) + \alpha\tau V'(h^*)(x_{i+1} - x_i) \tag{5-19}$$

不失一般性，采用试探解，令 $v_i(t) = P_i \mathrm{e}^{\lambda t}$，$x_i(t) = P_{n+i} \mathrm{e}^{\lambda t}$，并结合车辆运动的基本条件 $v_i(t) = \dot{x}_i(t)$，则系统（5-19）可化为

$$\begin{bmatrix} P_1 \\ P_2 \\ \vdots \\ P_{2N} \end{bmatrix} = \begin{pmatrix} (-\alpha\tau \mathrm{e}^{-\lambda})I & (\alpha\tau V'(h^*)\mathrm{e}^{-\lambda})A \\ I & O \end{pmatrix} \begin{bmatrix} P_1 \\ P_2 \\ \vdots \\ P_{2N} \end{bmatrix} \tag{5-20}$$

式中，I 是 $N \times N$ 阶单位矩阵；$A = \begin{pmatrix} -1 & 1 & & \\ & -1 & 1 & \\ & & \ddots & \ddots \\ 1 & & & -1 \end{pmatrix}_{N \times N}$；$O$ 是 $N \times N$ 阶零矩阵。

可以得到式（5-20）的特征方程为

$$(\lambda^2 + \alpha\tau \mathrm{e}^{-\lambda}\lambda + \alpha\tau V'(h^*)\mathrm{e}^{-\lambda})^N - (\alpha\tau V'(h^*)\mathrm{e}^{-\lambda})^N = 0 \tag{5-21}$$

假定式（5-21）有一对纯虚根，设为 $\lambda_{1,2} = \pm \mathrm{i}\omega$，并将其代入式（5-21）中，然后分离虚、实部，经计算可得

$$\begin{cases} ab\cos\omega + a\omega\sin\omega - \omega^2 = ab\cos\left(\dfrac{2k\pi}{N} - \omega\right) \\ \omega\cos\omega - b\sin\omega = b\sin\left(\dfrac{2k\pi}{N} - \omega\right) \end{cases} \tag{5-22}$$

式中，$a = \alpha\tau$；$b = V'(h^*)$。

整理式（5-22），可得系统（5-20）存在一对纯虚根必须满足的基本条件为

$$
\begin{cases}
a = \dfrac{\omega\sin\left(\dfrac{k\pi}{N}\right)}{\cos\left(\dfrac{k\pi}{N} - \omega\right)} \\[4mm]
b = \dfrac{\omega\cos\omega}{2\sin\left(\dfrac{k\pi}{N}\right)\cos\left(\dfrac{k\pi}{N} - \omega\right)}
\end{cases}
\tag{5-23}
$$

这里选取时滞参数 τ 为分岔参数，假定当 $\tau = \tau_k$ 时，系统产生 Hopf 分岔，则存在一对纯虚根 $\lambda_{1,2}(\tau_k) = \pm\mathrm{i}\omega$，显然这对纯虚根 $\lambda_{1,2}(\tau_k) = \pm\mathrm{i}\omega$ 满足 Hopf 分岔产生的边界条件式（5-23）。

下面来分析 Hopf 分岔产生的横截条件，也就是说当分岔参数 τ 变化时，特征根 λ 是否以非零速度穿越虚轴。

$$
\begin{cases}
\mathrm{Re}\left(\dfrac{\mathrm{d}\lambda}{\mathrm{d}\tau}\right)\bigg|_{\tau=\tau_c} = \dfrac{p + q + 2\omega V'(h)\sin\left(\dfrac{2\pi}{N} - \omega\right)}{a_1^2 + b_1^2} \\[4mm]
p = \tau^2\alpha V'(h) + 2\tau V'(h)^2 + \tau\alpha^2\omega^2 \\[2mm]
q = 2\omega(\tau\alpha + V'(h) - 2\alpha\omega)\sin\omega - \tau V'(h)(2V'(h) + \tau\alpha)\cos\left(\dfrac{2\pi}{N}\right)
\end{cases}
\tag{5-24}
$$

式中，a_1 和 b_1 分别为 $\left(\dfrac{\mathrm{d}\lambda}{\mathrm{d}\tau}\right)\bigg|_{\tau=\tau_k}$ 所得结果分母的实、虚部。

可以注意到如果 (ω, k) 满足式（5-21），则 $(-\omega, N-k)$ 也同样满足，因此下面分析时，只选取 $\omega > 0, k = 0, 1, 2, \cdots, N-1$ 的情形。

假定 $\omega \in \left(0, \dfrac{k\pi}{N}\right)$，对式（5-22）化简，经计算可得

$$
\mathrm{Re}\left(\dfrac{\mathrm{d}\lambda}{\mathrm{d}\tau}\right)\bigg|_{\tau=\tau_k} > p - \tau V'(h)(2V'(h) + \tau\alpha) = \tau\alpha^2\omega^2 > 0
$$

也就是说，Hopf 分岔产生的横截条件也满足。

由以上分析可以得出如下结论。

当时滞参数 $\tau = \tau_k$ 满足条件式（5-23）时，系统（5-19）将在临界点 $\tau = \tau_k$ 处产生 Hopf 分岔，也就是说原本稳态下的跟驰车流经过这个临界点时将变得不稳定。

5.4.2　Hopf 分岔的性质及稳定性

下面通过计算系统（5-18）的中心流形和正规型来确定 Hopf 分岔的方向和分岔解的稳定性。

首先引入相对位移 ξ、相对速度变量 w，将优化速度模型写成如下时滞微分方程的形式：

$$\mathrm{d}x(t)\,/\,\mathrm{d}t = Ax(t) + Bx(t-\tau) + f(x(t), x(t-\tau)) \qquad （5\text{-}25）$$

对于式（5-18），令 $\xi_i = \Delta x_i - \dfrac{1}{\rho}$，由于初始条件下车头间距 $h^* = \dfrac{1}{\rho}$，也即 $\xi_i = \Delta x_i - h^*$，将其代入模型中，则有

$$
\begin{aligned}
\ddot{\xi}_i(t) &= \ddot{x}_{i+1}(t) - \ddot{x}_i(t) \\
&= \alpha\tau(V(\Delta x_{i+1}(t-1)) - \dot{x}_{i+1}(t-1)) - \alpha\tau(V(\Delta x_i(t-1)) - \dot{x}_i(t-1)) \\
&= \alpha\tau(V(\Delta x_{i+1}(t-1)) - V(\Delta x_i(t-1))) - \alpha\tau(\dot{x}_{i+1}(t-1) - \dot{x}_i(t-1)) \\
&= \alpha\tau(V(\xi_{i+1}(t-1)+h) - V(\xi_i(t-1)+h)) - \alpha\tau\dot{\xi}_i(t-1)
\end{aligned}
$$

利用泰勒展开式将 V 在点 $x = h^*$ 处展开，可得

$$V(\xi_{i+1} + h) = V(h) + V'(h)\xi_{i+1} + o(\xi_{i+1}{}^r)$$

$$V(\xi_i + h) = V(h) + V'(h)\xi_i + o(\xi_i^r)$$

忽略高阶项，代入上式并进行整理可得

$$\ddot{\xi}_i(t) = -\alpha\tau\dot{\xi}_i(t-1) + \alpha\tau V'(h)(\xi_{i+1}(t-1) - \xi_i(t-1)) \qquad （5\text{-}26）$$

令 $\xi_i = \exp(\mathrm{i}b_k i + \lambda t)$，这里 $b_k = (2\pi\,/\,N)k$，k = 0, 1, …, N−1。将其代入式（5-26），可得式（5-26）对应的特征方程为

$$\lambda^2 + (\alpha\tau\lambda - \alpha\tau V'(h)(\mathrm{e}^{\mathrm{i}b_k} - 1))\mathrm{e}^{-\lambda} = 0 \qquad （5\text{-}27）$$

定义：

$$x = [\xi_1, w_1, \xi_2, w_2, \cdots, \xi_N, w_N]^{\mathrm{T}} \in R^{2N}$$

式中，$w_i = \dot{x}_i - v^e$ 是相对速度变量，结合式（5-26）可得

$$\mathrm{d}x(t)\,/\,\mathrm{d}t = A_1 x(t) + A_2 x(t-1) + f(x(t), x(t-1)) \qquad （5\text{-}28）$$

式中，$f(x(t),\ x(t-1))$ 为高阶展开项部分。

式（5-28）中的 A_1、A_2、f 分别为

$$A_1 = \begin{pmatrix} 0 & -1 & 0 & 1 & 0 & 0 & \cdots & 0 & 0 \\ 0 & 0 & 0 & 0 & 0 & 0 & \cdots & 0 & 0 \\ 0 & 0 & 0 & -1 & 0 & 1 & \cdots & 0 & 0 \\ 0 & 0 & 0 & 0 & 0 & 0 & \cdots & 0 & 0 \\ \vdots & \vdots & \vdots & \vdots & \vdots & \vdots & & \vdots & \vdots \\ 0 & 1 & 0 & 0 & 0 & 0 & \cdots & 0 & -1 \\ 0 & 0 & 0 & 0 & 0 & 0 & \cdots & 0 & 0 \end{pmatrix}$$

$$A_2 = \begin{pmatrix} 0 & 0 & 0 & 0 & 0 & \cdots & 0 & 0 \\ \alpha\tau V'(h) & -\alpha\tau & 0 & 0 & 0 & \cdots & 0 & 0 \\ 0 & 0 & 0 & 0 & 0 & \cdots & 0 & 0 \\ 0 & 0 & \alpha\tau V'(h) & -\alpha\tau & 0 & \cdots & 0 & 0 \\ \vdots & \vdots & \vdots & \vdots & \vdots & & \vdots & \vdots \\ 0 & 0 & 0 & 0 & 0 & \cdots & 0 & 0 \\ 0 & 0 & 0 & 0 & 0 & \cdots & \alpha\tau V'(h) & -\alpha\tau \end{pmatrix}$$

$$f = \alpha\tau \begin{pmatrix} \frac{1}{2}V''(h)(x_3(t-1)-x_1(t-1))^2 + \frac{1}{6}V'''(h)(x_3(t-1)-x_1(t-1))^3 + \cdots \\ 0 \\ \frac{1}{2}V''(h)(x_5(t-1)-x_3(t-1))^2 + \frac{1}{6}V'''(h)(x_5(t-1)-x_3(t-1))^3 + \cdots \\ 0 \\ \vdots \\ \frac{1}{2}V''(h)(x_1(t-1)-x_{2N-1}(t-1))^2 + \frac{1}{6}V'''(h)(x_1(t-1)-x_{2N-1}(t-1))^3 + \cdots \\ 0 \end{pmatrix} \tag{5-29}$$

1. 中心流形和系统降维处理

根据 Riesz 定理，存在 $2N \times 2N$ 阶矩阵函数 $\eta(\cdot, \mu) : [-1, 0] \to R^{2N^2}$，它的每个元素都是有界变差函数，使

$$\tilde{L}x_t = A_1 x + A_2 x(t-1) = \int_{-\tau}^{0} \mathrm{d}\eta(\theta, \mu)\varphi(\theta) \tag{5-30}$$

式中，μ 为参数；$x_t \equiv x(t+\theta) \in C$，$\theta \in [-\tau + t_0, t_0]$；$R^n$ 为连续函数空间；$\varphi \in C([-1, 0], R^{2N})$；$\eta(\theta)$ 可选取为如下形式：

$$\eta(\theta) = \begin{cases} -A_2, & \theta \in [-1, 0] \\ A_1, & \theta = 0 \end{cases}$$

则式（5-28）可化为如下形式的泛函微分方程：

$$\dot{x} = \tilde{L}x_t + \tilde{f}(x_t) \tag{5-31}$$

系统非线性项 $\tilde{f} \in C^r(C, R^{2N})$，$r \geq 2$，进一步如第 2 章介绍的时滞微分方程的中心流形方法，式（5-31）又可写成

$$\dot{x}_t = Lx_t + F(x_t) \tag{5-32}$$

式中

$$L(\varphi(\theta)) = \begin{cases} \mathrm{d}\varphi / \mathrm{d}\theta, & \theta \in [-1, 0] \\ \tilde{L}\varphi = A_1\varphi(0) + A_2\varphi(-1), & \theta = 0 \end{cases}$$

$$F(\varphi(\theta)) = \begin{cases} 0, & \theta \in [-1, 0] \\ \tilde{f}(\varphi(\theta)), & \theta = 0 \end{cases} \tag{5-33}$$

令 $k \in [0, N-1]$ 固定，引入新的参数 $\gamma = \tau - \tau_k$，则式（5-31）变为

$$\dot{x}(t) = L(\tau_k)(x_t) + F_0(\varphi, \gamma) \tag{5-34}$$

式中，$F_0(\varphi, \gamma) = L(\gamma)\varphi + F(\varphi, \tau_k + \gamma)$。

设 A_0 是 $\dot{x}(t) = L(\tau_k)(x_t)$ 的无穷小生成元，则 A_0 有一对纯虚根 $\pm\mathrm{i}\omega_k$，记 $\Lambda = \{-\mathrm{i}\omega_k, \mathrm{i}\omega_k\}$，$P$ 是 A_0 对应于 Λ 的不变空间，用 $\Phi = (\Phi_1, \Phi_2)$ 表示 P 的基，其中

$$\Phi_1(\theta) = \mathrm{e}^{\mathrm{i}\omega_k\theta}v, \quad \Phi_2(\theta) = \overline{\Phi_1(\theta)}, \quad -1 \leq \theta < 0 \text{。} \quad v = \begin{pmatrix} v_1 \\ v_2 \\ \vdots \\ v_{2N} \end{pmatrix} \text{ 是 } C^{2N} \text{ 中的向量，显然它满}$$

足条件 $L(\tau_k)(\Phi_1) = \mathrm{i}\omega_k v$。

L 的共轭算子 L^* 为

$$L^*(\varphi(\zeta)) = \begin{cases} -\mathrm{d}\varphi / \mathrm{d}\zeta, & \zeta \in (0, 1] \\ \tilde{L}^*\varphi = A_1^{\mathrm{T}}\varphi(0) + A_2^{\mathrm{T}}\varphi(1), & \zeta = 0 \end{cases} \tag{5-35}$$

则 $\pm\mathrm{i}\omega_k$ 也是 L^* 的特征根，对于 P 的对偶空间 P^*，选择 P^* 的基为 $\Psi(s) = \mathrm{col}(\Psi_1(s), \Psi_2(s))$，其中 $\Psi_1(s) = \mathrm{e}^{-\mathrm{i}\omega_k s}u^{\mathrm{T}}$，$\Psi_2(s) = \overline{\Psi_1(s)}$，$-1 \leq s < 0$，$u = \begin{pmatrix} u_1 \\ u_2 \\ \vdots \\ u_{2N} \end{pmatrix}^{\mathrm{T}}$ 是 C^{2N}

中的向量，如上，则它满足条件 $L^*(\tau_k)(\Psi_1) = \mathrm{i}\omega_k u^{\mathrm{T}}$，上标 T 表示向量的转置。

令 $(\Psi, \Phi) = (\langle \Psi_j, \Phi_i \rangle, i, j = 1, 2)$，如第 2 章所述，括号内的内积形式定义如下：

$$\langle \Psi_j, \Phi_i \rangle = \Psi_j(0)\Phi_i(0) - \int_{-1}^{0}\int_{0}^{\theta} \Psi_j(s-\theta)\mathrm{d}\eta(\theta)\Phi_i(s)\mathrm{d}s \tag{5-36}$$

下面选择 u、v 使 $(\Psi,\Phi)=I_2$，I_2 表示二阶单位矩阵。

因为 $\lambda=\pm i\omega_k$ 是特征方程（5-27）的特征根，所以可选取 u、v 为如下形式：

$$v=\begin{pmatrix}e^{ib_k}\\ \dfrac{\alpha\tau_k V'(h)e^{ib_k-i\omega_k}}{i\omega_k+\alpha\tau_k e^{-i\omega_k}}\\ e^{2ib_k}\\ \dfrac{\alpha\tau_k V'(h)e^{2ib_k-i\omega_k}}{i\omega_k+\alpha\tau_k e^{-i\omega_k}}\\ \vdots\\ e^{(N-1)ib_k}\\ \dfrac{\alpha\tau_k V'(h)e^{(N-1)ib_k-i\omega_k}}{i\omega_k+\alpha\tau_k e^{-i\omega_k}}\\ 1\\ \dfrac{\alpha\tau_k V'(h)e^{-i\omega_k}}{i\omega_k+\alpha\tau_k e^{-i\omega_k}}\end{pmatrix},\quad u=\begin{pmatrix}-\dfrac{\alpha\tau_k V'(h)e^{ib_k+i\omega_k}}{i\omega_k}\\ e^{ib_k}\\ -\dfrac{\alpha\tau_k V'(h)e^{2ib_k+i\omega_k}}{i\omega_k}\\ e^{2ib_k}\\ \vdots\\ -\dfrac{\alpha\tau_k V'(h)e^{(N-1)ib_k+i\omega_k}}{i\omega_k}\\ e^{(N-1)ib_k}\\ -\dfrac{\alpha\tau_k V'(h)e^{i\omega_k}}{i\omega_k}\\ 1\end{pmatrix}^T \qquad(5\text{-}37)$$

令 $Q=\left\{\varphi\in C^1\left([-1,0],R^{2N}\right)\big|(\Psi,\varphi)=0\right\}$，则有分解式 $C\left([-1,0],R^{2N}\right)=P\oplus Q$，这里补空间 Q 在算子 L 和无穷小生成元 A_0 下也不变，根据中心流形定理，在原点附近存在系统（5-28）的一个二维中心流形 C_0，定义为

$$C_0=\left\{\varphi\in C^1\left([-1,0],R^{2N}\right)\big|\varphi=\Phi x+\vartheta(x,F,\gamma);x\in U\right\}\qquad(5\text{-}38)$$

式中，U 为 R^{2N} 原点的某个小邻域，并且对于任意 $x\in U$ 有 $\vartheta(x,F,\gamma)\in Q$ 成立。

令 $B=\text{diag}(i\omega_k,-i\omega_k)$，取扩大的相空间：

$$\text{BC}:=\{\varphi:[-1,0]\to C^2\mid\varphi\text{在}[-1,0)\text{上连续},\ \exists\lim_{\theta\to0^-}\varphi(\theta)(\varphi\text{在}0\text{处有跳跃不连续点})\}$$

则 BC 可以分解为 $\text{BC}=P\oplus\text{Ker}\pi$，其中投影算子 $\pi:\text{BC}\to P$ 定义为

$$\pi(\varphi+X_0\gamma)=\Phi\left((\Psi,\varphi)+\Psi(0)\gamma\right)$$

利用分解：

$$z_t=\Phi x(t)+y,\quad x(t)\in C^2,\quad y\in\text{Ker}\pi\bigcap C^1=Q^1$$

可以将式（5-34）分解为

$$\begin{aligned}\dot{x}&=Bx+\Psi(0)F_0(\Phi x+y,\gamma)\\ \dot{y}&=A_{Q^1}y+(I-\pi)X_0F_0(\Phi x+y,\gamma)\end{aligned}\qquad(5\text{-}39)$$

这里矩阵函数 $X_0=X_0(\theta)$ 定义为

$$X_0(\theta) = \begin{cases} 0, & \theta \in [-1,0) \\ I_{2N}, & \theta = 0 \end{cases} \tag{5-40}$$

2. 中心流形上正规型的计算

定义 $V_j^m(P)$ 表示系数在 P 中的 m 个变元 $x_1, x_2, \cdots, x_m$ 的 j 齐次多项式构成的线性空间，记 $(M_j^1 p)(x,\gamma)=[B, p(.,\gamma)](x)$，$[B, p(.,\gamma)]$ 表示李括号积，也即 $[B, p(.,\gamma)]$ $(x)=D_x p(x,\gamma) Bx - Bp(x,\gamma)$。$M_j^1$ 在 $V_j^3(C^2)$ 上的作用满足：

$$M_j^1(p)(x_1,x_2,\gamma)=[B, p(.,\gamma)](x_1,x_2,\gamma)=\mathrm{i}\omega_k \begin{pmatrix} x_1 \dfrac{\partial p_1}{\partial x_1} - x_2 \dfrac{\partial p_1}{\partial x_2} - p_1 \\ x_1 \dfrac{\partial p_2}{\partial x_1} - x_2 \dfrac{\partial p_2}{\partial x_2} + p_2 \end{pmatrix} \tag{5-41}$$

考虑下面的分解 $V_j^3(C^2)=\mathrm{Im}(M_j^1) \oplus \mathrm{Ker}\left(M_j^1\right)$，并且

$$\mathrm{Ker}(M_j^1)=\mathrm{span}\{x^q \gamma^l e_k : (q,\overline{\lambda})=\lambda_k, k=1,2, |q,l|=j\}$$

式中，$\{e_1, e_2\}$ 是 C^2 的标准基，因此有

$$\mathrm{Ker}(M_2^1)=\mathrm{span}\left\{ \begin{pmatrix} x_1\gamma \\ 0 \end{pmatrix}, \begin{pmatrix} 0 \\ x_2\gamma \end{pmatrix} \right\} \tag{5-42}$$

$$\mathrm{Ker}(M_3^1)=\mathrm{span}\left\{ \begin{pmatrix} x_1^2 x_2 \\ 0 \end{pmatrix}, \begin{pmatrix} x_1\gamma^2 \\ 0 \end{pmatrix}, \begin{pmatrix} 0 \\ x_1 x_2^2 \end{pmatrix}, \begin{pmatrix} 0 \\ x_2\gamma^2 \end{pmatrix} \right\} \tag{5-43}$$

按照文献[149]，利用泰勒展开式，对式（5-39）中的下面部分展开可得

$$\Psi(0)F_0(\Phi x+y,\gamma)=\frac{1}{2}f_2^1(x,y,\gamma)+\frac{1}{3!}f_3^1(x,y,\gamma)+\mathrm{h.o.t}$$

$$(I-\pi)X_0 F_0(\Phi x+y,\gamma)=\frac{1}{2}f_2^2(x,y,\gamma)+\frac{1}{3!}f_3^2(x,y,\gamma)+\mathrm{h.o.t} \tag{5-44}$$

式中，$f_j^1(x,y,\gamma)$ 和 $f_j^2(x,y,\gamma)$ 为 (x,y,γ) 的次数为 j 的齐次多项式，多项式的系数分别属于 C^2 和 $\mathrm{Ker}\pi$；h.o.t 为高阶项。

这时，系统（5-32）在原点的中心流形上的正规型可写为

$$\dot{x}(t)=Bx(t)+\frac{1}{2}g_2^1(x,0,\gamma)+\frac{1}{3!}g_3^1(x,0,\gamma)+\mathrm{h.o.t} \tag{5-45}$$

式中，$g_2^1(x,0,\gamma)$、$g_3^1(x,0,\gamma)$ 分别为 (x,γ) 的二次项和三次项；h.o.t 为高阶项。

1）正规型二次项的计算

对于方程式（5-39），有

$$f_2^1(x,y,\gamma) = \Psi(0)(2L(\gamma)(\Phi x + y) + F_2(\Phi x + y, \tau_k)) \tag{5-46}$$

这里 F_2 由式（5-29）中的 f 给出，因此可得

$$f_2^1(x,0,\gamma) = \begin{pmatrix} 2B_1 x_1\gamma + 2B_2\gamma x_2 + a_{20}x_1^2 + 2a_{11}x_1 x_2 + a_{02}x_2^2 \\ 2\bar{B}_1 x_1\gamma + 2\bar{B}_2\gamma x_2 + \bar{a}_{02}x_1^2 + 2\bar{a}_{11}x_1 x_2 + \bar{a}_{20}x_2^2 \end{pmatrix} \tag{5-47}$$

式中

$$B_1 = \frac{i\omega_k}{\tau_k}u^{\mathrm{T}}v, \quad B_2 = -\frac{i\omega_k}{\tau_k}u^{\mathrm{T}}\bar{v}$$

$$a_{20} = \alpha\tau_k u_1(V''(h^*)(v_3 - v_1)^2 e^{-2i\omega_k}) + \alpha\tau_k u_3(V''(h^*)(v_5 - v_3)^2 e^{-2i\omega_k})$$
$$+ \cdots + \alpha\tau_k u_1(V''(h^*)(v_1 - v_{2N-1})^2 e^{-2i\omega_k})$$

$$a_{11} = \alpha\tau_k u_1(V''(h^*)(v_3 - v_1)\overline{(v_3 - v_1)}) + \alpha\tau_k u_3(V''(h^*)(v_5 - v_3)\overline{(v_5 - v_3)})$$
$$+ \cdots + \alpha\tau_k u_1(V''(h^*)(v_1 - v_{2N-1})\overline{(v_1 - v_{2N-1})})$$

$$a_{02} = \alpha\tau_k u_1(V''(h^*)\overline{(v_3 - v_1)}^2 e^{2i\omega_k}) + \alpha\tau_k u_3(V''(h^*)\overline{(v_5 - v_3)}^2 e^{2i\omega_k})$$
$$+ \cdots + \alpha\tau_k u_1(V''(h^*)\overline{(v_1 - v_{2N-1})}^2 e^{2i\omega_k})$$

在计算中，为简化，只选取了 f 中的二次项部分，省略了高阶项。

经计算可得

$$a_{20} = (\alpha\tau_k)^2 V'(h^*)V''(h^*)\frac{e^{ib_k}(1 - e^{ib_k})(e^{i3(N-1)b_k})}{-i\omega_k(1 + e^{ib_k} + e^{2ib_k})}$$

$$a_{11} = 2(\alpha\tau_k)^2 V'(h^*)V''(h^*)(1 - \cos b_k)\frac{e^{ib_k}(1 - e^{i(N-1)b_k})}{-i\omega_k(1 - e^{ib_k})} \tag{5-48}$$

$$a_{02} = (\alpha\tau_k)^2 V'(h^*)V''(h^*)\frac{e^{3i\omega_k}(1 - e^{ib_k})(1 - e^{-i(N-1)b_k})}{-i\omega_k}$$

中心流形上的正规型（5-45）的二次项为

$$\frac{1}{2}g_2^1(x,0,\gamma) = \frac{1}{2}\mathrm{Proj}_{\mathrm{Ker}(M_2^1)}f_2^1(x,0,\gamma)$$

由此可得

$$\frac{1}{2}g_2^1(x,0,\gamma) = \begin{pmatrix} B_1 x_1\gamma \\ \bar{B}_1 x_2\gamma \end{pmatrix} \tag{5-49}$$

式中，$B_1 = \dfrac{i\omega_k}{\tau_k}u^{\mathrm{T}}v$。$\mathrm{Ker}(M_2^1)$ 由式（5-42）给出。

2）正规型三次项的计算

对于中心流形上正规型（5-45）的三次项，注意到 $g_3^1(x,0,\gamma) \in \mathrm{Ker}(M_3^1)$，

$\mathrm{Ker}(M_3^1)$ 由式（5-43）给出。在研究 Hopf 分岔时，只需知道 $\begin{pmatrix} x_1^2 x_2 \\ 0 \end{pmatrix}$ 和 $\begin{pmatrix} 0 \\ x_1 x_2^2 \end{pmatrix}$ 的

系数，因此

$$\frac{1}{3!} g_3^1(x,0,\gamma) = \frac{1}{3!} \mathrm{Proj}_{\mathrm{Ker}(M_3^1)} \overline{f}_3^1(x,0,\gamma)$$

$$= \frac{1}{3!} \mathrm{Proj}_s \overline{f}_3^1(x,0,0) + O(|x|\gamma^2) \qquad （5\text{-}50）$$

式中

$$s := \mathrm{span}\left\{ \begin{pmatrix} x_1^2 x_2 \\ 0 \end{pmatrix}, \begin{pmatrix} 0 \\ x_1 x_2^2 \end{pmatrix} \right\}$$

$$\overline{f}_3^1 = f_3^1(x,0,0) + \frac{3}{2}\left((D_x f_2^1) U_2^1 - (D_x U_2^1) g_2^1 \right)_{(x,0,0)} + \frac{3}{2}\left((D_y f_2^1) h \right)_{(x,0,0)}$$

这里 $f_3^1(x,0,0)$ 是在计算正规型的二次项后得到的方程的三次项。

由文献[117]知，可以由：

$$U_2^1(x,0) = (M_2^1)^{-1} P_{I,2}^1 f_2^1(x,0,0)$$

求得 $U_2^1(x,0)$。其中 $P_{I,j} = (P_{I,j}^1, P_{I,j}^2)$ 是 $V_j^3(C^2) \times V_j^3(\mathrm{Ker}\pi)$ 到 $\mathrm{Im}(M_j^1) \times \mathrm{Im}(M_j^2)$ 的投影。

由式（5-47）知， $f_2^1(x,0,0) = \begin{pmatrix} a_{20} x_1^2 + 2a_{11} x_1 x_2 + a_{02} x_2^2 \\ \overline{a}_{02} x_1^2 + 2\overline{a}_{11} x_1 x_2 + \overline{a}_{20} x_2^2 \end{pmatrix}$， 因此可得

$$U_2^1(x,0) = \begin{pmatrix} \dfrac{1}{\mathrm{i}\omega_k}\left(a_{20} x_1^2 - 2a_{11} x_1 x_2 - \dfrac{1}{3} a_{02} x_2^2 \right) \\ \dfrac{1}{\mathrm{i}\omega_k}\left(\dfrac{1}{3} \overline{a}_{02} x_1^2 + 2\overline{a}_{11} x_1 x_2 - \overline{a}_{20} x_2^2 \right) \end{pmatrix}$$

再经过计算可得

$$\mathrm{Proj}_s\left((D_x f_2^1) U_2^1 \right)_{(x,0,0)} = \begin{pmatrix} \dfrac{2\mathrm{i}}{\mathrm{i}\omega_k}\left(a_{20} a_{11} - 2|a_{11}|^2 - \dfrac{1}{3}|a_{02}|^2 \right) x_1^2 x_2 \\ \dfrac{-2\mathrm{i}}{\mathrm{i}\omega_k}\left(\overline{a_{20} a_{11}} - 2|a_{11}|^2 - \dfrac{1}{3}|a_{02}|^2 \right) x_1 x_2^2 \end{pmatrix}$$

再由式（5-49）可知 $g_2^1(x,0,0) = 0$，所以 $\left((D_x U_2^1) g_2^1 \right)_{(x,0,0)} = 0$。

下面计算 $\mathrm{Proj}_s\left((D_y f_2^1) h \right)_{(x,0,0)}$，这里 h 为

$$h = h(x_1, x_2, \gamma) = h_{110} x_1 x_2 + h_{101} x_1 \gamma + h_{200} x_1^2 + h_{020} x_2^2 + h_{002} \gamma^2$$

式中，二次齐次多项式的系数是属于 $Q^1 = \mathrm{Ker}\pi \bigcap C^1$ 的，这里 $h = \mathrm{col}(h^1, h^2, h^3, \cdots, h^{2N-1}, h^{2N})$，其中 $h^{2k} = 0, k = 1, 2, \cdots, N$。

另外，$h = h(x_1, x_2, \gamma)$ 是方程：

$$(M_2^2 h)(x, \gamma) = (I - \pi) X_0 (2L(\gamma)(\varPhi x) + F_2(\varPhi x, \tau_k))$$

在 $V_2^3(Q^1)$ 中的唯一解。所以 $h = h(x, 0)(\theta)$ 可以由系统：

$$\dot{h}(x) - D_x h(x) Bx = \varPhi \varPsi(0)(2L(0)(\varPhi x) + F_2(\varPhi x, \tau_k)) \tag{5-51}$$

$$\dot{h}(x)(0) - L(\tau_k)(h(x)) = 2L(0)(\varPhi x) + F_2(\varPhi x, \tau_k) \tag{5-52}$$

进行估计，其中 $\dot{h}$ 表示 $h = h(x, 0)(\theta)$ 关于 θ 的导数。由式（5-46）又知

$$f_2^1(x, y, 0) = \varPsi(0)\big(F_2(\varPhi x + y, \tau_k)\big)$$

因此可以求得

$$f_2^1(x, y, 0) = \begin{pmatrix} u^{\mathrm{T}} \\ \overline{u}^{\mathrm{T}} \end{pmatrix} \left[\alpha \tau_k V''(h) \begin{pmatrix} (l_3 - l_1)^2 \\ 0 \\ (l_5 - l_3)^2 \\ 0 \\ \vdots \\ (l_{2N-1} - l_{2N-3})^2 \\ 0 \\ (l_1 - l_{2N-1})^2 \\ 0 \end{pmatrix} \right]$$

式中，$l_i = \mathrm{e}^{-\mathrm{i}\omega_k} v_i x_1 + \mathrm{e}^{\mathrm{i}\omega_k} \overline{v}_i x_2 + y_i(-1)$。

则可得

$$\big((D_y f_2^1) h\big)_{(x,0,0)} = \begin{pmatrix} u^{\mathrm{T}} \alpha \tau_k V''(h^*) M \\ \overline{u}^{\mathrm{T}} \alpha \tau_k V''(h^*) M \end{pmatrix} \tag{5-53}$$

式中

$$M = \begin{pmatrix} 2l_3' h^3(-1) + 2l_1' h^1(-1) - 2(l_3' h^1(-1) + l_1' h^3(-1)) \\ 0 \\ 2l_5' h^5(-1) + 2l_3' h^3(-1) - 2(l_5' h^3(-1) + l_3' h^5(-1)) \\ 0 \\ \vdots \\ 2l_{2N-1}' h^{2N-1}(-1) + 2l_{2N-3}' h^{2N-3}(-1) - 2(l_{2N-1}' h^{2N-3}(-1) + l_{2N-3}' h^{2N-1}(-1)) \\ 0 \\ 2l_1' h^1(-1) + 2l_{2N-1}' h^{2N-1}(-1) - 2(l_1' h^{2N-1}(-1) + l_{2N-1}' h^1(-1)) \\ 0 \end{pmatrix}$$

$$l_i' = \mathrm{e}^{-\mathrm{i}\omega_k} v_i x_1 + \mathrm{e}^{\mathrm{i}\omega_k} \bar{v}_i x_2, \quad i = 1, 2, \cdots, 2N$$

这样就有

$$\mathrm{Proj}_s \left((D_y f_2^1) h \right)_{(x,0,0)} = \begin{pmatrix} 2c_3 x_1^2 x_2 \\ 2\bar{c}_3 x_1 x_2^2 \end{pmatrix}$$

$$c_3 = \chi \begin{pmatrix} E_{11}h_{110}^1(-1) + \bar{E}_{11}h_{200}^1(-1) + E_{31}h_{110}^3(-1) + \bar{E}_{31}h_{200}^3(-1) \\ 0 \\ E_{51}h_{110}^5(-1) + \bar{E}_{51}h_{200}^5(-1) + E_{32}h_{110}^3(-1) + \bar{E}_{32}h_{200}^3(-1) \\ 0 \\ \vdots \\ E_{(2N-1)1}h_{110}^{2N-1}(-1) + \bar{E}_{(2N-1)1}h_{200}^{2N-1}(-1) + E_{(2N-3)2}h_{110}^{2N-3}(-1) + \bar{E}_{(2N-3)2}h_{200}^{2N-3}(-1) \\ 0 \\ E_{12}h_{110}^1(-1) + \bar{E}_{12}h_{200}^1(-1) + E_{(2N-1)2}h_{110}^{2N-1}(-1) + \bar{E}_{(2N-1)2}h_{200}^{2N-1}(-1) \\ 0 \end{pmatrix}$$

式中

$$\chi = u^{\mathrm{T}} \alpha \tau_k V''(h^*)$$

$$\begin{aligned} E_{j1} &= \mathrm{e}^{-\mathrm{i}\omega_k} v_j - \mathrm{e}^{-\mathrm{i}\omega_k} v_{j-2} = \mathrm{e}^{-\mathrm{i}\omega_k} \mathrm{e}^{\mathrm{i}(2j-3)b_k}(\mathrm{e}^{\mathrm{i}2b_k} - 1), \\ E_{j2} &= \mathrm{e}^{-\mathrm{i}\omega_k} v_j - \mathrm{e}^{-\mathrm{i}\omega_k} v_{j+2} = \mathrm{e}^{-\mathrm{i}\omega_k} \mathrm{e}^{\mathrm{i}(2j-1)b_k}(1 - \mathrm{e}^{\mathrm{i}2b_k}), \end{aligned} \quad j = 3, 5, \cdots, 2N-3$$

当 $j = 1$ 和 $2N-1$ 时，分别有

$$\begin{aligned} E_{11} &= \mathrm{e}^{-\mathrm{i}\omega_k} v_1 - \mathrm{e}^{-\mathrm{i}\omega_k} v_3 = \mathrm{e}^{-\mathrm{i}\omega_k} \mathrm{e}^{\mathrm{i}b_k}(1 - \mathrm{e}^{\mathrm{i}b_k}) \\ E_{12} &= \mathrm{e}^{-\mathrm{i}\omega_k} v_1 - \mathrm{e}^{-\mathrm{i}\omega_k} v_{2N-1} = \mathrm{e}^{-\mathrm{i}\omega_k}(\mathrm{e}^{\mathrm{i}b_k} - 1) \\ E_{(2N-1)1} &= \mathrm{e}^{-\mathrm{i}\omega_k} v_{2N-1} - \mathrm{e}^{-\mathrm{i}\omega_k} v_{2N-3} = \mathrm{e}^{-\mathrm{i}\omega_k}(1 - \mathrm{e}^{\mathrm{i}(N-1)b_k}) \\ E_{(2N-1)2} &= \mathrm{e}^{-\mathrm{i}\omega_k} v_{2N-1} - \mathrm{e}^{-\mathrm{i}\omega_k} v_1 = \mathrm{e}^{-\mathrm{i}\omega_k}(1 - \mathrm{e}^{\mathrm{i}b_k}) \end{aligned} \tag{5-54}$$

下面计算 $h_{110}(\theta)$、$h_{200}(\theta)$。

由式（5-51）和式（5-52）知道，$h_{110}(\theta)$ 是方程

$$\dot{h}_{110}(\theta) = (\Phi_1, \Phi_2) \begin{pmatrix} 2a_{11} \\ 2\bar{a}_{11} \end{pmatrix}$$

满足以下初值条件的解：

$$\dot{h}_{110}(0)-L(\tau_k)(h_{110})=\begin{pmatrix} 2v_3\overline{v}_3+2v_1\overline{v}_1-2(v_3\overline{v}_1+v_1\overline{v}_3) \\ 0 \\ 2v_5\overline{v}_5+2v_3\overline{v}_3-2(v_5\overline{v}_3+v_3\overline{v}_5) \\ 0 \\ \vdots \\ 2v_{2N-1}\overline{v}_{2N-1}+2v_{2N-3}\overline{v}_{2N-3}-2(v_{2N-1}\overline{v}_{2N-3}+v_{2N-3}\overline{v}_{2N-1}) \\ 0 \\ 2v_1\overline{v}_1+2v_{2N-1}\overline{v}_{2N-1}-2(v_1\overline{v}_{2N-1}+v_{2N-1}\overline{v}_1) \\ 0 \end{pmatrix}$$

可解得

$$h_{110}(\theta)=\frac{2}{\mathrm{i}\omega_k}(a_{11}\mathrm{e}^{\mathrm{i}\omega_k\theta}v-\overline{a}_{11}\mathrm{e}^{\mathrm{i}\omega_k\theta}\overline{v})+C_1$$

同理可求得

$$h_{200}(\theta)=-\frac{1}{\mathrm{i}\omega_k}\left(a_{20}\mathrm{e}^{\mathrm{i}\omega_k\theta}v+\frac{1}{3}\overline{a}_{20}\mathrm{e}^{\mathrm{i}\omega_k\theta}\overline{v}\right)+C_2$$

这里省略了 C_1、C_2 复杂表达式的计算。

由以上的分析可得

$$\frac{1}{3}g_3^1(x,0,0)=\begin{pmatrix} B_3x_1^2x_2 \\ \overline{B}_3x_1x_2^2 \end{pmatrix}$$

式中，$B_3=\frac{\mathrm{i}}{2\omega_k}(a_{20}a_{11}-2|a_{11}|^2-\frac{1}{3}|a_{02}|^2)+\frac{1}{2}c_3$，相关系数取值已经由式（5-48）和式（5-54）解得。

由前面的计算可得，中心流形上的正规型为

$$\dot{x}=Bx+\frac{1}{2}g_2^1(x,0,\gamma)+\frac{1}{3!}g_3^1(x,0,\gamma)+\mathrm{h.o.t}$$

$$=Bx+\begin{pmatrix} B_1x_1\gamma \\ \overline{B}_1x_2\gamma \end{pmatrix}+\begin{pmatrix} B_3x_1^2x_2 \\ \overline{B}_3x_1x_2^2 \end{pmatrix}+O(|x|\gamma^2+|x|^4)$$

利用坐标变换 $x_1=\omega_1-\mathrm{i}\omega_2,x_2=\omega_1+\mathrm{i}\omega_2$，并令 $\omega_1=\rho\cos\zeta,\omega_2=\rho\sin\zeta$，可将上述的正规型变成

$$\begin{aligned} \dot{\rho}&=k_1\gamma\rho+k_2\rho^3+O(\gamma^2\rho+|(\rho,\gamma)|^4) \\ \dot{\zeta}&=-\omega_k+O(|\rho,\gamma|) \end{aligned} \tag{5-55}$$

式中，$k_1=\mathrm{Re}\,B_1$，$k_2=\mathrm{Re}\,B_3$。

因此，可以得出如下结论：系统（5-34）在 $\gamma=0$ 时在原点的中心流形上的流

由式（5-53）给出，并且当 $k_1 k_2 < 0$ 时，Hopf 分岔是超临界的；当 $k_1 k_2 > 0$ 时，Hopf 分岔是亚临界的。分岔出的周期解在 $k_2 < 0$ 时是稳定的，在 $k_2 > 0$ 时是不稳定的。

综合以上分析，交通流系统在其演化过程中，由于参数的变化，在满足一定条件下，会出现 Hopf 分岔现象，相应地，交通流由稳定的均匀状态失去稳定性而发生状态转化，由于 Hopf 分岔类似于一种突变形式，交通流的这种状态变化与第 3 章中介绍的不连续相变是一致的，也是交通流不连续相变发生的内部因素之一。进一步讲，当产生 Hopf 分岔时，参数取值的差异会造成式（5-55）中相关系数的取值不同，这样，有可能使 Hopf 分岔的方向性质不一样，而这一变化对交通流系统的下一步演化有很大的影响，当 Hopf 分岔是超临界分岔时，系统状态相对稳定，有可能向平稳状态过渡，而亚临界 Hopf 分岔会使系统的演化更加复杂。

第6章 交通流中的混沌现象研究

交通流中各种不确定因素的综合作用，将导致交通流的无序运动和堵塞。人们认识到了交通流中的混沌现象是由各种不确定因素引起的，并对交通中的混沌现象进行了研究。研究交通流混沌的目的不仅在于揭示交通流运动规律，更重要的是为利用交通流混沌现象实现对交通流的预测、控制打下一个良好的基础。要利用混沌规律来控制交通流，必须认识和了解交通流混沌，这样才可能运用混沌理论来解决实际交通流问题。

6.1 跟驰车队中的混沌现象基本特征

跟驰理论研究的是非自由行驶状态下车队的行驶特性。非自由行驶状态是指驾驶员为了避免发生碰撞和节省行车时间，根据前车速度发生变化所提供的信息调整车速，紧密而安全地逐一跟驰行驶的状态，其行驶特性具有制约性、延迟性、传递性。第 2 章曾经讨论过交通流的基本性质，下面结合跟驰车队的宏观和微观特性来分析跟驰车队中是否存在混沌现象的基本特征。

1. 对初始条件的敏感依赖性

对混沌系统而言，初始条件的变化可能导致结果迥异，一个初始条件可能对应着数个结果值。跟驰模型的理论基础是刺激-反应关系，刺激包括速度和距离的变化等。刺激是反应的前提，但同样的刺激对于不同的驾驶员个体可能产生截然不同的反应结果，也就是说作为反应的主体，驾驶员之间存在着难以确定的差异；即使同一个驾驶员，在不同的心理、生理状况下，对同样的刺激也可能产生不同的反应或反应的强度不同。因此初始条件对车流的长远影响是无法估计的。例如，实际交通系统中，在某些临界时段，一些重大的交通拥挤可能是由车流中单个驾驶员一刹那按住刹车时间稍长了一点而造成的。这种车流的不稳定性也正是混沌理论中对初值极大敏感的实际体现。

2. 不可分解性

不可分解性是指混沌系统不能被分解为两个不相互影响的子系统。在跟驰车队中，一方面，外界的刺激和驾驶员的反应是两个紧密相连的子系统，刺激是反应的前提，反应是刺激引发的结果，不能抛开反应谈刺激，也不能抛开刺激谈反应，刺激和反应是相辅相成的；另一方面，由驾驶员和车辆构成的跟驰车队中的基本运动单元是不可分解的，驾驶员的心理特征通过车辆的运动特性体现出来，车辆的运动反映了驾驶员对外界刺激的反应结果。而对于车辆组成的整个车流系统，车与车之间的跟驰行为也是紧密联系而不可分的，前车的运动特性影响后车的运动，并因此产生传播性，整个车流中的任一单元都是不可单独分离的。可见，跟驰行为具有不可分解性。

3. 确定性和规律性

具有规律性是指混沌系统具有稠密的周期点，尽管混沌系统表面上处于混乱无序的状态，但其本质上具有规律性的成分。跟驰车队中，驾驶员驾驶行为存在差异，对同样的刺激可能产生不同的反应或反应的强度不同，而且驾驶员在加速过程中，不可能在油门上施以非常精确的压力以产生理想的加速度，所以必然存在速度的自然波动。研究已经证明后车的反应和其与前后车之间的速度差是有规律可循的，通常，后车驾驶员总是希望与前车之间保持期望的车头时距，但是由于车辆不可能总保持理想加速状态，跟驰车辆之间只能够偶尔保持这个期望车头时距，大多数时间在这个期望车头时距附近周期性振荡。可见，跟驰行为具有规律性成分。

通过以上定性分析可以看出，基于刺激-反应模型的交通系统具有对初始条件的敏感性，整个人-车-道路系统具有不可分解性，跟驰车辆之间的期望车头时距具有一定的规律性，这样，混沌现象的三个必要特征都在跟驰车队中有所体现。因此，可以说跟驰车队中具有混沌现象的基本特征，在一定条件下，可能导致交通流状态呈现混沌特性。

前面已经提到，该领域的研究大多集中在交通流混沌特性的存在性分析上，大部分文献得出了肯定的结论，也就是说在一定条件下，交通流中存在混沌现象；但由于交通流模型的多样性以及局限性，不同的交通流模型可能会得出不同的结论，同一个模型的不同参数条件或不同的仿真形式也会造成不同的结论，同时，一些研究所基于的理论基础不甚完善，某些学者也对此提出了质疑。Kirby 在自己的研究结论中说明，尽管跟驰模型中存在与混沌相关的非线性动力学行为，但无直接证据表明混沌现象的存在性；Jarrect 和 Zhang 对跟驰模型进行了大量的仿真分析，试图发现其中的混沌，但未得到任何证明混沌存在的合理证据，这些学者的观点倾向于交通流混沌的不存在性。但他们的工作显然也受到交通流模型众多、实际交通流系统的条件复杂性等诸多影响，只能说明在他们所探讨的交通流模型中以及所分析的条件下，没有出现混沌现象。尤其重要的是，由于交通流的复杂性，没有任何一种模型可以完全描述出交通流系统中出现的各种现象，所以基于交通流模型研究的理论价值要远远高于其实用价值。

6.2　基于跟驰模型的交通流混沌现象

根据交通流理论模型产生的交通流数据称为理论交通流，研究交通流混沌的方法之一是研究理论交通流的混沌现象[52-54]。研究理论交通流的好处在于它可以避开实际交通流的各种复杂因素，通过参数的变化容易获得希望得到的交通流状态，便于从理论上归纳出规律性的结果，为进一步研究实际交通流提供理论基础。由于车辆跟驰模型应用最广，已经发表的文献中大多以跟驰模型产生交通流，来研究这种理论交通流的混沌现象，证明混沌的存在。

6.2.1　仿真实验

跟驰模型是交通流理论模型中应用最多、研究最深入的一类。它利用微分方程来描述车流行驶状态，从驾驶员接受某种刺激后作出的反应来分析和研究车辆队列中车与车之间的关系。跟驰模型包括线性跟驰模型和非线性跟驰模型两大类。为尽可能接近交通流的实际，本书选用下面改进的非线性跟驰模型（Bierley 模型），来产生交通流的时间序列[157]：

$$\ddot{x}_{n+1}(t+T) = \alpha_0 \frac{\dot{x}_n(t) - \dot{x}_{n+1}(t)}{(x_n(t) - x_{n+1}(t))^h} + k(x_n(t) - x_{n+1}(t)) \qquad (6\text{-}1)$$

式中，$\dot{x}_n(t)$ 为第 n 辆车（前车）速度；$\dot{x}_{n+1}(t)$ 为第 $n+1$ 辆车（后车）的速度；α_0 为反应灵敏度系数，其单位为 m/s；$\alpha_0/(x_n(t) - x_{n+1}(t))^h$ 为灵敏度的度量，其中 h 为常数；$\ddot{x}_{n+1}(t+T)$ 为下一采样时刻的第 $n+1$ 辆车的加速度；k 为相对车头间距的灵敏度系数；$x_n(t) - x_{n+1}(t)$ 为车头间距。

用 MATLAB 软件构造了 Bierley 模型，模拟 2～5 辆车的车辆跟驰情况。假设条件为车队单车道行驶、不能超车。仿真实验中，假设车队在行驶过程中，头车以某一速度 v_0 匀速运动。由于实际交通干扰会使车辆产生一种近似于正弦运动规律变化的加速或者减速运动，仿真研究时，对头车施加正弦变化的干扰。干扰形式为 $v = A\sin(\omega t)$，其中 A 为干扰信号振幅，单位为 m/s；ω 为干扰信号的角频率，单位为 rad/s。仿真开始时，车头间距保持一定的距离 L_0(m)。仿真步长为 1s，实验中的每一个仿真步均可以得到每辆车在采样时刻的位移和速度，以及前后两辆车的车头间距 L 与速度差 V。

由于驾驶员的判断能力及驾驶技术的影响，任意两个驾驶员的行为都不会完全相同，交通流中的车辆行为也不可能一致。即使在完全相同的环境中，由于驾驶员的行为受当地特征、驾驶习惯以及天气等的影响，不会存在两个表现相同的交通流。另外，在不同的时间、不同的地点，影响交通流的因素各有不同，通过既定特性的道路和公路的既定交通流也会随着地点与时间的不同而不同。即交通流中车辆所表现出来的行为是由驾驶员与车辆结合的人车单元特性所决定的。驾驶员的特性包括驾驶技能、驾驶的倾向性、对于安全感的需求、感知交通环境变化的能力、最大加减速度的接受值等；车辆特性包含几何尺寸、加减速性能、操纵性能、行驶稳定性等[158]。所以，考虑到不同驾驶员和车辆的差异，在对跟驰模型进行数值模拟仿真过程中取不同的灵敏度系数 α_0 和 k 的组合。下面模拟三辆车的交通流状况。

实验时，取模型参数 $h = 1$，车辆的行驶速度 $V_0 = 9$m/s，车头间距 $L_0 = 7$m，干扰振幅 $A = 1$m/s，角频率 $\omega = 0.05$rad/s，α_0 和 k 的组合为（8，0.000 08）与（14，0.000 08）。仿真时间为 1500s 的交通流，如图 6-1 和图 6-2 所示。

从图 6-1 和图 6-2 中可以看出，仿真交通流在第 1 和第 2 辆车之间的车头间距呈正弦规律变化，为周期运动，无须计算其 Lyapunov 指数；而第 2 和第 3 辆车之间的车头间距出现了振荡现象，这种振荡现象是否为混沌运动呢？下面研究该交通流的混沌存在性。

6.2.2　理论交通流的混沌存在性分析

为了减小噪声对计算的干扰，取图 6-2 中振荡现象较为集中的 300～1100s 仿真时段的 800 个车头间距样本作为计算最大 Lyapunov 指数的时间序列，称为序列 1。

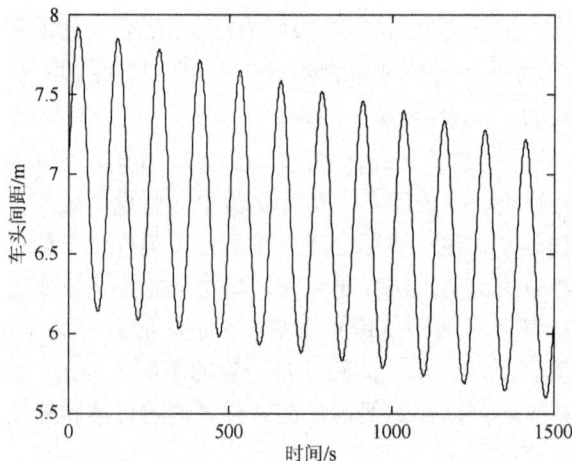

图 6-1　第 1 和第 2 辆车之间车头间距变化

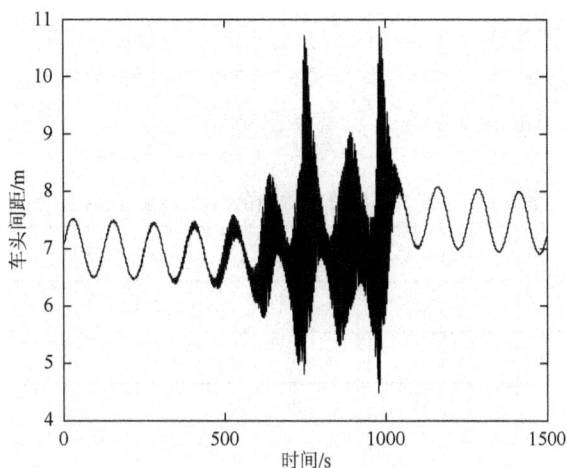

图 6-2　第 2 和第 3 辆车之间车头间距变化

　　首先对序列 1 进行谱分析，如图 6-3（a）所示，同时确定该序列的周期（图 6-3（b））。从图 6-3（a）可以看出，序列 1 的功率谱图变化剧烈，交通流时间序列不是简单的周期序列，而是复杂的非线性序列，初步可以确定该序列为混沌时间序列。

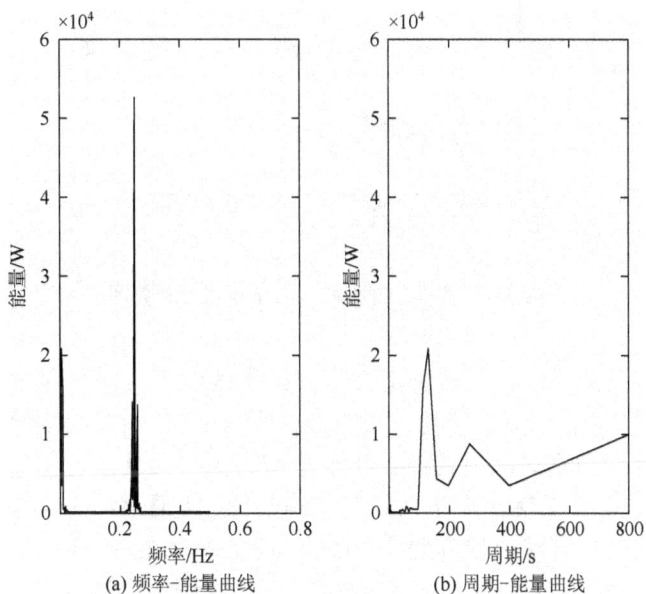

(a) 频率-能量曲线　　　　　　　　(b) 周期-能量曲线

图 6-3　序列 1 谱分析

　　用 Visual C++语言和 MATLAB 语言混合编程编制第 3 章介绍的基于最大

Lyapunov 指数改进算法的计算程序，对序列 1 的不同样本数量进行最大 Lyapunov 指数计算，计算结果列于表 6-1 中。图 6-4 给出了样本数量为 800、$\tau=3$、$m=3$、$P=41$ 时的最大 Lyapunov 指数 λ_1 计算输出结果。

表 6-1　序列 1 不同样本数量的最大 Lyapunov 指数

样本数量	τ	m	P	λ_1
800	3	3	119	0.0032
700	3	3	113	0.0195
600	3	3	120	0.0166
500	3	3	125	3.0490×10^{-4}

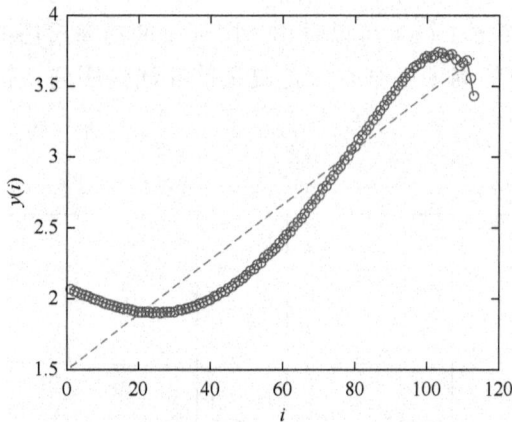

图 6-4　序列 1 的最大 Lyapunov 指数计算图

从计算结果可以看出：序列 1 在不同样本数量下（最少样本数量为 500）所得到的最大 Lyapunov 指数均为正值。也就是说，在序列 1 处于不可预测的无序状态，即在仿真时间段内时，出现了交通流混沌现象。图 6-5 为第 2 辆车车速与第 1 和第 2 辆车车头间距的二维相图，从图 6-5 中可明显看出混沌吸引子的存在，从直观上也说明了 Bierley 模型中存在着混沌。由此可知在合适的灵敏度系数下，Bierley 模型能够产生交通流混沌现象，这和文献[15]的结论是一致的。

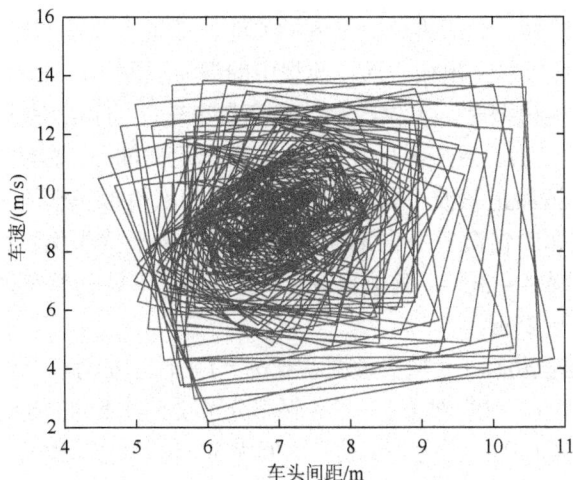

图 6-5 第 2 辆车车速与第 1 和第 2 辆车车头间距二维相图

6.3 基于优化速度模型的交通流混沌现象

6.3.1 交通流中混沌特性的定量识别

由于交通流系统的复杂性以及模型的多样性，有限的混沌研究的解析方法很难应用于交通流系统，所以首先要通过对交通流跟驰模型的仿真操作得到分析时要使用的数据序列。与前面的内容保持一致，这里选取优化速度模型，为准确描述车辆跟驰行为之间的动力学行为，采用开放边界，跟踪一对车辆之间车头间距的变化。另外为使仿真结果尽可能与实际数据接近，采用根据日本高速路的实际数据统计得出速度优化函数：

$$V(h) = 16.8(\tanh(0.0860(h - 25)) + 0.913) \tag{6-2}$$

由于传统的 MATLAB 仿真环境运算缓慢，采用 C++ 语言与 MATLAB 混合编程来仿真优化速度模型。为提高运算速度，采用 C++ 语言编制生成交通流时间序列和计算 Lyapunov 指数等特征量的程序，而图形显示部分则采用 MATLAB 编制以充分利用 MATLAB 的图形功能。

仿真时，首先给定一个由 N 辆车组成的车队，头车编号为 1，其余车辆编号依次递增。给头车施加一定形式的干扰，然后解带延迟时间的微分方程[155]，求解出不同参数组合下该车队的运动状态。每个仿真步可以得到每辆车在采样时刻的位移和速度，以及前后两车的车头间距。为了能够动态地确定仿真车队的车辆数以及满足解带有延迟时间的微分方程的需要，解微分方程（2-8）的过程中采用了二阶的积分方法。经过反复实验确定积分步长为 0.01s。这样就可以得出不同情况下的交通流时间序列，然后再计算出各种混沌特征量的值。通过反复实验，并进行对比研究，就可以总结出该交通流模型中的混沌现象的规律。

仿真优化速度模型时，可供改变的参变量有车队的初始速度 V_0，初始车头间距 L_0，车队长度 N，反应灵敏度系数 α_0 和延迟时间 τ。总结各种交通现象之后，确定对头车施加正弦波干扰和梯形波干扰，以模拟车辆不断加减速和遇到红灯信号车辆减速的情况。下面的研究都以正弦波干扰为例。默认情况下正弦波干扰信号的振幅 $A = 3\text{m/s}$，角频率 $w = 0.05\text{rad/s}$，车队初始车速为 $V_0 = 17\text{m/s}$，初始车头间距 $L_0 = 25\text{m}$。

作为示例，这里仿真了反应灵敏度系数 $\alpha_0 = 1.8$ 时前 6 辆车的交通流运动。考虑到不同驾驶员的差异，这里对第 2～第 6 辆车分别取 5 种不同的延迟时间 τ，其值分别为 0.4s、0.45s、0.46s、0.47s 和 0.48s，仿真时间为 500s，此次实验中干扰振幅 $A = 5\text{m/s}$。图 6-6～图 6-9 列出了第 2～第 6 辆车间相邻车辆车头间距的交通流时间序列。

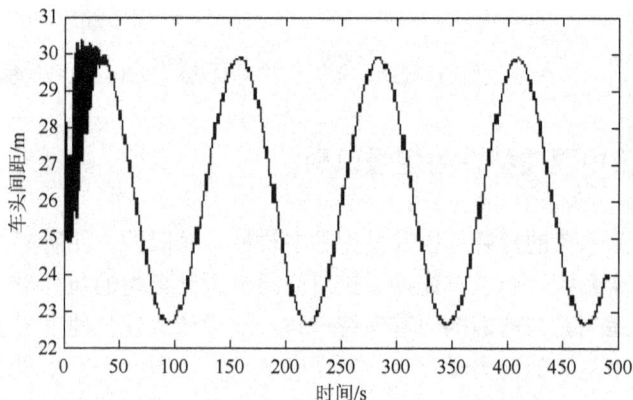

图 6-6　第 2、第 3 辆车车头间距序列

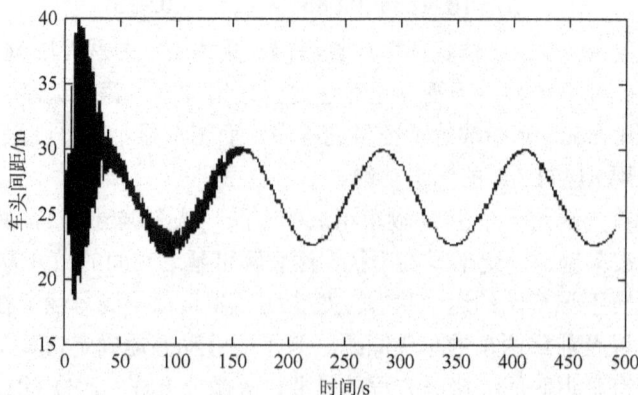

图 6-7　第 3、第 4 辆车车头间距序列

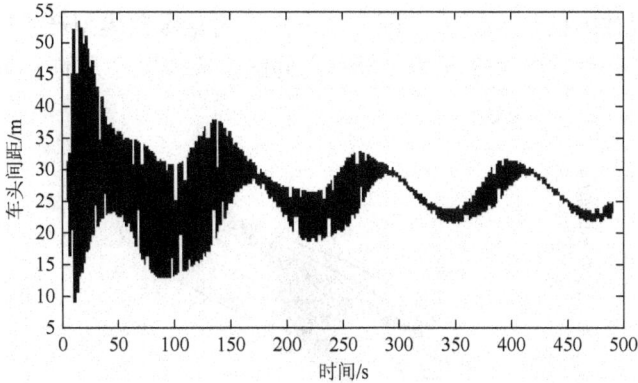

图 6-8　第 4、第 5 辆车车头间距序列

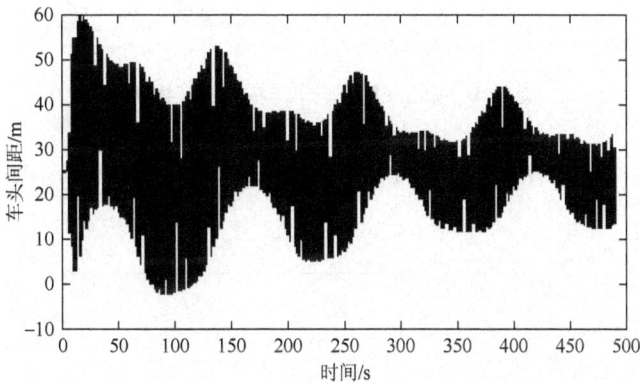

图 6-9　第 5、第 6 辆车车头间距序列

从图 6-6～图 6-9 中可以看出，仿真交通流第 2 和第 3 辆车之间在开始的短暂时间内出现了振荡现象，之后就恢复至周期运动；第 3 和第 4 辆车振荡加强，振荡区间有所扩大；第 4 和第 5 辆车之间的振荡继续加强；第 5 和第 6 辆在振荡的过程中出现了撞车现象（注：这里 5 辆车所用的参数是不同的，因此不能由此归纳车队中不同车辆运动状态的规律）。为了更方便地观察系统中交通流运动状态的变化，下面作出了第 3～第 6 辆车相邻两车间车头间距的三维相图，见图 6-10。从图 6-10 中可以清楚地看出轨线的拉伸和折叠现象，而且可观察到混沌吸引子的存在。

1）交通流序列随机性与确定性的判定

由于所分析的数据时间序列是通过交通流模型仿真而得的，其中没有随机参数，一般而言（如果计算误差的影响可以忽略不计），这些数据序列均为确定性的。所以在本小节的讨论过程中，这一步可以省略，上述判别随机性与确定性的算法对实测交通流数据的意义更大，因为本书主要讨论跟驰模型产生的时间序列的性质，这里仅计算其中第 3 和第 4 辆车之间的车头间距序列的 $E_2(d)$ 特征值，以作说明。

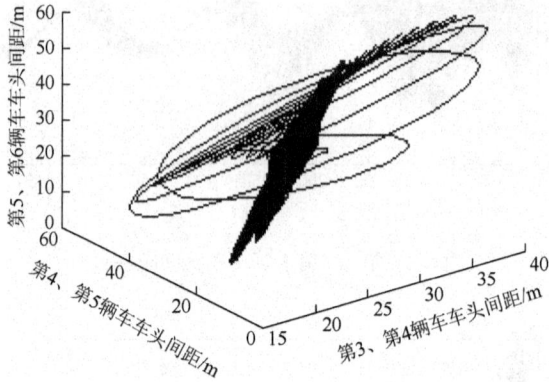

图 6-10　第 3～第 6 辆车车头间距三维相图

由图 6-11 可以看出，对于较小的维数值，$E_2(d)$ 明显小于 1，说明该时间序列不是随机的。

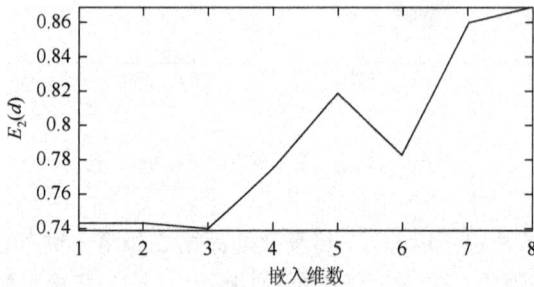

图 6-11　第 3、第 4 辆车之间车头间距序列的 $E_2(d)$ 值

2）最大 Lyapunov 指数的计算

Lyapunov 指数的正负以及大小直接说明了系统是否存在混沌以及系统发散的程度，是判别混沌运动的一种重要而常用的方法，也是交通流混沌识别的主要方法，以及用来进行系统特征分析的重要特征量。下面通过计算 Lyapunov 指数来排除周期序列。

虽然在仿真过程中能够获得系统的多维情况下的解，但由于系统维数过高，这里仍然采用选择某个时间序列然后重构相空间的方法。下面就以图 6-8 所示的时间序列为例来详细介绍理论交通流仿真系统中 Lyapunov 指数的具体计算过程。

由 3.2.1 小节计算的 E_1 的值可确定嵌入维数的近似值，为减少误差，可选取多个维数值进行计算。利用自相关系数方法确定延迟时间 $\tau = 9$。经过不断地尝试，最后确定取 $m = 8$，$\tau = 9$ 来重构相空间，能计算出稳定的 Lyapunov 指数。

重构相空间后根据第 3 章提到的小数据量法的具体步骤得出 y 随 i 变化的曲线，如图 6-12 所示。取曲线初始部分的近似直线段部分进行拟合，拟合出直线的斜率即最大的 Lyapunov 指数，如图 6-13 所示。最后算得最大 Lyapunov 指数为 0.1342，所以可以判断该时间序列可能是混沌的（实际上只是排除了该时间序列的周期性），该时间序列所在的系统也可能是混沌的。

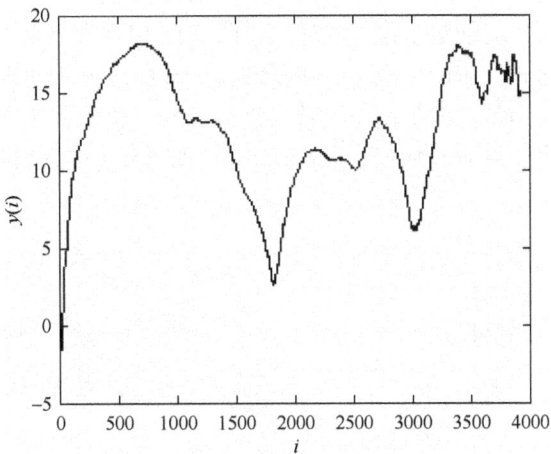

图 6-12　最大 Lyapunov 指数计算图（一）

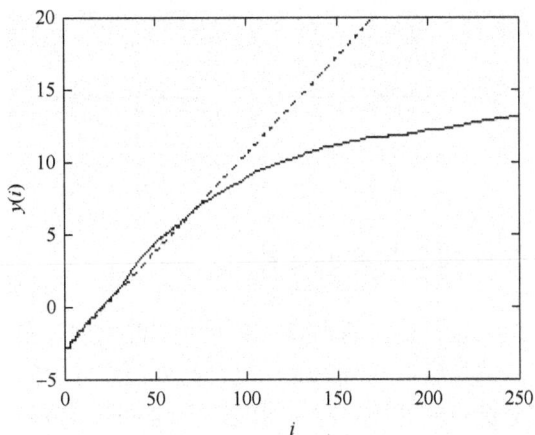

图 6-13　最大 Lyapunov 指数计算图（二）

3）交通流混沌现象的功率谱识别

从 2.3 节的内容可知，周期运动的功率谱是分开的、离散的尖峰，对应尖峰的频率之间的比例为有理数，而准周期运动的功率谱包括各种各样的周期（或频率），且各频率之间的比例为无理数，其频谱线并不像周期运动那样以某间隔的频率分立。随机运动的功率谱的振幅和频率无关，是连续的平谱。混沌运动的功率谱也是连续的，但由于在倍周期分岔过程中，功率谱会出现一批对应新分频及倍频的峰，所以混沌运动的功率谱不是平谱，即功率谱中出现了噪声和宽峰。按照功率谱的计算方法，利用 MATLAB 编制功率谱的计算程序，得到了图 6-6～图 6-8 的功率谱图，如图 6-14～图 6-16 所示。

从图 6-14 可看出，第 2 和第 3 辆车车头间距变化的功率谱呈现明显的、孤立的尖峰状态，表明其运动是规律性的运动。图 6-15 出现了分立的宽带尖峰，显示第 4 辆车在跟随第 3 辆车的运动中产生了混沌。图 6-16 不但出现了分立的宽带尖峰，而且产生了噪声带，并把两个尖峰带连接起来，说明第 5 辆车在跟随第 4 辆车的过程中混沌现象进一步加强。这与图 6-6～图 6-8 所观察到的现象是一致的。

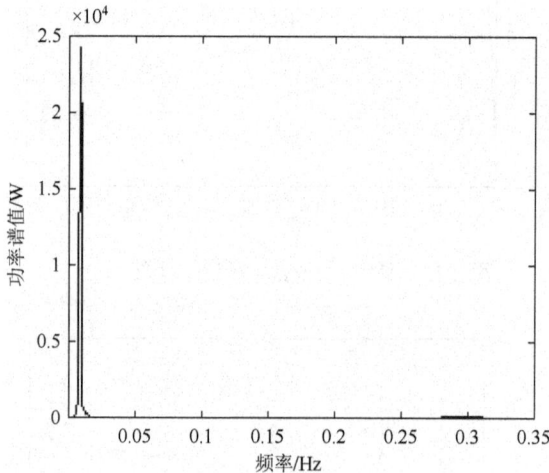

图 6-14　图 6-6 的功率谱图

6.3.2　交通流混沌序列分数维的计算

通过前面的分析，已经可以基本确定交通流中混沌的存在性，即一定参数条件下，交通流的运动可导致混沌现象的出现，另外混沌特性的另一个基本特征就是分数维，这一部分针对前面判定的具有混沌特性的时间序列来求解它的关联维数，进一步验证了交通流中存在混沌的结论，并对比不同系统状态下关联维数的特点。关联维数的计算过程简单描述如下[159]。

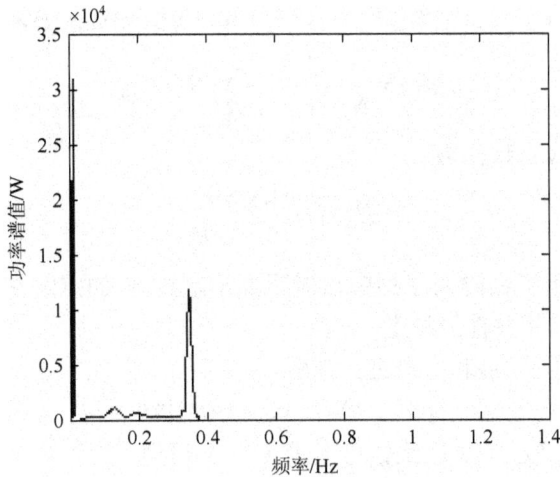

图 6-15　图 6-7 的功率谱图

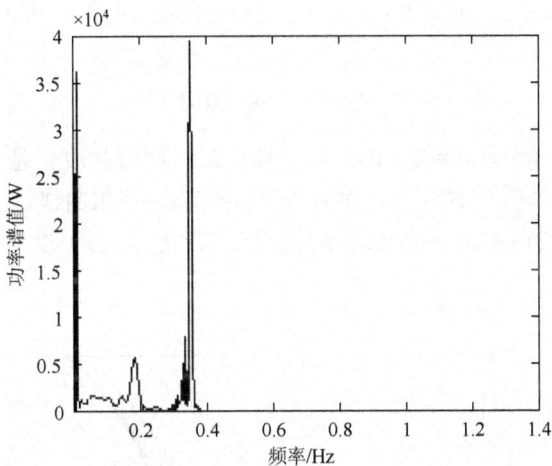

图 6-16　图 6-8 的功率谱图

设 $\{x_k : k=1,2,\cdots,N\}$ 为时间序列，将其嵌入 m 维欧氏空间 R^m 中，得到点集（或向量集） $J(m)$ ，其元素记为

$$X_n(m,\tau)=(x_n,x_{n+\tau},\cdots,x_{n+(m-1)\tau}) \tag{6-3}$$

式中， $n=1,2,\cdots,N_m, N_m=N-(m-1)\tau$ ； $\tau=k\Delta t$ 为延迟时间， Δt 为采样间隔， k 为整数。

从 N_m 个点中任意选定一个参考点 X_i ，计算其余 N_m-1 个点到 X_i 的距离：

$$r_{ij}=(X_i,X_j)=\left(\sum_{l=0}^{m-1}(x_{i+l\tau}-x_{j+l\tau})^2\right)^{\frac{1}{2}} \tag{6-4}$$

对所有 $X_i(i=1,2,\cdots,N_m)$ 重复这一过程，得到关联积分函数：

$$C_m(r) = \frac{2}{N_m(N_m-1)} \sum_{i,j=1}^{N_m} H(r-r_{ij}) \tag{6-5}$$

式中，$H(\cdot)$ 为 Heaviside 函数：

$$H(x) = \begin{cases} 1, x>0 \\ 0, x \leqslant 0 \end{cases}$$

关联积分表示了在时间序列中点对距离不超过 r 的点对在所有点对中的比例，它是一种空间相关性的量度。

对充分小的 r，关联积分逼近式（6-6）：

$$\ln(C_m(r)) = \ln C - D(m)\ln r \tag{6-6}$$

因此 R^m 中的子集 $J(m)$ 的关联维数可由式（6-7）得到：

$$D(m) = \lim_{m \to \infty} \frac{\partial \ln(C_m(r))}{\partial \ln r} \tag{6-7}$$

当不随相空间维数 m 增大而改变时，$D(m)$ 就成为时间序列或动力系统吸引子的关联维数：

$$D_2(m) = \lim_{m \to \infty} D(m) \tag{6-8}$$

这里选取嵌入维数 $m=2$，10，14，18，22；标度尺度 r 取 0.1～21.1，间隔为 0.3。通过关联维数计算程序，得到 $\ln(C_m(r))$-$\ln r$ 关系曲线。这里提供了图 6-8 所示时间序列的关联积分（$\ln(C_m(r))$）随标度尺度（$\ln r$）变化的关系曲线，如图 6-17 所示。

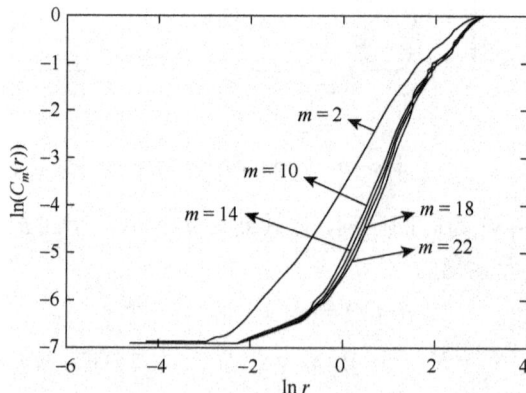

图 6-17　第 4 和第 5 辆车车头间距变化的 $\ln(C_m(r))$-$\ln r$ 曲线图

从图 6-17 可看出，随着嵌入维 m 的增大，$\ln(C_m(r))$-$\ln r$ 关系曲线逐渐贴近，关联维数逐渐达到饱和值。另外，可看出标度尺度 r 的无标度区间应该为（6.7，

11.2）。表 6-2 是嵌入维 $m=22$ 时计算机在运行过程中保存的关联维数值，从中也可看出其无标度区间范围。

表 6-2 $m=22$ 时不同的 r 对应的关联维数值

标度尺度（r）	$r=5.8$	$r=6.1$	$r=6.4$	$r=6.7$	$r=7$	$r=7.3$	$r=7.6$
关联维数（D_2）	2.4574	2.5428	2.5508	2.6023	2.6071	2.6388	2.8132
标度尺度（r）	$r=7.9$	$r=8.2$	$r=8.5$	$r=8.8$	$r=9.1$	$r=9.4$	$r=9.7$
关联维数（D_2）	2.7163	2.5632	2.6305	2.5606	2.5879	2.8047	2.7424
标度尺度（r）	$r=10$	$r=10.3$	$r=10.6$	$r=10.9$	$r=11.2$	$r=11.5$	$r=11.8$
关联维数（D_2）	2.6672	2.7742	2.7538	2.6853	2.6246	2.5879	2.5007
标度尺度（r）	$r=12.1$	$r=12.4$	$r=12.7$				
关联维数（D_2）	2.4285	2.3014	2.2470				

为便于确定稳定的关联维数，这里列出了关联维数 D_2 随嵌入维数 m 变化的关系曲线，如图 6-18 所示。图 6-18 是在标度尺度 r 取 8.5，嵌入维 m 分别为 2、10、14、18、22 的情况下经计算机运行所得的。显然，当 m 取 10、14、18、22 时第 4 和第 5 辆车车头间距混沌变化的吸引子维数趋于稳定值 2.6309，与 $r=8.5$、$m=22$ 时的关联维数 2.6305 非常接近。当然，r 取不同的值，计算的关联维数 D_2 会有小的变化，但其变化在嵌入维 $m=22$ 时都将达到饱和值。

为了便于对比分析，给出图 6-6 所示时间序列的关系曲线，如图 6-19 所示。算法条件与前面所述的基本相同，所不同的是标度尺度 r 的取值区间为（0.01，5.1）。从图 6-19 可看出第 2 和第 3 辆车车头间距变化的关联维数接近于 1。表 6-3 是嵌入维数 $m=18$，在尺度区间（0.3，2.5）内关联维数的变化。

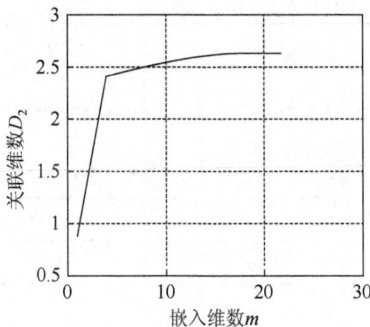

图 6-18 m-D_2 关系曲线图

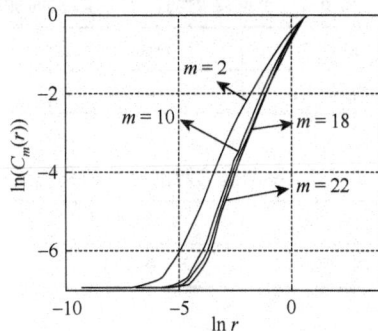

图 6-19   第 2、第 3 辆车车头间距变化的 $\ln(C_m(r))$-$\ln r$ 曲线图

表 6-3　$m = 18$ 时不同的 r 对应的关联维数值

标度尺度（r）	$r = 0.3$	$r = 0.6$	$r = 0.9$	$r = 1.2$	$r = 1.5$	$r = 1.8$	$r = 2.2$	$r = 2.5$
关联维数（D_2）	0.8067	0.9180	0.8746	1.0808	0.9968	1.0432	0.9977	0.8398

关联维数是分数可以说明不含随机因素的确定性系统中存在着混沌（随机系统的关联维数也有可能是分数维）。前面所研究的交通流时间序列是由理论模型直接产生的，不会存在随机因素，由此可以断定，图 6-10 所示的时间序列中存在着混沌，而图 6-7 所代表的时间序列的关联维数是整数，因此是周期运动，与前面分析的结果保持一致。

为了进一步寻找优化速度模型所描述的理论交通流中运动状态转变的规律，本书又做了大量的实验。由于 Lyapunov 指数的计算方法并不是精确的算法，在涉及混沌程度的比较时尽量采用相同的嵌入维数和延迟时间来计算 Lyapunov 指数，并且结合时间序列的图形来说明混沌现象的变化趋势。另外，需要说明的是，本小节中所说的交通流运动状态处于混沌状态是指在某个时间区域内出现了混沌现象而且没有出现撞车现象的情况，并不是指系统的最终运动状态是混沌状态。

6.3.3　参数对交通流运动状态的影响分析

1. 延迟时间 τ 对交通流运动状态的影响

第 3 章中已经分析了时滞参数对交通流稳定性的重要性，由此可知，驾驶员的延迟时间对整个车流的运动状态的变化有着很大的影响。这里分别选取反应灵敏度系数 α_0 为 2 和 2.8，$N = 20$，可以通过下面的仿真结果（表 6-4 和表 6-5）观察到在这两组参数条件下，延迟时间 τ 取不同值时的交通流的运动状态。

表 6-4　不同延迟时间对应的交通流状态和最大 Lyapunov 指数（$a = 2$，$N = 20$）

$\tau \leqslant 0.15$	$\tau = 0.2$	$\tau = 0.25$	$\tau = 0.3$	$\tau \geqslant 0.34$
周期运动	$\lambda_1 = 0.0988$	$\lambda_1 = 0.1110$	$\lambda_1 = 0.1565$	撞车

表 6-5　不同延迟时间对应的交通流状态和最大 Lyapunov 指数（$a = 2.8$，$N = 20$）

$\tau \leqslant 0.24$	$\tau = 0.25$	$\tau = 0.26$	$\tau = 0.28$	$\tau \geqslant 0.29$
周期运动	$\lambda_1 = 0.1176$	$\lambda_1 = 0.1604$	$\lambda_1 = 0.2317$	撞车

两组数据都说明，随着 τ 的增大，交通流由周期运动转变到混沌运动，并且最大 Lyapunov 指数逐渐增大，也就是说混沌不断增强，最后增大到一定程度时导

致撞车。也就是说延迟时间越大，系统的混乱程度越高。通过两组数据对比，$\alpha = 2.8$ 时的混沌出现的范围明显比 $\alpha = 2$ 时小，说明在一定条件下，如果驾驶员要对前车速度的变化灵敏地作出反应，那么延迟时间就要足够小，否则就容易引发交通事故。

2. 灵敏度 α 对交通流运动状态的影响

这里分别选取延迟时间 τ 为 0.2 和 0.3，$N = 20$，观察在这两组参数条件下，驾驶员灵敏性 α 取不同值时的交通流的运动状态。仿真结果列于表 6-6 和表 6-7。

表 6-6 不同灵敏度对应的交通流状态和最大 Lyapunov 指数（$\tau = 0.2$，$N = 20$）

$\alpha = 0.5$	$\alpha = 1$	$\alpha = 1.2$	$\alpha = 1.4$	$\alpha = 1.5$
撞车	$\lambda_1 = 0.1203$	$\lambda_1 = 0.2287$	$\lambda_1 = 0.1399$	$\lambda_1 = 0.1292$
$\alpha = 2$	$2.5 \leq \alpha \leq 5.1$	$\alpha = 5.2$	$\alpha = 5.3$	$\alpha \geq 5.4$
$\lambda_1 = 0.0988$	周期运动	$\lambda_1 = 0.1356$	$\lambda_1 = 0.1475$	撞车

表 6-7 不同灵敏度对应的交通流状态和最大 Lyapunov 指数（$\tau = 0.3$，$N = 20$）

$\alpha = 0.5$	$\alpha = 1$	$\alpha = 1.5$	$\alpha = 2$	$\alpha > 2.5$
撞车	$\lambda_1 = 0.0606$	$\lambda_1 = 0.1447$	$\lambda_1 = 0.1565$	撞车

从表 6-6 数据可以看出，随着 α 的增大交通流由撞车状态转变成混沌运动，此时 λ_1 呈缩小的趋势，也就是说混沌不断减弱，最后过渡到周期运动。当 α 增大到一定程度时交通流中又开始出现混沌，并且程度不断加强，最后又出现了撞车现象。表 6-7 的数据中并未出现周期运动而是直接由撞车状态转变成混沌运动再过渡到撞车状态。由此可见，灵敏度太高或太低都不利于交通安全。两组数据对比可看出 $\tau = 0.3$ 时的混沌出现的范围明显比 $\tau = 0.2$ 时小，而且没有周期运动的出现。这就是说使交通流保持稳定状态的 α 的范围是随延迟时间 τ 的增大而减小的，在实际交通中就是从驾驶员开始加速到车辆达到期望的加速度所花的时间越短，对驾驶员在跟驰前车的过程中对前车车速变化的反应灵敏度要求越低。

3. 车队中不同车辆数表现出的交通流特性

仿真计算了当 $\tau = 0.2$、$\alpha = 2$ 时不同车辆的交通流运动状态。由于各车辆所处的位置不同，其延迟时间长短不一，所以为了方便比较，首先去掉延迟所造成的死区，然后再计算 Lyapunov 指数，得出以下数据（表 6-8）。从数据中可以看出，随着车辆在车队的位置的不断后移，车辆逐渐由周期运动转变成混沌运动，并且混沌度不断增加。由时间序列相图也可以看出随着车辆数的增加，出现混沌的时间区域也不断增加，$N=200$ 时已扩展到整个时间区域，也就是说车辆已不能通过调整再过渡到周期运动。

表 6-8　不同车辆数对应的交通流状态和最大 Lyapunov 指数（$\alpha=2$，$\tau=0.2$）

$N=2$	$N=10$	$N=17$	$N=20$	$N=30$
周期运动	周期运动	$\lambda_1=0.0816$	$\lambda_1=0.0988$	$\lambda_1=0.1360$
$N=40$	$N=50$	$N=60$	$N=70$	$N=80$
$\lambda_1=0.1499$	$\lambda_1=0.1735$	$\lambda_1=0.1931$	$\lambda_1=0.2227$	$\lambda_1=0.1888$
$N=100$	$N=120$	$N=140$	$N=170$	$N=200$
$\lambda_1=0.2016$	$\lambda_1=0.2023$	$\lambda_1=0.2350$	$\lambda_1=0.2909$	$\lambda_1=0.3552$

4. 初始车速和车头间距对交通流运动状态的影响

为了便于寻找规律，本书选取了系统运动状态随初始车速 V_0 的变化比较明显的一组参数组合：$\tau=0.26$，$\alpha=4.0$，$N=20$。所得出的系统运动状态和最大 Lyapunov 指数如表 6-9 所示。

表 6-9　不同初始车速 V_0 的交通流状态和最大 Lyapunov 指数（$\alpha=4.0$，$\tau=0.26$，$N=20$）

$V_0=2$	$V_0=5$	$V_0=9$	$V_0=13$	$V_0=15$
周期运动	周期运动	$\lambda_1=0.1526$	$\lambda_1=0.1861$	$\lambda_1=0.1623$
$V_0=17$	$V_0=19$	$V_0=21$	$V_0=25$	$V_0=30$
$\lambda_1=0.1566$	$\lambda_1=0.1483$	$\lambda_1=0.1235$	周期运动	周期运动

结合表 6-9 中数据和本章交通流时间序列图像可以看出，当初始车速较小时，车辆间车头间距迅速减小，之后开始做周期运动，并且调整过程中没有明显的混沌区出现；随着 V_0 的不断增大，在车头间距调整的过程中出现了明显的混沌区，并且 V_0 越大，混沌区也越大，计算出来的最大 Lyapunov 指数也越大；当 $V_0>13$ 以后，混沌区开始逐渐缩小，当 $V_0=25$ 时，系统又恢复到周期运动，只是车辆间车头间距明显增大。

由此可以得出如下结论：①车辆高速或低速行驶时，都能保持稳定的周期运动，而在中速行驶时容易出现混沌，造成交通拥挤或堵塞。这与文献[6]和文献[7]中高密度或低密度交通流处于稳定状态的结论是一致的（流量和速度成近似反比）；②车辆在行驶时保持基本一致的车速更容易稳定行驶。

初始车头间距对交通流运动状态的影响不是很大，除非两车离得太近或非常远。其基本规律是距离越远，运动状态越稳定。

5. 干扰振幅 A 对交通流运动状态的影响

图 6-20～图 6-23 列出了 $\alpha=4.0$、$\tau=0.26$、$N=20$、$V_0=17$，正弦干扰振幅 A 分别取 0.5m/s、3m/s、10m/s、17m/s 时车辆间车头间距的时间序列图。

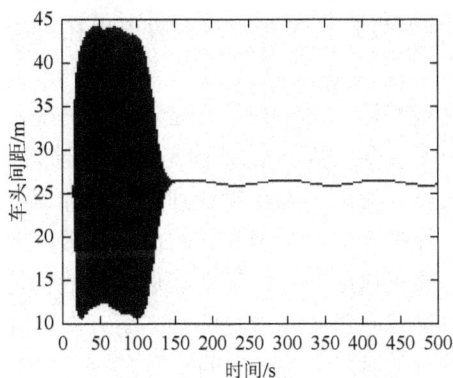

图 6-20　$A=0.5$m/s 时的时间序列

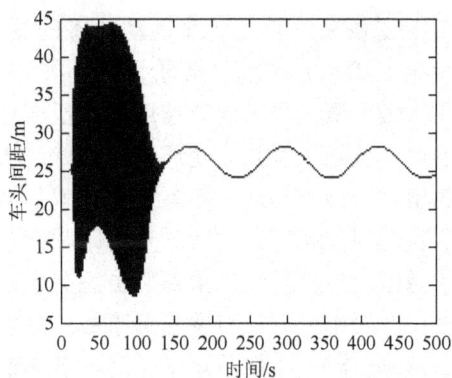

图 6-21　$A=3$m/s 时的时间序列

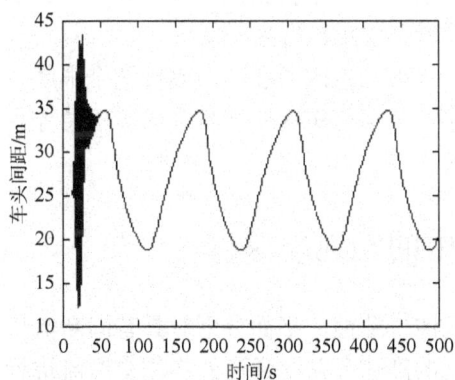

图 6-22　$A=10$m/s 时的时间序列

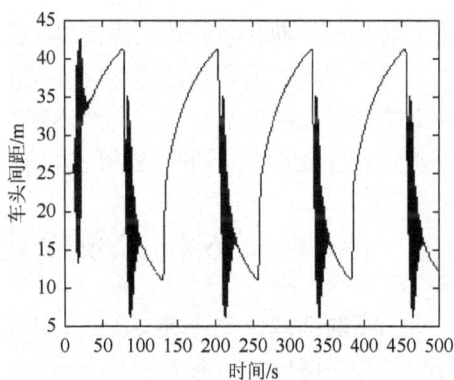

图 6-23　$A=17$m/s 时的时间序列

可以看出，正弦干扰信号的振幅 A 较小时不会对系统运动状态造成影响，随着干扰振幅的增大，交通流的初始振荡调节时间会不断减小。但当振幅继续增大至与车辆的行驶速度接近，两车间车头间距逐渐减小时，（车辆行驶速度的时间序列图 6-23 中，此时车辆正在加速）又会出现振荡。这说明后车对前车加减速变化幅度的适应是有一定的限度的，超过这个限度就会造成交通流的混乱不堪，甚至出现交通事故。这与实际中观察到的车辆急停和突然加速容易引发交通事故的现象是一致的。

从上述仿真结果和分析可以得出以下结论。

（1）优化速度模型仿真生成的交通流系统中存在混沌。但是混沌区域一般出现在外界干扰产生的开始阶段或车辆突然大幅加减速的情况下，一般不会是系统的最终运动状态，系统的最终运动状态一般是周期运动（准周期态）或撞车状态。而系统中出现自始至终的混乱状态存在于很长的车队中。通过改变模型参变量来研究交通流运动状态的变化规律时发现，混沌状态一般出现在周期状态和撞车状态的过渡阶段。

（2）驾驶员对前车速度变化反应过于灵敏或迟钝都不利于交通安全。另外，通过实验还了解到使交通流保持稳定状态的灵敏度系数 α 的范围是随延迟时间 τ 的增大而减小的，在实际交通中就是从驾驶员开始加速到车辆达到期望的加速度所花的时间越短，对驾驶员在跟驰前车的过程中对前车车速变化的反应灵敏度要求越低。也就是说如果驾驶员想灵敏地跟驰前车速度变化，那么延迟时间就要足够小，否则就容易引发交通事故。另外，如果驾驶员想在放松的状态下开车，那么其延迟时间也要足够小。这与实际观察到的交通现象是一致的。

（3）延迟时间越长，交通流无序程度越强。

（4）交通流系统在低速和高速行驶时，系统处于稳定状态，中速行驶时更容易出现混沌，更容易引起交通阻塞。这个结论与第 1 章提到的系统在高密度、低密度时处于周期状态一致（由流量速度关系近似成反比得来）。

（5）后车对前车加减速变化幅度的适应是有一定的限度的，超过这个限度就会造成交通流的混乱不堪，甚至出现交通事故。这与实际中观察到的车辆急停和突然加速容易引发交通事故的现象是一致的。

6.4　实测交通流中的混沌现象

为了验证理论交通流与实测交通流的混沌一致性，下面分别对具有间断流特征的城市道路实测交通流和具有连续流特征的高速公路交通流的实测交通流进行混沌分析。

6.4.1　城市道路实测交通流混沌存在性分析

本书在河北省保定市区不同地段、不同时段、不同车流密度、不同气候等不同的条件下反复采集交通流数据，采样时间为 3 个小时，采样车道为双向四车道的超车道，采样对象为前后两车通过采样点的车头时距，得到了一系列不同状态下的实测交通流时间序列。下面给出在保定市东风路和环城东路交叉路口东距信号灯 60m 处、实测交通控制的周期为 70s、时间为早 7:00～8:30 车流量较大时的一组实测数据。实测数据为前后两车通过观测点的车头时距 T，数据的样本量（采样车序）N 为 1012，其时间序列（序列 2）如图 6-24 所示。

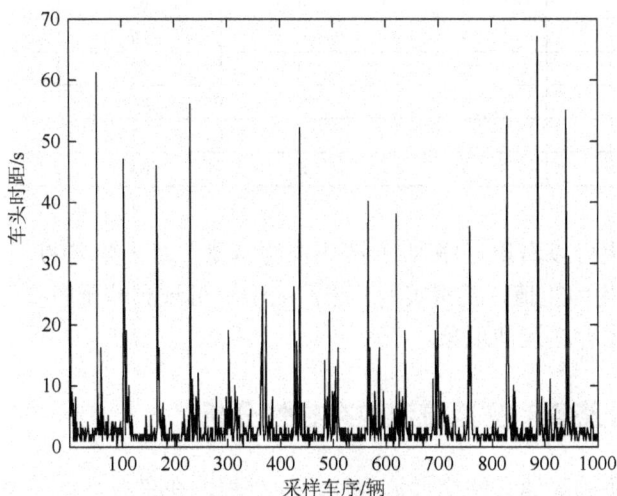

图 6-24　实测交通流时间序列

由图 6-24 可以看出，实测交通流表现出明显的周期性控制痕迹，呈现出明显的不均匀性。图 6-24 中出现的尖峰表示车流的时间间隔较大，这时交通流量较少。下面研究实测交通流的混沌特性。

首先对序列 2 进行谱分析，如图 6-25 所示，确定该序列为混沌时间序列；然后对序列 2 在不同的样本数量下采用基于最大 Lyapunov 指数改进算法计算程序计算其最大 Lyapunov 指数 λ_1，如表 6-10 所示。

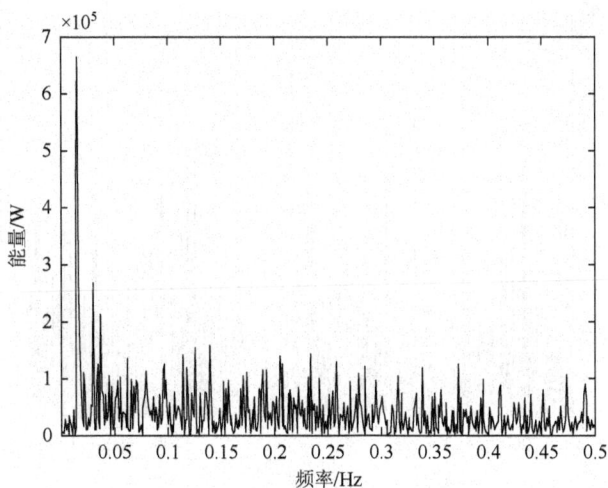

图 6-25　序列 2 频率-能量谱曲线

表 6-10　序列 2 不同样本数量的最大 Lyapunov 指数

样本数量	τ	m	P	λ_1
1012	4	6	65	0.0030
900	4	6	64	0.0438
800	4	9	67	0.0110
700	6	8	64	0.0057
600	5	7	67	0.0152
500	4	6	63	0.0309

　　从计算结果可以看出：序列 2 的不同样本量（最小为 500 个样本）的最大 Lyapunov 指数均为正值，表明实测交通流处于不可预测的无序状态，说明实测城市道路交通流也存在混沌现象。

6.4.2　高速公路实测交通流混沌存在性分析

　　为得到准确的高速公路交通流混沌运动过程，在京石高速公路不同地段、不同时段、不同车流密度、不同气候等不同的条件下反复采集高速公路的交通流实测数据，采样时间为 3 个小时，采样车道为超车道，采样对象为前后两车通过采样点的车头时距，得到了一系列不同状态下的实测交通流时间序列，这些交通流时间序列是分析、研究高速公路交通流混沌运动的依据。本书中所列的仅是实验中能够说明高速公路交通流混沌运动的一部分交通流时间序列。实测交通流时间序列分别如图 6-26 和图 6-27 所示，分别称为序列 3 和序列 4。

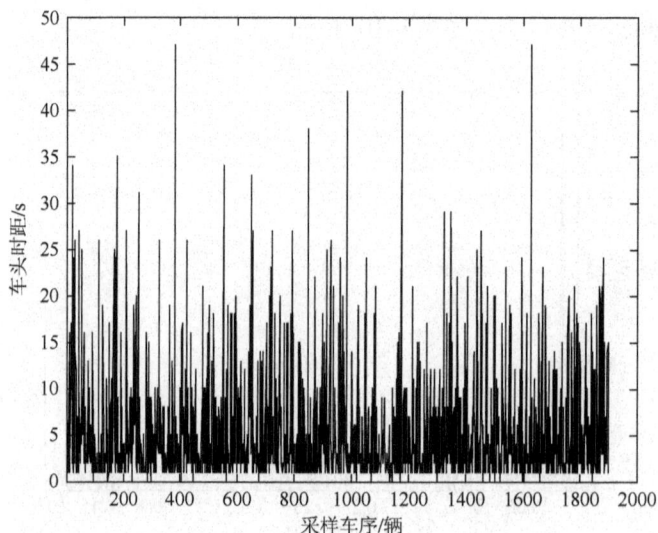

图 6-26　序列 3 车头时距交通流

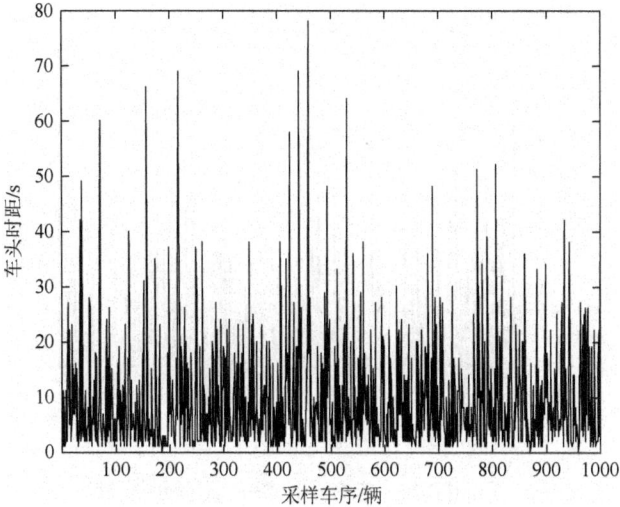

图 6-27 序列 4 车头时距交通流

首先利用 MATLAB 编制功率谱的计算程序，分别对序列 3、序列 4 进行谱分析，结果如图 6-28、图 6-29 所示。

由图 6-28 和图 6-29 可以看到，两种交通流时间序列的功率谱值出现了主频和分频（倍频），并且主频和分频（倍频）由噪声带连接，具有混沌运动功率谱的明显特征，初步说明了高速公路交通流中存在混沌运动。

采用最大 Lyapunov 指数改进算法计算程序，对序列 3 和序列 4 进行最大 Lyapunov 指数计算。结果表明当 $\tau=2$、$m=8$、$P=350$ 时，序列 3 的最大 Lyapunov 指数 $\lambda_1=0.0016$；当 $\tau=3$、$m=6$、$P=18$ 时，序列 4 的最大 Lyapunov 指数 $\lambda_1=0.0254$。计算输出的结果分别如图 6-30、图 6-31 所示。

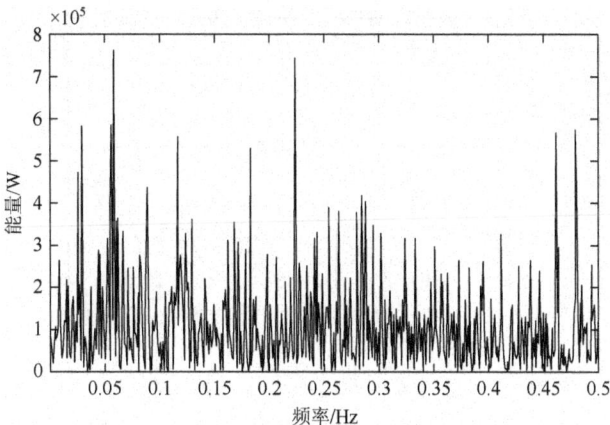

图 6-28 序列 3 频率-能量曲线

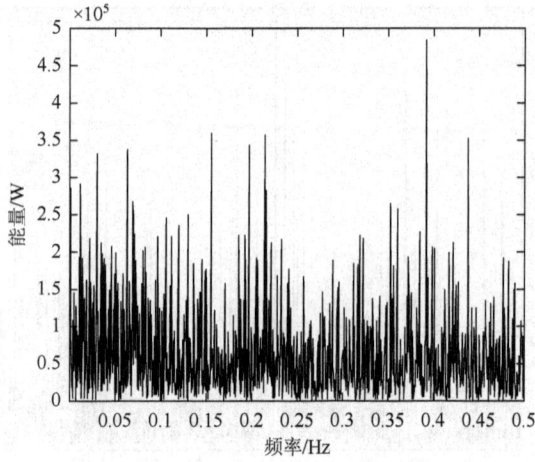

图 6-29　序列 4 频率-能量曲线

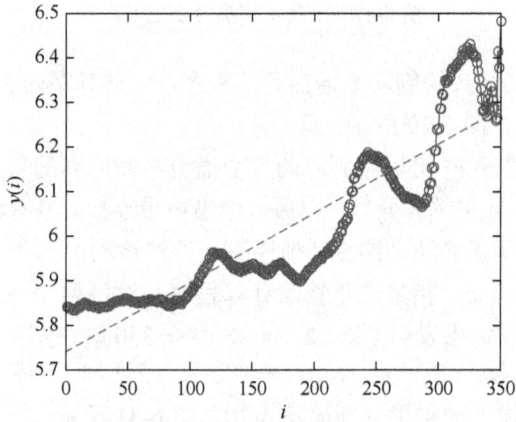

图 6-30　序列 3 最大 Lyapunov 指数

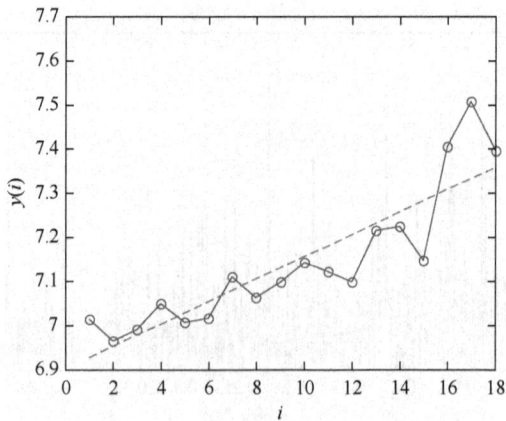

图 6-31　序列 4 最大 Lyapunov 指数

从计算结果可以看出：序列 3 和序列 4 的最大 Lyapunov 指数均为正值。也就是说，序列 3 和序列 4 处于不可预测的无序状态，即在一定的交通流情况下，高速公路交通流存在交通流混沌现象。

6.5　微观仿真交通流中的混沌现象

前面从车头间距的角度分别讨论了理论交通流和实测交通流的混沌特征。下面对用仿真实验软件所产生的交通流时间序列进行混沌特性分析。这里用于仿真实验的软件是天津大学系统工程研究所研制开发的交通流微观仿真软件[160]。

交通流仿真是用计算机再现实际交通流现象的一种技术，分为宏观仿真、微观仿真两种。宏观仿真不对某具体车辆的运动过程进行描述，即不考虑个别车辆的运动，而是从统计意义上成批地考虑车辆的运动，其精度低，主要用于交通规划上。微观仿真则对每辆车运行的具体过程进行描述。车辆进入路网的时间、车种、车速的设定，路口转向等都是随机确定的。它的精度以及与客观情况拟合的程度都比宏观仿真高。交通流的微观仿真在计算机上真实地再现了路网上行驶的每一车辆从产生（进入路网）、在路段上行驶、通过路口直至离去（驶离路网）的全过程。

6.5.1　交通流微观仿真实验

仿真所用路网如图 6-32 所示。路网选用三个交叉路口和 10 条双向道路，共有 20 条单向车道。每条单向车道旁设置了不同的公共场所，这些场所的设置影响着周围道路交通流的大小，因为对不同的场所都设置了不同的车辆驶入量和车辆驶出量，而且都遵循一定的分布，使微观交通仿真进一步接近实际的交通。

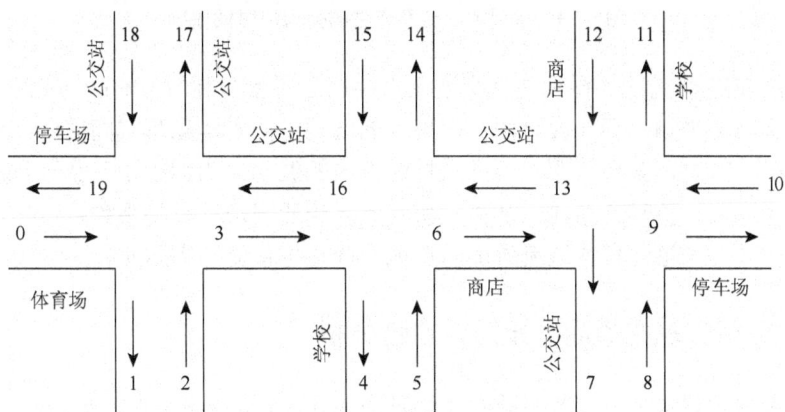

图 6-32　软件仿真所用路网结构图

仿真实验的目的是通过交通仿真软件取得交通流的仿真数据，进一步判断出仿真交通流的混沌存在性。为了使仿真数据更具有稳定性，在仿真过程中采用仿真时间为 36 000s，采样对象为前后两车通过采样点的车头时距，得到了一系列不同状态下的仿真交通流时间序列。

在仿真实验中，控制信号周期统一为 80s，绿信比统一设置为 0.5。轿车占交通工具比例设置为 0.7，轿车的正常速度设置为 16.7m/s；卡车占交通工具的比例设置为 0.2，卡车的速度为 15.3m/s；公共汽车占交通工具的比例设置为 0.1，公共汽车的正常速度为 9.7m/s。左转弯率设置为 0.3，直行率设置为 0.5，右转弯率设置为 0.2。敏捷型驾驶员占驾驶员比例设置为 0.2，普通型驾驶员占驾驶员比例设置为 0.6，迟钝型驾驶员占驾驶员比例设置为 0.2。实验中设置不同类型的采样点，即将检测器分别置于路段的上中下游。图 6-33 给出了路段 3、采样地点为中段的车流量时间序列。

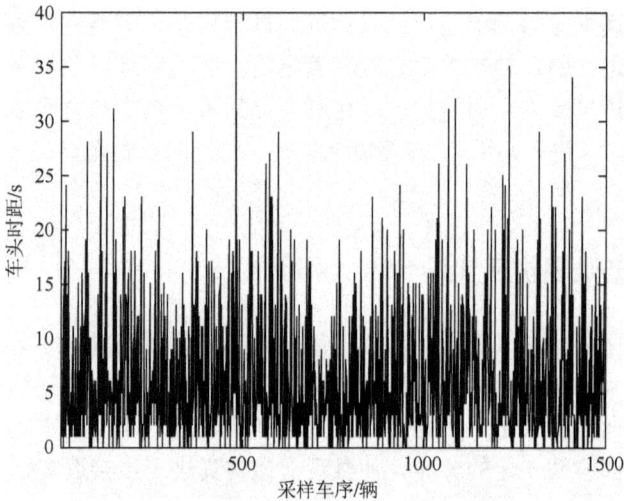

图 6-33　微观软件仿真产生的交通流时间序列

从图 6-33 可看出，微观仿真交通流也存在交通流控制的影响：一段时间车头时距变化比较平稳，另一段时间又出现大的波动，两种运动形式随着时间的推移交替出现。同时，车头时距在不同采样时段内的波动，类似于由正弦干扰所引起的理论（模型）仿真交通流。从微观仿真交通流所表现的种种现象可看出，应用跟驰模型产生理论仿真交通流所加的正弦干扰是符合交通实际的。

6.5.2　微观仿真交通流的混沌存在性分析

首先对微观软件仿真产生的交通流时间序列进行谱分析，如图 6-34（a）所示，同时确定该序列的周期（图 6-34（b））。从图 6-34（a）可以看出，仿真交通流出现了频繁的分立宽带尖峰，而且各个宽带尖峰之间出现了一批批对应新分频及倍频的峰，软件仿真交通流的功率谱值分布在不同的频率段上，各频率段之间由噪声连接，说明仿真交通流时间序列不是简单的周期序列，而是复杂的非线性序列，可以初步确定该序列为混沌时间序列。

用最大 Lyapunov 指数改进算法编制的计算程序对该时间序列进行最大 Lyapunov 指数计算。得其最大 Lyapunov 指数 $\lambda_1 = 0.0033$（$m = 14$，$\tau = 2$，$P = 54$），说明该路段的仿真交通流中存在混沌现象。

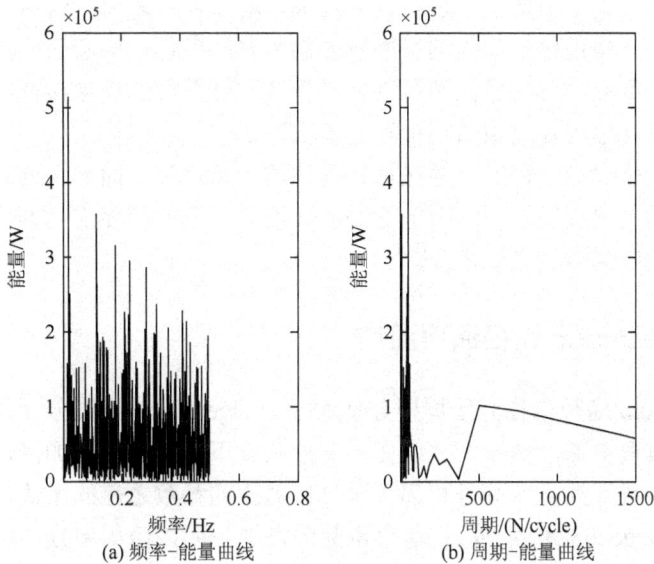

图 6-34　微观软件仿真交通流时间序列谱分析

实验中发现，路网中不同路段的仿真交通流存在不同的交通形态：入网处（路段 8、路段 10 等）的交通流本身是非混沌的，而其中游交通流和下游交通流都表现出明显的混沌现象；不同路段的上游交通流、中游交通流、下游交通流的最大 Lyapunov 指数存在差异，中游交通流的最大 Lyapunov 指数小于上游交通流和下游交通流的最大 Lyapunov 指数，而上游交通流的最大 Lyapunov 指数又小于下游交通流的最大 Lyapunov 指数。

本章首先对跟驰车队中的混沌现象基本特征进行了概述，在此基础上，对跟驰模型产生的理论交通流、优化速度模型产生的理论交通流、道路实测交通流和微观仿真系统产生的微观仿真交通流四种不同类型的交通流时间序列进行了混沌存在性分析。结果表明：在这四种不同类型的交通流中均存在交通流混沌现象，即在交通流中有序运动与混沌运动同时存在，交通流的有序运动与混沌运动之间存在一定的转化关系。

第7章 交通流模型中混沌产生途径研究

7.1 分岔与混沌的关系

耗散结构理论、协同学原理在创立初期,着重研究系统如何从混沌向有序发展,并找到了一些系统从混沌向有序发展的机制和条件。随着研究的逐步深入,人们开始关心混沌产生的原因和过程,尽管非线性系统的现象极其丰富多彩、复杂难解,但目前已经通过数值模拟和物理实验研究了非线性系统中控制参数改变时吸引子的变化途径,证实了存在通往混沌的多条途径,而一系列的分岔正是混沌现象产生的主要成因,1981 年,Eckmann 曾对各种可能的分岔现象进行研究,归纳出三种走向混沌的主要途径[161]。

7.1.1 Feigenbaum 途径通向混沌

Feigenbaum 途径也称为倍周期分岔途径。Feigenbaum 经过分析发现这是一条通往混沌的典型道路,即一个系统在一定的条件下,经过周期加倍,会逐步丧失周期行为而导致混沌。尤其是相邻两次分岔对应的参数之差的比值,惊人地趋近一个常数(Feigenbaum 常数)。这个常数的发现说明,倍周期分岔进入混沌是一种相当普遍的自然现象。另外,一个系统伴随倍周期分岔的产生,还会出现其他复杂的动力学行为。在倍周期分岔过程中会出现逆瀑布(inverse cascade)、周期窗口(periodic windows)、U 序列(universal sequence)等复杂现象。倍周期分岔导致混沌现象的典型应用是生态学中的虫口模型,即 Logistic 映射,在以后的研究工作中,其相继也在 Duffing 系统、Henon 系统的一些参数范围内发现了这种现象。倍周期分岔进入混沌的道路如图 7-1 所示。

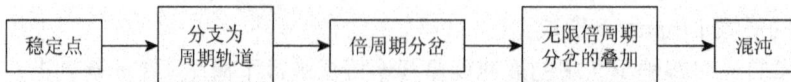

图 7-1 倍周期分岔进入混沌的道路

7.1.2 Pomeau-Manneville 途径通向混沌

Pomeau-Manneville 途径也称为阵发性混沌途径,它是由 Pomeau 和 Manneville

于 1980 年所提出的。这条途径从一种规则的运动状态通过有时规则有时混乱的间歇（阵发性混沌）状态转变为混沌运动状态。

阵发性这一概念源于湍流理论中用来描述流场中在层流背景上湍流随机爆发的现象，表现为层流、湍流相交而使相应的空间随机地交替。混沌理论中，主要是借助阵发性概念表示时间域中系统不规则行为和规则行为的随机交替现象。具体地说，阵发性混沌是指系统从有序向混沌转化，使在非平衡非线性条件下，当某些参数的变化达到某一阈值时，系统的行为或有序，或混沌，或者在二者之间振荡。

阵发混沌的研究最早见于 Lorenz 模型，并已在 Belousov-Zabotinskii 反应、非线性振子和对流实验中观察到。Pomeau 和 Manneville 应用 Floquet 理论将阵发性分为三种模式。在周期轨道对应的不动点处，系统的 Poincare 映射的线性化系数矩阵称为 Floquet 矩阵。矩阵特征值 λ 的模穿过复平面上的单位圆表示周期轨道具有线性不稳定性，即发生了阵发性转变。穿过单位圆的三种方式为 $\lambda = 1, -1, e^{i\theta}$，表示不稳定性的三种类型：I 型，这种途径的间歇性与逆切岔现象有关；II 型，这种途径的间歇性与 Hopf 分岔现象有关；III 型，这种途径的间歇性与滞后分岔现象有关。

7.1.3　Ruelle-Takens-Newhouse 途径通向混沌

Ruelle-Takens-Newhouse 途径也称 Hopf 分岔途径。它是由 Ruelle 和 Takens 等为了取代 Landau 和 Hopf 关于湍流的假设而提出的，Newhouse 在 1978 年对他们的结果做了进一步改进。

当系统内有不同频率的振荡互相耦合时，系统就会产生一系列新的耦合频率的运动。按照 Landau 和 Hopf 关于湍流发生机制的假设：湍流的发生是经过无穷次准周期分岔的。准周期分岔可以用环面分岔来描述，将不动点、极限环看成 0 环面和 1 环面，表示为 T^0 和 T^1，则上述通往混沌的转变可以表示为 $T^0 \to T^1 \to \cdots \to T^n \to \cdots \to$ 混沌。每一次分岔看作一次 Hopf 分岔，分岔处产生一个新的不可公约的频率，基于这一猜想，混沌可视为无穷多个频率耦合的振荡现象，但这个解释未能说明何时会发生混沌行为。为此 Ruelle 和 Takens 提出不需要无穷多个频率的耦合现象，系统就会出现混沌。他们认为四环面上具有四个不可公约的频率的准周期运动一般是不稳定的，经扰动而转变为混沌吸引子。Newhouse 进一步把结果改为三环面上准周期运动不稳定而导致混沌，如图 7-2 所示。

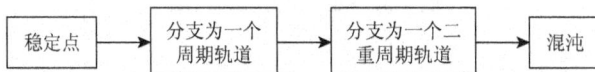

图 7-2　三重周期通往混沌道路

7.2　倍周期分岔导致交通流混沌

在交通流跟驰模型的非线性动力学研究中，目前还没有发现由倍周期分岔引发混沌产生的现象，其他相关研究中，Zhang 和 Jarrett 在分析交通流分配问题时，曾讨论了一阶重力模型中由倍周期分岔产生的混沌[81]；Li 对流体动力学模型中 Panye 模型的非线性行为进行了讨论，并建立了一个离散的混沌模型，其中典型的动力学行为就是倍周期分岔[146]。

文献[162]给出了一个基于期望车头间距的交通流混沌模型，其建立模型的主要思想是将 Rossler 方程引入跟驰模型中，其数学描述如下：

$$\begin{cases} \dot{v} = H_t + v(H_t - H_d) \\ \dot{H} = \alpha H_d - v - a \\ \dot{a} = H_t + \beta a \end{cases} \tag{7-1}$$

式中，H_d 为速度 v 下后车与前车的期望车头间距；H_t 为实际车头间距；a 为后车加速度；α、β 为参数。H_d 可以选取不同的函数表达式，如 $H_d = \dfrac{H_{max}}{1 + \left(\dfrac{H_{max}}{H_{min}} - 1 \right) e^{-av}}$。

H_{min} 为安全车头间距，取为 7m，H_{max} 为跟驰状态下的最大车头间距，定义为 120m。

为便于计算，直接选取 H_d 为常数，$H_d = 7m$，以 α 为分岔参数，选取范围为 $0 < \alpha < 0.61$，对于 Rossler 方程混沌特性的分析请参阅相关文献，利用四阶龙格-库塔法计算可得其分岔图如图 7-3 所示。

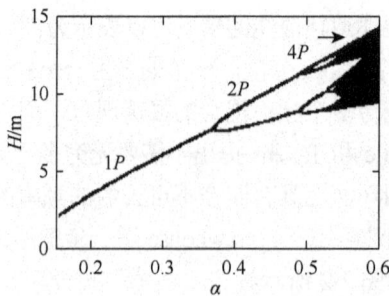

图 7-3　Rossler 方程分岔图

由图 7-3 可以看出，这是典型的由倍周期分岔途径导致混沌出现的情况。然而在经典的交通流跟驰模型中还没有发现这种现象，而上述模型的代表性不足，Rossler 方程中确定的函数关系及相关状态变量（如加速度的导数）在模型中没有明确的物理意义。尽管混沌动力学在交通流理论中的应用研究中对该模型进行了有益的探讨，但它的合理性还有待于进一步验证。下面从交通流跟驰行为的基本性质入手，分析车头间距的变化引发倍周期分岔而导致的交通流混沌现象。

在车辆跟驰过程中，车头间距通常的表达式为

$$h_n = x_{n-1} - x_n \tag{7-2}$$

式中，h_n 为时间为 t 时前后两车的车头间距；x_{n-1} 和 x_n 分别为前后车速度的函数，分别表示时间为 t 时第 $n-1$ 辆车和第 n 辆车的相对位置。

由此可得 $t + \Delta t$ 时的车头间距：

$$h_n(t + \Delta t) = h_n + \bar{v}_{n-1}(t + \Delta t)\Delta t - \bar{v}_n(t + \Delta t)\Delta t \tag{7-3}$$

式中，$\bar{v}_{n-1}(t + \Delta t)$ 和 $\bar{v}_n(t + \Delta t)$ 分别为 t 到 $t + \Delta t$ 时刻的第 $n-1$ 辆车和第 n 辆车的平均速度。

将式（7-3）变换为

$$h_n(t + \Delta t) = (h_n + \bar{v}_{n-1}(t + \Delta t)\Delta t)\left(1 - \frac{\bar{v}_n(t + \Delta t)\Delta t}{h_n + \bar{v}_{n-1}(t + \Delta t)\Delta t}\right) \tag{7-4}$$

对式（7-4）变形整理得

$$\frac{\bar{v}_n(t + \Delta t)\Delta t}{h_n + \bar{v}_{n-1}(t + \Delta t)\Delta t} = \frac{h_n + \bar{v}_{n-1}(t + \Delta t)\Delta t}{h_n(t + \Delta t)}$$
$$\times \frac{\bar{v}_n(t + \Delta t)\Delta t}{h_n + \bar{v}_{n-1}(t + \Delta t)\Delta t}\left(1 - \frac{\bar{v}_n(t + \Delta t)\Delta t}{h_n + \bar{v}_{n-1}(t + \Delta t)\Delta t}\right) \tag{7-5}$$

设 $\dfrac{h_n + \bar{v}_{n-1}(t + \Delta t)\Delta t}{h_n(t + \Delta t)} = r$；$\dfrac{\bar{v}_n(t + \Delta t)\Delta t}{h_n + \bar{v}_{n-1}(t + \Delta t)\Delta t} = x$，则有

$$x = rx(1-x), \quad 0 \leqslant x \leqslant 1 \tag{7-6}$$

将式（7-6）变为差分迭代格式，则有

$$x_{n+1} = rx(1 - x_n) \tag{7-7}$$

式（7-7）为 Logistic 映射的标准形式模型，因此可以通过对 Logistic 映射的分析来讨论交通流系统中由于车头间距变化而发生的演化行为。

Logistic 映射的函数关系如图 7-4 所示，从图 7-4 中可以观察到以下结论。

（1）Logistic 映射的演化轨线高度及其在均衡点的斜率依赖于该方程的参数 r 的取值；当 $3 < r < 4$ 时，轨线与倾斜角为 45°的直线交点处的斜率小于 -1，这是 Logistic 映射能够产生混沌动态行为的关键区域。

（2）当 $0 < r < 3$ 时演化轨迹收敛于一个均衡点；当 $3.83 < r < 3.87$ 时，奇数倍周期出现；当 $3.87 < r < 4$ 时，出现混沌。

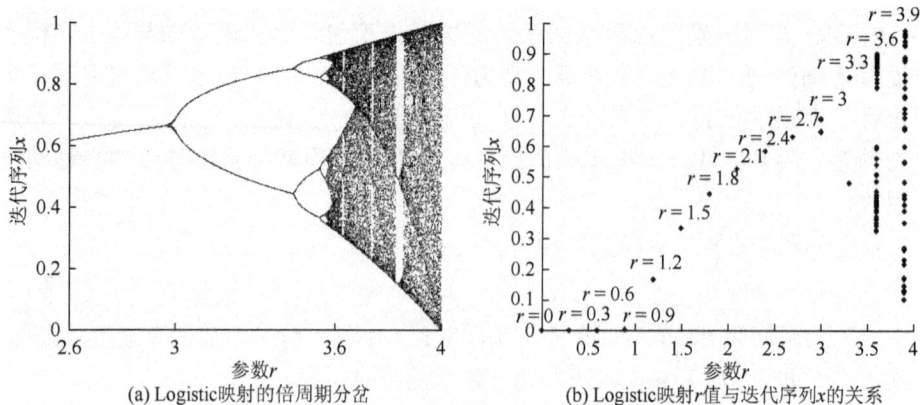

(a) Logistic 映射的倍周期分岔　　　　　(b) Logistic 映射 r 值与迭代序列 x 的关系

图 7-4　Logistic 映射分岔图及 r 值与迭代极限 x 对应图

（3）在倍周期分岔过程中，每一次分岔都是规律性的。随着第一次分岔的开始，倍周期的来临不仅越来越快，而且是按照恒定速率越来越快，即倍周期分岔按着一个固定的常数 4.669（称为 Feigenbaum 常数）呈几何收敛状态。

令 $h_n + \bar{v}_{n-1}(t+\Delta t)\Delta t = \tilde{h}$，$h_n(t+\Delta t) = \bar{h}$，根据上述结论和关系式 $\dfrac{h_n + \bar{v}_{n-1}(t+\Delta t)\Delta t}{h_n(t+\Delta t)} = r$，可以得到相应的交通流混沌产生条件。

当 $\bar{h} < \dfrac{\tilde{h}}{3}$ 时，交通流为有序运动；当 $\bar{h} = \dfrac{\tilde{h}}{3}$ 时，交通流系统 2 周期出现；当 $\dfrac{\tilde{h}}{3.83} < \bar{h} < \dfrac{\tilde{h}}{3}$ 时，交通流系统偶数倍周期出现；当 $\dfrac{\tilde{h}}{3.87} < \bar{h} < \dfrac{\tilde{h}}{3.83}$ 时，交通流系统奇数倍周期出现；当 $\dfrac{\tilde{h}}{4} < \bar{h} < \dfrac{\tilde{h}}{3.87}$ 时，交通流有序运动转化为混沌运动。且随 $\bar{h}$ 的增加，交通流将完全处于混沌状态，不具任何规律性，交通流处于一种强制紊乱车流状态。同时，在图 6-22 中，可见一些周期性的窗口，表示交通流呈周期运动。这些具有周期性的稳定性窗口可以理解为在某一特定车头间距下，交通流适应新的环境（混沌值超过某个阈值）的自组织现象，即间歇混沌，一旦状态变化，立刻回到混沌态。这也验证了倍周期分岔与阵发性混沌往往不可分的结论。

7.3　阵发性导致交通流混沌

阵发性混沌是指系统从有序向混沌转化过程中，在非平衡非线性条件下，当某些参数的变化达到某一阈值时，系统的行为或有序，或混沌，或者在二者之间振荡。这一种混沌产生方式从直观角度是最容易理解的，如道路上车辆的时走时停、交通事件引起的交通阻塞和交通阻塞的消散，道路上交通流在稀少、密度加大、拥挤、饱和、堵塞这些状态之间不断变化，说明交通流的运动状态不断地从有序到无序再到有序反复转化，这种规则运动与不规则运动的随机交替现象正是阵发性在交通流中的直接体现。

因为阵发性混沌可以通过系统仿真进行直接观察，这里采用优化速度模型衍生出的一个离散模型来进行阵发性混沌的仿真。仿真模型为

$$v_i(t+1) = \begin{cases} \Delta x_i(t), & v_i(t) > \Delta x_i(t) \\ G(\Delta x_i(t), v_i(t)), & v_i(t) \leqslant \Delta x_i(t) \leqslant \alpha v_i(t), \quad i = 1, 2, \cdots, N \\ F(v_i(t), v^0), & \Delta x_i(t) > \alpha v_i(t) \end{cases} \quad (7\text{-}8)$$

$$\Delta x_{i+1}(t+1) = \Delta x_{i+1}(t) + (v_i(t) - v_{i+1}(t))\Delta t, \quad i = 1, 2, \cdots, N \quad (7\text{-}9)$$

边界条件为

$$\Delta x_1(t+1) = \Delta x_1(t) + (v_N(t) - v_1(t))\Delta t \quad (7\text{-}10)$$

式中

$$G(\Delta x_i(t), v_i(t)) = \frac{F(v_i(t), v^0) - v_i(t)}{(\alpha - 1)v_i(t)} \left(\frac{\Delta x_i(t)}{\Delta t} - v_i(t) \right) + v_i(t), \quad v_i(t) \leqslant \Delta x_i(t) \leqslant \alpha v_i(t)$$

$$(7\text{-}11)$$

式中，$F(v_i(t), v^0) = \gamma v_i(t) + \beta \tanh\left(\dfrac{v^0 - v_i(t)}{\delta}\right) + \varepsilon$，为单辆车行驶状态下的速度映象函数；$v^0$ 为车辆的期望速度；Δt 为采样间隔时间，在该类模型中显然 $\Delta t = 1$；γ、δ、β、ε 为参数。

在实际交通流中，每辆车都有一个理想的速度值，并且在行驶过程中不断地调整自己的车速来适应它，一旦达到这个速度值，就围绕它波动，δ 决定车速围绕 v^0 的波动程度，当车速和这个值相差较大时，则加（减）速来调整速度值，β 反映了加速或减速的幅度值，误差值用 ε 表示。优化函数表示根据第 n 辆车在时间 t 的速度和与前车的车头间距 $\Delta x_n(t)$ 来决定在 $t+1$ 时刻的车速。

参数 α 决定了车辆采用不同行驶模式的车头间距范围，当车头间距足够大时，车辆类似于单辆车的自由行驶，而对于车队行驶的情况，车速变化不仅依赖于本车的当前速度，而且和与前车的车头间距以及与前车的相对速度值也有着密切的关系，但实际情况下驾驶员往往难以准确地对相对速度作出判断，所以这里以前两项作为车速变化的主导因素。另外在跟车过程中，如果两车相距较远，则后面追随的车辆接近于自由行驶状态，但当两车车距变小时，后车应降低车速，以保持安全的车头间距。这里存在着两种可能的减速模式，一种是突然刹车，可表示

为当后车的当前速度值大于与前车的车头间距值时，把后车车速调整为两车的车头间距值，（这里把每辆车看作一个粒子，车辆长度不计）即

$$v_i(t+1) = \Delta x_i(t)/\Delta t, \quad v_i(t) > \Delta x_i(t) \tag{7-12}$$

另一种是在一定车头间距内的渐减速过程，结合自由行驶状态，其映象表示为

$$v_i(t+1) = G(\Delta x_i(t), v_i(t))$$
$$= \frac{F(v_i(t), v^0) - v_i(t)}{(\alpha-1)v_i(t)} \left(\frac{\Delta x_i(t)}{\Delta t} - v_i(t) \right) + v_i(t), \quad v_i(t) \leqslant \Delta x_i(t) \leqslant \alpha v_i(t)$$

$$\tag{7-13}$$

仿真过程中，假定有 N 辆车在一条长为 L 的环形道路上行驶，车辆的初始状态为匀速，并且等间距分布，则由前面所述，将式（7-12）和式（7-13）组合，在 MATLAB 环境下编制仿真程序构造交通流模型，模拟了 5 辆车在长为 100m 的道路上的行驶情况，采用文献[163]给出的参数值 $\gamma = 1.001$，$\delta = 0.1$，$\varepsilon = 0.1$，$v_0 = 3.0\text{m/s}$，$\alpha = 4.0$。仿真时间分别采用了 1500s 和 10000s，尽管车辆速度的波动是由参数 δ 决定的，但车辆行驶过程中采用的加（减）速度幅度值一定程度上反映了驾驶员的灵敏度大小，可以与跟驰模型中的灵敏度系数建立一定的对应关系。为便于比较仿真结果，选取参数 β，通过变化速度映象函数中的参数 β 值的大小，观察前面模拟的车辆行驶过程的状态变化情况。这里选取了第 1 辆车与第 2 辆车之间的车头间距变化的时间序列来作为分析的对象，为清楚起见，这里列出的图形（图 7-5）只选取了具有代表性的一部分。

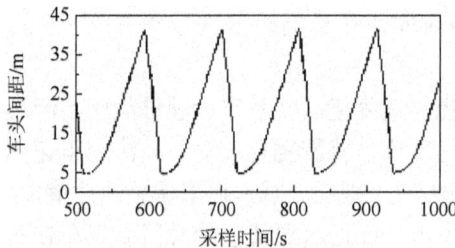

(a) $\beta = 0.075$ 周期运动

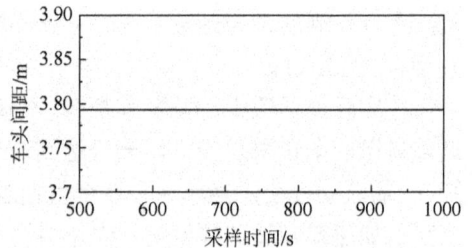

(b) $\beta = 0.2$ 规则运动

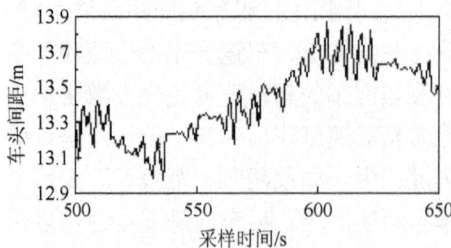

(c) $\beta = 0.4$ 混沌运动

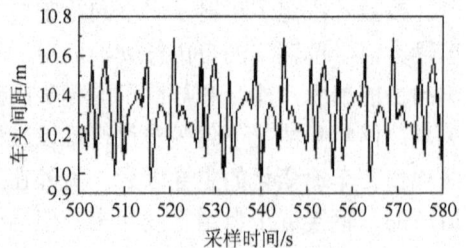

(d) $\beta = 0.568$ 准周期运动

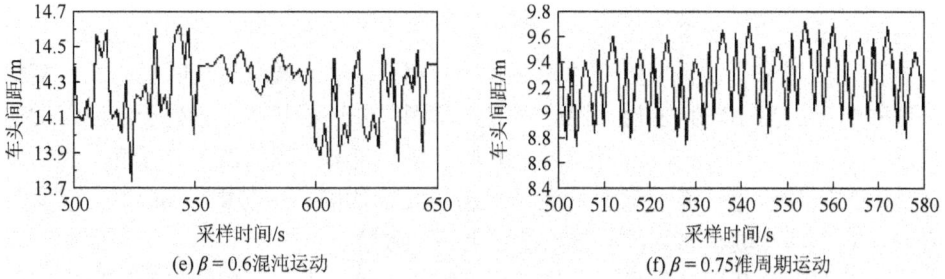

(e) $\beta = 0.6$ 混沌运动　　　　(f) $\beta = 0.75$ 准周期运动

图 7-5　不同 β 值下，车头间距随时间的变化，车流呈现的不同的运动状态

由图 7-5 仿真得到的时间序列，可以大致看出在给定参数范围内，随着参数的变化，车头间距序列呈现出复杂的行为变化，其大致趋势是周期运动—规则运动—周期运动—混沌运动和周期运动交替出现—混沌运动，为清楚起见，图 7-6 给出同一车头间距序列随参数变化的情况，对每个参数值，在时间序列中选取了 100 个点。

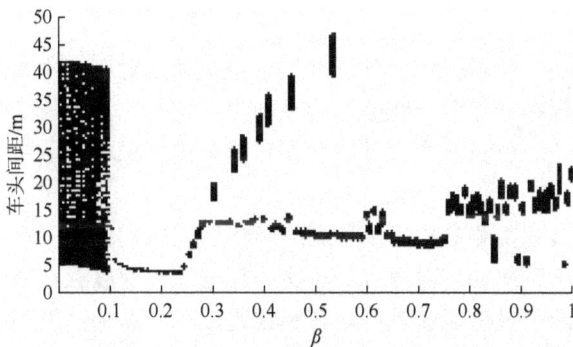

图 7-6　参数 β 对应的车头间距序列

结合图 7-5 和图 7-6，在 $\beta = [0, 0.1]$ 的参数范围内，车头间距序列保持周期性的变化，但周期不稳定并且周期内幅度变化较大，实际交通中，如果加（减）速度参数变化较小，则当前车速在前一时间段车辆速度范围内波动，车辆行驶过程相对平稳，本例中周期振幅较大的原因可能在于一是速度和车头间距的初值的选取不妥，二是没有把 γ 的取值和 β 结合起来进行讨论，由于 $\gamma > 1$，车速会在车头间距允许的范围内稳定地增加而导致车头间距变化较大，由图 7-6 可看出当 β 取值逐渐加大时，γ 的作用逐渐减小。当 $\beta = [0.1, 0.25]$ 时，β 对应的 100 个车头间距值均重合为一点，可见在这段参数范围内，车辆车头间距大致保持不变这样一种非常规则的运动。当 $\beta = [0.25, 0.35]$ 时，车头间距初始时拟线性地增大，然后仍然保持一种相对比较规则或拟周期形式的运动状态。当 $\beta = [0.35, 0.78]$ 时，车辆的运

动行为非常复杂，在这段区域内，在个别参数下出现不规则的准周期运动，从整个 β 变化区域来讲，呈现出一种周期（准周期）运动和混沌运动随机频繁地交替出现的情况。当 $\beta>0.78$ 时，除个别点，车辆行驶过程基本上已处于混沌运动的状态。由以上分析可知，β 值越大，即加（减）速幅度越大，一定程度上说明驾驶员的反应越敏感，而交通流的运动状态越难以估测，这与文献[66]中关于灵敏度参数对车辆行驶状态影响的结论基本上是一致的。

通过前面的分析，显然，系统是从规则的运动状态，即周期点开始发生变化的，并且当参数的变化达到某一临界值时，系统的时间行为在周期和混沌之间振荡，当参数继续变化时，系统发展为混沌运动。这种通过有时规则有时混沌的间歇状态转变为混沌运动状态的形式，沿袭的是 Pomeau-Manneville 途径，即阵发性混沌的形式。同时可以注意到，在系统状态的变化过程中存在着很多突变点，在突变点附近的动力学行为还有待于进一步讨论。

7.4 Hopf 分岔导致交通流混沌

如第 4 章所述，交通流的具体形态远远不止自由行驶、阻塞那么简单，在明显的状态转化过程中存在着一些隐形的驱动力，这些驱动力就是交通流系统中的各种非线性行为。这也是前面通过定性和定量来说明跟驰车队中的混沌特性的目的所在。

通过模型仿真和实测数据可以看到跟车状态在微扰情况下存在的振荡过程，这也间接说明了车辆间的相对速度、车头间距与后车速度存在着一定的规律性。因此，尽管经典跟车模型能够较好地解释稳定跟车状态加速度与相对速度、车头间距之间的关系，但不能有效解决实际存在的振荡过程问题。混沌动力学除了能够解释一般线性问题，还具有解决振荡现象和吸引现象等非线性问题的特殊功能，而且在许多混沌系统中，时滞微分方程所描述的动力系统作为交通流模型的数学描述有着得天独厚的优势。

时滞微分方程这种动力系统是指时刻 t 状态的变化不仅取决于当时状态，而且取决于某一时间间隔 τ 之前的过去状态。而大多数跟驰模型认为，t 时刻后车的加速度与某一时间间隔 τ 之前的前后车的相对速度、车头间距有关系，还与 t 时刻后车的速度有关。也就是说延迟时间在交通流模型中是一个非常重要的特征量。文献[90]利用时滞微分方程建立了一个基于混沌动力学的抽象的跟驰模型，内容如下。

时滞微分方程的一般形式可以写成

$$\mathrm{d}z(t)/\mathrm{d}t = F(z(t), z(t-\tau)) \tag{7-14}$$

分析式（7-14），如果状态 $z(t)$ 表示为跟驰车队后车的速度，那么式（7-14）可以变换为式（7-15）：

$$dv(t)/dt = F(v(t), v(t-\tau)) \tag{7-15}$$

式中，$dv(t)/dt$ 为 t 时刻后车速度状态的变化；$v(t)$ 为 t 时刻后车速度的状态；$v(t-\tau)$ 为某一时间间隔 τ 之前后车速度的状态。

这里 $dv(t)/dt$（t 时刻后车速度状态的变化）也就是后车在 t 时刻的加速度，$v(t)$（t 时刻后车速度的状态）可以用表示该时刻与后车速度密切相关的相对速度、车头间距、车头时距等参数表示，$v(t-\tau)$（某一时间间隔 τ 之前后车速度的状态）可以用该时刻与后车速度密切相关的相对速度、车头间距、车头时距等参数表示。假设时间间隔 τ 是后车驾驶员的反应时间，那么可以认为式（7-15）是跟驰模型的一般表达式。通过解析三种关系：t 时刻后车速度与该时刻相对速度、车头间距、车头时距等参数的关系；某一时间间隔 τ 之前后车速度与该时刻相对速度、车头间距、车头时距等参数的关系；后车加速度与后车速度、相对速度、车头间距等参数之间的关系，能够标定出跟驰模型的具体表达式。

第 5 章的讨论中已经分析出了优化速度模型在一定参数条件下会产生 Hopf 分岔（式（5-23）），即在稳定状态下的交通流，由于系统受到扰动而在平衡点附近出现周期解（极限环），并且 6.3 节已经验证了优化速度模型的跟驰行为中存在着混沌现象，本节中借用上述的交通流混沌模型描述，利用文献[164]的方法，以车流密度作为分岔参数，在稳态下对系统实施微扰，并通过直接求出系统周期解的近似估计来确定 Hopf 分岔的产生，并据此分析优化速度模型通过 Hopf 分岔导致混沌现象产生的基本原理。

同前所述，假定 N 辆车在一条环形道路上行驶，初始条件是车队中所有车辆均以期望速度 v^0 匀速行驶，且相邻车辆之间的车头间距相等，车流密度用 ρ 标记，则该系统的平衡解很容易得到

$$v^0 = V(1/\rho) \tag{7-16}$$

$$x_n(t) = \frac{n-1}{\rho} + v^0 t \tag{7-17}$$

首先与第 5 章内容相同，将优化速度模型写成上面给出的交通流混沌模型 $dx(t)/dt = f(x(t), x(t-\tau))$ 的形式：

$$\ddot{x}_n(t) = \alpha(V(\Delta x_n(t-\tau)) - \dot{x}_n(t-\tau)) \tag{7-18}$$

令 $\xi_n = \Delta x_n - \dfrac{1}{\rho}$，由于初始条件下车头间距 $h = \dfrac{1}{\rho}$，即

$$\xi_n = \Delta x_n - h \tag{7-19}$$

将式（7-19）代入式（7-18）中，则有

$$\ddot{\xi}_n(t) = \ddot{x}_{n+1}(t) - \ddot{x}_n(t) = \alpha(V(\xi_{n+1}(t-\tau)+h) \\ -V(\xi_n(t-\tau)+h)) - \alpha\dot{\xi}_n(t-\tau) \tag{7-20}$$

利用泰勒展开式在点 $x=h$ 处展开，可得

$$V(\xi_{n+1}+h) = V(h) + V'(h)\xi_{n+1} + o(\xi_{n+1}) \tag{7-21}$$

$$V(\xi_n+h) = V(h) + V'(h)\xi_n + o(\xi_n) \tag{7-22}$$

忽略高阶项，代入式（7-20）整理得

$$\ddot{\xi}_n(t) = -\alpha\dot{\xi}_n(t-\tau) + \alpha V'(h)(\xi_{n+1}(t-\tau) - \xi_{n+1}(t-\tau)) \tag{7-23}$$

令 $\xi_n = \exp(ib_k n + \lambda t)$，$b_k = (2\pi/N)k$，$k=0,1,\cdots,N-1$。将其代入式（7-23），可得其对应的特征方程为

$$\lambda^2 + (\alpha\lambda - \alpha V'(h)(e^{ib_k}-1))e^{-\lambda\tau} = 0 \tag{7-24}$$

将 $dx(t)/dt = f(x(t), x(t-\tau))$ 在零点附近线性化，可以写成式（7-25）的形式：

$$dx(t)/dt = M_1 x(t) + M_2 x(t-\tau) + f_2(x(t), x(t-\tau)) + \Re(x(t), x(t-\tau)) \tag{7-25}$$

定义：$x = [\xi_1, w_1, \xi_2, w_2, \cdots, \xi_N, w_N]^T \in R^{2N}$，其中 $w_n = \dot{x}_n - v_0$，则 $f_2(x(t), x(t-\tau))$ 为二阶项，$\Re(x(t), x(t-\tau))$ 是高阶项。

对于线性系统：

$$dx(t)/dt = M_1 x(t) + M_2 x(t-\tau) \tag{7-26}$$

可以把它变为一个退化的泛函微分方程：

$$\dot{x}(t) = L(x_t) \tag{7-27}$$

算子 L 定义如第 5 章所述。那么在连续函数空间 $[-\tau, 0] \to R^{2N}$ 上定义了一个强连续半群。假定该半群的无穷小生成元为 A，并假定 λ 是 A 的特征值，根据式（7-24），可知定义在 $[-\tau, 0]$ 上的对应的特征函数为

$$g(\lambda, t) = e^{-\lambda t} \left(\begin{matrix} e^{ib_k}, \dfrac{\alpha V'(h)e^{ib_k-\lambda\tau}}{\lambda + \alpha e^{-\lambda\tau}}, e^{2ib_k}, \dfrac{\alpha V'(h)e^{2ib_k-\lambda\tau}}{\lambda + \alpha e^{-\lambda\tau}}, \cdots, \\ e^{(N-1)ib_k}, \dfrac{\alpha V'(h)e^{(N-1)ib_k-\lambda\tau}}{\lambda + \alpha e^{-\lambda\tau}}, 1, \dfrac{\alpha V'(h)e^{-\lambda\tau}}{\lambda + \alpha e^{-\lambda\tau}} \end{matrix} \right)^T \tag{7-28}$$

显然，λ 也是线性系统（7-26）的共轭系统：

$$dx(t)/dt = -M_1^T x(t) - M_1^T x(t+\tau) \tag{7-29}$$

的特征根，相应的特征函数为

$$h(\lambda, t) = e^{\lambda t} \left(\begin{matrix} \dfrac{\alpha V'(h)e^{ib_k+\lambda\tau}}{-\lambda}, e^{ib_k}, \dfrac{\alpha V'(h)e^{2ib_k+\lambda\tau}}{-\lambda}, e^{2ib_k}, \cdots, \\ \dfrac{\alpha V'(h)e^{(N-1)ib_k+\lambda\tau}}{-\lambda}, e^{(N-1)ib_k}, \dfrac{\alpha V'(h)e^{\lambda\tau}}{-\lambda}, 1 \end{matrix} \right)^T \tag{7-30}$$

结合式（7-27）及 $w_n = \dot{x}_n - v_0$ 可得式（7-29）中的矩阵系数为

$$
M_1 = \begin{pmatrix}
0 & -1 & 0 & 1 & 0 & 0 & \cdots & 0 & 0 \\
0 & 0 & 0 & 0 & 0 & 0 & \cdots & 0 & 0 \\
0 & 0 & 0 & -1 & 0 & 1 & \cdots & 0 & 0 \\
0 & 0 & 0 & 0 & 0 & 0 & \cdots & 0 & 0 \\
\vdots & \vdots & \vdots & \vdots & \vdots & \vdots & & \vdots & \vdots \\
0 & 1 & 0 & 0 & 0 & 0 & \cdots & 0 & -1 \\
0 & 0 & 0 & 0 & 0 & 0 & \cdots & 0 & 0
\end{pmatrix}
$$

$$
M_2 = \begin{pmatrix}
0 & 0 & 0 & 0 & 0 & \cdots & 0 & 0 \\
\alpha V'(h) & -\alpha & 0 & 0 & 0 & \cdots & 0 & 0 \\
0 & 0 & 0 & 0 & 0 & \cdots & 0 & 0 \\
0 & 0 & \alpha V'(h) & -\alpha & 0 & \cdots & 0 & 0 \\
\vdots & \vdots & & \vdots & \vdots & & \vdots & \vdots \\
0 & 0 & 0 & 0 & 0 & \cdots & 0 & 0 \\
0 & 0 & 0 & 0 & 0 & \cdots & \alpha V'(h) & -\alpha
\end{pmatrix}
$$

假定当 $\rho = \rho_0$ 时，A 有一对纯虚根 $\pm i\omega$，则系统（7-26）存在两个周期为 $2\pi/\omega$ 的周期解 $\varphi_1(t) = \mathrm{Re}\,g(i\omega, t)$，$\varphi_2(t) = \mathrm{Im}\,g(i\omega, t)$，相应地，系统（7-29）也存在两个类似的周期解 $\psi_1(t) = \mathrm{Re}\,h(i\omega, t)$，$\psi_2(t) = \mathrm{Im}\,h(i\omega, t)$。

令 $\rho = \rho_0 - \varepsilon$，则

$$
M_2(\rho) = M_2(\rho_0 - \varepsilon) = M_2^0 - \varepsilon B + O(\varepsilon^2)
$$

式中，$M_2^0 = M_2(\rho_0)$；$B = \partial M_2(\rho_0)/\partial \rho$，则系统（7-25）可以重写为

$$
\frac{\mathrm{d}x}{\mathrm{d}t} = M_1 x(t) + M_2^0 x(t-\tau) - \varepsilon B x(t-\tau)
$$

$$
+ f_2(x(t-\tau), \rho_0 - \varepsilon) + O((\|x\| + |\varepsilon|)^3) \qquad (7\text{-}31)
$$

定义：

$$
\varepsilon = c\gamma_1 + c^2\gamma_2 + \cdots \qquad (7\text{-}32)
$$

$$
s = t/(1 + c\mu_1 + c^2\mu_2 + \cdots) \qquad (7\text{-}33)
$$

式中，c 为用来替代 ε 的小参数；γ_1，γ_2，$\cdots$ 和 μ_1，μ_2，$\cdots$ 均为未知参数。

本章的目的是寻求系统（7-31）如下形式的极限环解：

$$
x^*(t) = y^*(t) = cy_1(s) + c^2 y_2(s) + \cdots \qquad (7\text{-}34)
$$

式中，y_1，y_2，$\cdots$ 为关于 s 的 $2\pi/\omega$ 周期函数。

将式（7-32）、式（7-33）和式（7-34）代入式（7-31），然后对参数 c 的相同指数项进行合并可知，$y_1(s)$ 是系统（7-22）的 $2\pi/\omega$ 周期解，可设 $y_1(s) = \varphi_1(s)$。

同样可以发现 $y_2(s)$ 是系统（7-35）的 $2\pi/\omega$ 周期解：

$$\frac{\mathrm{d}y_2}{\mathrm{d}s} = M_1 y_2(s) + M_2^0 y_2(s-\tau) + \tilde{f}_2(\varphi_1(s),\varphi_1(s-\tau),\mu_1,\gamma_1) \quad （7\text{-}35）$$

式中

$$\begin{aligned} \tilde{f}_2 &= \mu_1 M_1 \varphi_1(s) + \mu_1 M_2^0 \varphi_1(s-\tau) + \tau\mu_1 M_2^0 \varphi_1'(s-\tau) \\ &\quad - \gamma_1 B_2 \varphi_1(s-\tau) + f_2(\varphi_1(s-\tau),\rho_0) \end{aligned} \quad （7\text{-}36）$$

系统（7-35）存在周期解的充要条件是

$$\int_0^{2\pi/\omega} \langle \tilde{f}_2(\varphi_1(s),\varphi_1(s-\tau),\mu_1,\gamma_1),\psi_i(s)\rangle \mathrm{d}s = 0, \quad i=1,2 \quad （7\text{-}37）$$

则系统（7-31）的估计周期解可以写为

$$x^*(t) = \frac{\varepsilon}{\gamma_1}\varphi_1(t) \quad （7\text{-}38）$$

周期 $T = (2\pi/\omega)(1+\mu_1\varepsilon/\gamma_1) + O(\varepsilon^2)$。这个周期解对应着式（7-22）的解 $\xi_n = \exp(\mathrm{i}b_k n + \lambda t)$ 中的某个 k 值。

由前面的分析可以看到，密度值变化至临界值时，会导致极限环的出现，也就是发生了 Hopf 分岔，这在第 5 章中已经从另一个角度进行了讨论，可以注意到，随着 ε 值的变化，也就是车流密度发生变化，相应解的周期 T 也发生变化，尽管无法从解析方法中获知混沌吸引子的出现时间，但通过前面的仿真可以知道随着密度参数值的变化，系统在一定条件下会出现混沌现象。显然这是一条典型的由不动点→极限环→二维环面→⋯→混沌的道路。文献[164]对另一种改进的 GM 跟驰模型进行了分析仿真，确定了由该途径走向混沌的情况，其研究成果可完全移植于本模型的讨论中。

综合前面内容，交通流系统确实存在着混沌现象，而且导致混沌出现的途径是多种多样的，但不同的分岔途径并没有十分明确的界限而且是可以在同一系统中并存的，然而倍周期分岔导致混沌是通过连续相变行为产生的，也就是说系统在由有序到混沌的转化过程中，是通过一种相对平稳的方式过渡到混沌状态的；而在 Hopf 分岔导致混沌的途径中，由于这对应着一种不连续相变的方式，这种混沌是通过突变方式产生的，在混沌预测的过程中，更难以捕捉，相应地也更难以控制。而且在混沌现象出现过程中，不同性质的分岔形式可能是并存的，这也给要捕捉精确的交通流动力学行为带来了极大的困难。

第8章　交通流混沌现象的转化

交通流的有序运动一旦受到某种来自外界的干扰或者来自由驾驶员和车辆本身的特性所决定的不确定因素的影响，就会最终造成交通流的内在随机性，总会使跟驰车辆的车头间距发生变化，从而导致交通流混沌现象的发生。交通流的混沌运动和有序运动并不是截然分开的，从有序到混沌，再由混沌到有序，是交通流中普遍存在的一种形式，而交通流混沌的研究目的不仅在于揭示交通流的运动规律，更重要的是利用交通流混沌现象为交通流的控制打下一个良好的基础。

8.1　交通流混沌转化现象仿真

8.1.1　实验条件及结果

仿真实验条件仍然与第 6 章所设条件相同，仍取跟驰模型参数 $h = 1$，车辆的行驶速度 $V_0 = 9\text{m/s}$，车头间距 $L_0 = 7\text{m}$，干扰振幅 $A = 1\text{m/s}$，角频率 $\omega = 0.05\text{rad/s}$。在对跟驰模型进行数值模拟仿真过程中取不同的灵敏度系数 α_0 和 k 的组合。例如，在模拟 5 辆车时，可以分别取 4 种组合：(8，0.000 08)、(14，0.000 06)、(12，0.000 0005)、(2，0.000 0008)，仿真结果如图 8-1 所示。为得到准确的混沌运动与有序运动之间的转化过程，在不同的仿真条件下反复实验，得到了一系列不同参数变化情况下的仿真交通流时间序列，这些交通流时间序列是分析、研究交通流混沌运动与有序运动转化的依据。书中所列的仅是实验中能够说明混沌运动与有序运动转化过程的一部分图形。

由图 8-1 可以看出，在所设实验条件下，车队中不同位置的车辆仿真交通流是不同的。仿真交通流的第 1、第 2 辆车车头间距仍按正弦规律变化，但第 2、第 3 辆车车头间距出现了振荡现象，第 3、第 4 辆车车头间距振荡现象有所扩大，而第 4、第 5 辆车车头间距振荡减缓，有近似规律性的变化。

第 6 章已经通过最大 Lyapunov 指数证明含有这样的振荡现象的交通流为交通流混沌。因此可以认为，在所设的实验条件下，图 8-1 所示第 2 和第 3 辆车之间、第 3 和第 4 辆车之间、第 4 和第 5 辆车之间的仿真交通流时间序列出现了交通流混沌现象。

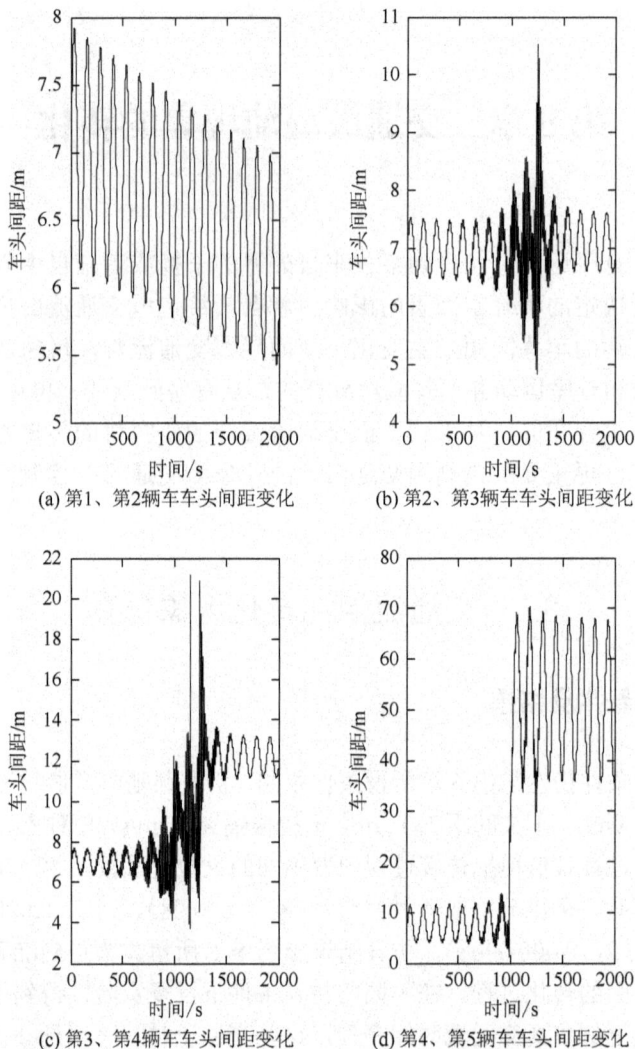

(a) 第1、第2辆车车头间距变化　　　　　　(b) 第2、第3辆车车头间距变化

(c) 第3、第4辆车车头间距变化　　　　　　(d) 第4、第5辆车车头间距变化

图 8-1　车队中不同位置的车辆仿真结果

8.1.2　结果分析

　　图 8-1 所示的这种交通流混沌现象非常符合城市实际交通流状况。实际的交通流总是受到各种不确定因素的干扰，特别是城市道路交通流，道路通行能力非常有限，再加上道路行人以及其他交通工具的影响，或者是车队道路出现交通堵塞、车辆遇到红灯的情况以及跟驰车辆速度太快等因素，都会使车辆时而无障碍地运行，时而减速或停滞，使实际交通流表现为有序的规律运动和混沌运动的交替进行。

　　混沌现象在车队跟驰过程中经常发生。车队行驶过程中经常会受到某些干扰，这些干扰加上车辆的跟驰特性，会使跟随车辆的车头间距变小，跟随车辆就会调整自己的车速，这时就会出现短暂的混沌现象，当车头间距调整到正常状态时，车队又会恢复到正常的跟随运动状态。

从图 8-1 可看出仿真交通流的混沌区域和有序的规律性运动区域的持续时间是不一样的。有的混沌区域持续的时间长一些，有的混沌区域持续的时间短一些，这正说明交通流中存在各种不确定性影响因素，而这些不确定性影响因素对交通流的影响也是不同的。但总的趋势是混沌运动区间和有序的周期运动区间在收缩，交替变换更加有规律，这为进一步研究交通流混沌现象的转化提供了可能性。本书将交通流混沌分为简单型和复杂型交通流混沌两类，下面就对这两种不同的交通流混沌现象的转化过程进行研究和讨论。

8.2　简单型交通流混沌现象的转化

8.2.1　简单型交通流混沌转化现象仿真及其转化过程

下面给出灵敏度系数 α_0 和 k 组合为（12，0.0008）、干扰振幅 $A = 1.5$m/s、仿真时间为 4000s 时的两辆车的交通流仿真，其结果如图 8-2 所示。

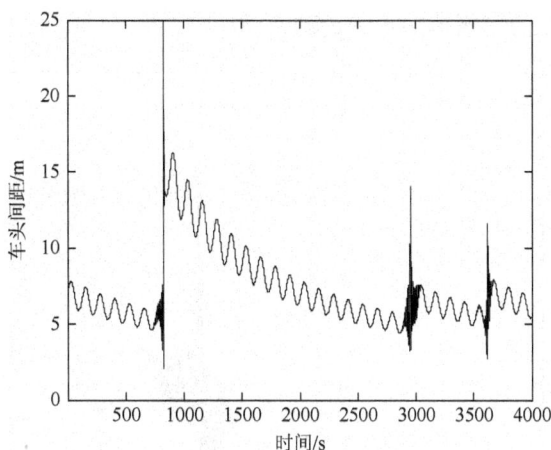

图 8-2　交通流混沌与有序运动转化过程

由图 8-2 可以看出，在所设实验条件下，仿真交通流从一开始的有规律正弦运动，持续一段时间以后出现了一段时间的不规则的振荡现象，然后又转化为有规律的正弦运动，随后又出现不规则的振荡现象，如此反复。在图 8-2 所示的仿真交通流中，后车由于受某些不确定性因素影响，其跟驰距离并不完全按正弦规律变化，一段时间内出现不规则的振荡现象，而在另一段时间内又近似正弦运动，表现出不规则的振荡现象和有规律的周期性运动交替重复出现的现象。

为说明图 8-2 所示仿真交通流时间序列的混沌特性，取其 1～4000s 为一个时间序列段，称为序列 1，1～1500s 时间序列段为序列 2，2000～3200s 时间序列段为序列 3。用最大 Lyapunov 指数改进算法计算程序分别计算序列 1、序列 2、序列 3 的最大 Lyapunov 指数 λ_1，计算结果如表 8-1 所示。

表 8-1　时间序列最大 Lyapunov 指数值

序列号	τ	m	λ_1
1	3	6	0.0149
2	4	6	0.0126
3	3	4	0.0650

由表 8-1 可知，3 个时间序列的最大 Lyapunov 指数均为正值，因此可以认为，在所设的实验条件下，图 8-2 所示仿真交通流时间序列为混沌时间序列，在该交通流时间序列中共产生了三次混沌运动。

为了更方便、准确地研究交通流有序运动与混沌运动之间的转变过程，先截取图 8-2 的后半部分进行分析，如图 8-3 所示。从图 8-3 可以看出，交通流先从有规律的正弦运动开始，经过一段时间以后产生交通流混沌现象，混沌现象持续约180s 以后，又转化为有规律的正弦运动。

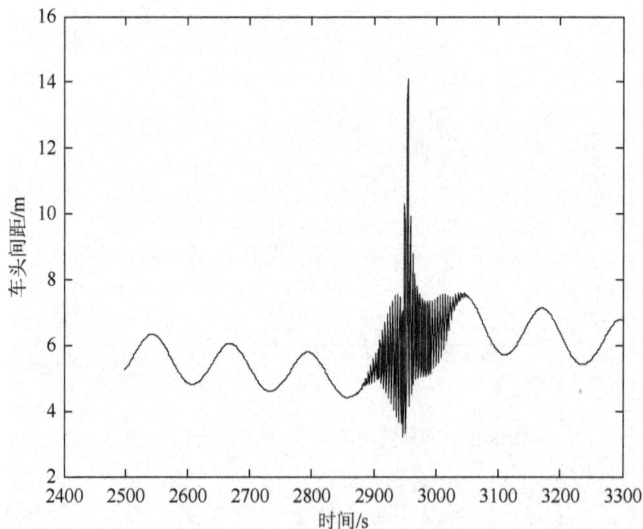

图 8-3　图 8-2 的局部放大

为进一步观察交通流从有序运动到混沌运动再到有序运动的变化过程，取时间、车头间距以及速度差为三维坐标轴，得出图 8-3 所示的交通流时间序列的三维相图，如图 8-4 所示。

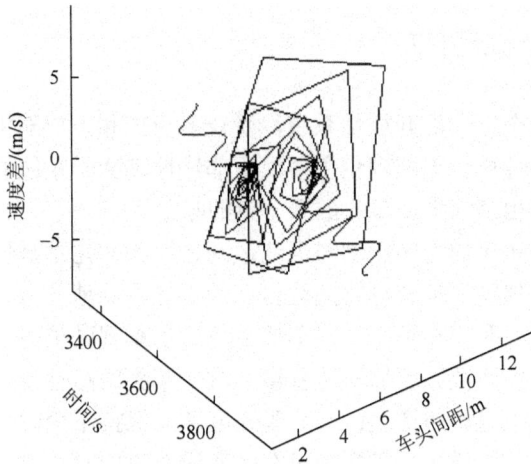

图 8-4　图 8-3 所示的交通流的三维相图

从图 8-4 可以看出，在混沌发生过程中，其车头间距和速度差的关系曲线随着时间的变化，经历了两次旋涡状的变化，这两个旋涡可以看作混沌吸引子，混沌吸引子是混沌的重要特征[113]。这种变化从车头间距和速度差的二维相图上看得更加清楚，如图 8-5 所示。

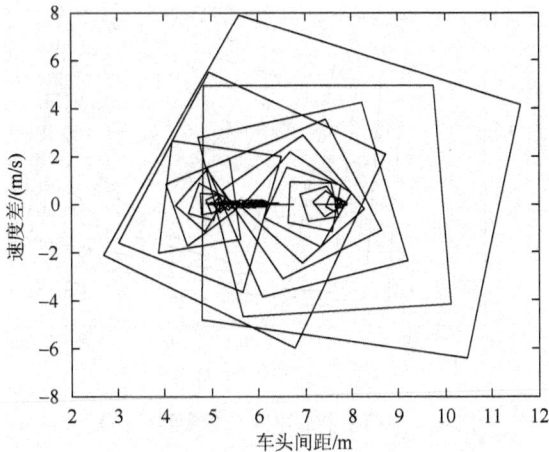

图 8-5　图 8-3 所示的交通流的二维相图

图 8-5 展示了混沌的形成过程。左边的漩涡展示了混沌产生的初始状态。交通流混沌由一条直线形成小菱形，然后小菱形逐渐扩大，呈发散状态；随后菱形发生了大的跨越而延伸到相图的右侧，最后又以菱形的形式逐渐收缩到一条直线上（横

卧于右边漩涡的中心处），菱形框收缩到一条直线时，表示这一次混沌现象消失，交通流重新由混沌运动转化为有序运动，即图 8-2 所示的正弦运动部分。

8.2.2　交通流混沌吸引子

跟驰车流是一个复杂的开放性系统，受众多内部和外部随机因素的影响，表现出复杂的非线性性质。混沌理论主要讨论非线性动力学系统的不稳定的发散过程，但系统状态在相空间中总是收敛于一定的吸引子。

实验发现，交通流的有序运动与混沌运动之间的转化总是随着车头间距的变化而发生的。由于驾驶员都想尽快到达自己的出行目的地，总是希望与前车保持一个最理想的车头间距。在不同的跟车速度下，后车驾驶员与前车驾驶员之间的车头间距有很强的规律性。当后车速度增加时，车头间距也相应减小；当后车速度下降时，车头间距也相应增大；当后车速度基本保持不变时，车头间距也在一定幅度内保持稳定。这说明后车驾驶员在改变跟车速度时，也把车头间距调整到合适的水平，以适应跟车速度的变化，这时的车头间距称为期望车头间距。车辆跟驰过程中，驾驶员总是通过不断地加减速来调整其车速，使车头间距在一定范围内进行小幅度调整，始终在期望车头间距附近振荡，如图 8-6 所示。

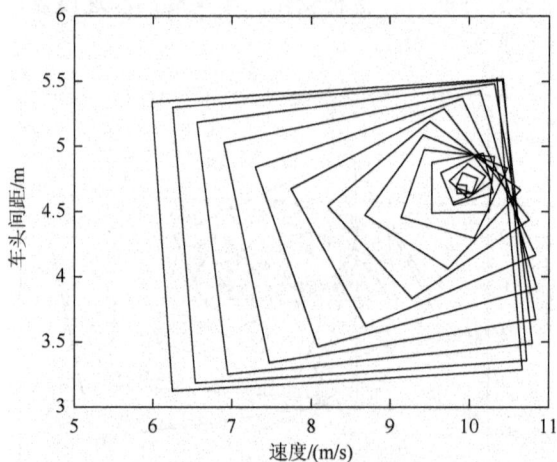

图 8-6　跟随车辆的速度与车头间距的变化

图 8-6 明显地显示出了寻找吸引点的现象，这个期望值称为混沌吸引子，Weidman 把这一行为称为振荡过程（oscillating processes）。这是因为后车驾驶员不能非常准确地判断车头间距，也不能精确地维持施加在油门上的压力，导致实际的车头间距始终在期望车头间距附近振荡，很少稳定在期望车头间距上。

　　另外，前后车的相对速度也能反映出这种振荡过程，跟驰中，后车驾驶员总是通过不断地加减速来调整其车速，使之尽量保持与前车的相对速度为零，如图 8-5 所示，零值相对速度即混沌吸引子。

8.2.3　结果分析

　　跟随车辆速度的变化引起跟随车辆车头间距的变化，而车头间距的变化正是交通流由有序运动向混沌运动转化的重要原因。图 8-7 给出的是图 8-3 所示的交通流时间序列的跟随车辆的加速度变化，图 8-8 是图 8-7 的局部放大图。跟随车辆加速度的变化会导致跟随车辆的速度发生变化，如图 8-9 所示。图 8-10（a）给出了前后车辆的相对速度变化，图 8-10（b）为图 8-10（a）的局部放大。

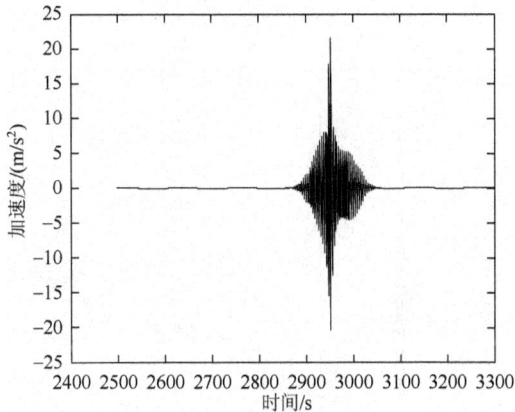

图 8-7　跟随车辆的加速度变化

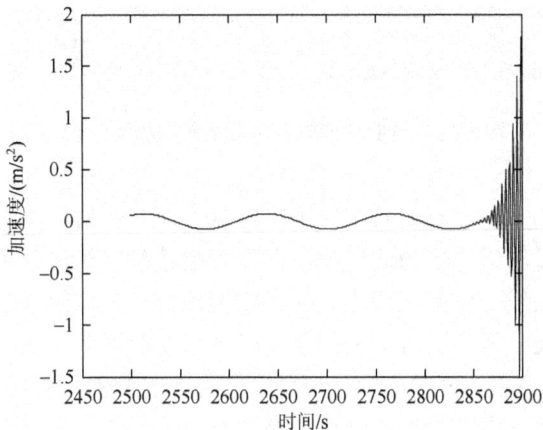

图 8-8　图 8-7 的局部放大图

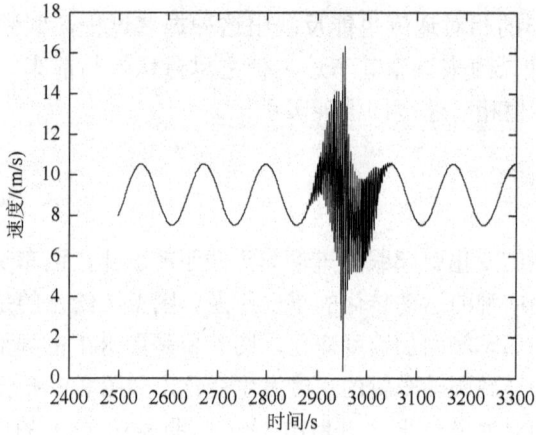

图 8-9　跟随车辆的速度变化

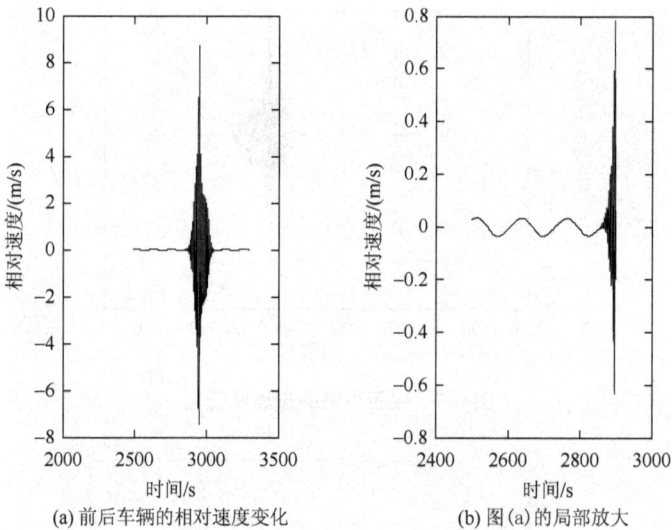

(a) 前后车辆的相对速度变化　　　　　　　(b) 图(a)的局部放大

图 8-10　前后车辆的相对速度变化及局部放大

　　交通流混沌的产生总是随着车头间距的减小而发生的。由于驾驶员都想尽快到达自己的出行目的地，规则运动时，车头间距是在不断缩小（图 8-2 混沌运动开始之前的正弦曲线变化）的。当车头间距缩小到一定程度（这个值和行车速度有关，由于驾驶员一般会随着车头间距的缩小而逐渐降低车速，车头间距越小，跟车车辆速度越低）时，驾驶员为了避免碰撞事故的发生就要急剧降低行车速度，这时就会出现短暂的混沌现象，随后，驾驶员会不断调整自己的车速，使两车的车头间距趋于正常，这时混沌现象就会消失。所以，可以看到仿真交通流混沌现象是经过了两个旋涡这样的质的飞跃才得以完成的，旋涡实质上反映了车头间距的激烈变化程度。

8.3　复杂型交通流混沌现象的转化

8.2 节所说的交通流混沌现象是混沌较简单、持续时间较短的情况。当交通流混沌持续时间较长、变得更复杂时，则是另一种情况。

8.3.1　复杂型交通流混沌转化现象仿真及其转化过程

在研究交通流有序运动与混沌运动之间变化规律的仿真实验中，为使交通流产生的混沌更加明显，特意取不同的参数变化。

改变实验条件，仿真两辆车的行驶情况，取 $A = 1\text{m/s}$、$\alpha_0 = 8$、$k = 0.0008$，仿真时间 6000s，其他条件不变，截取这个过程产生的交通流混沌变化，如图 8-11 所示。

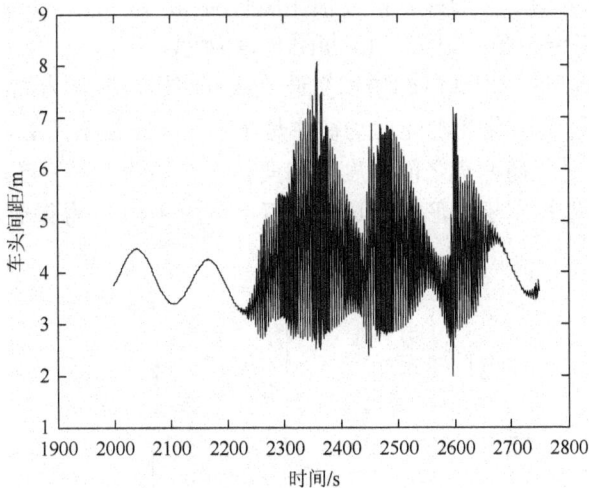

图 8-11　复杂型交通流混沌与有序运动的转化过程

由于仿真参数的变化，图 8-11 所示的混沌持续了约 540s，比图 8-3 所示的交通流混沌的持续时间有了较大的提高。为了说明交通流混沌变化的情况，仍然取时间、车头间距以及速度差为三维坐标轴，得出图 8-11 所示的交通流时间序列的三维相图，如图 8-12 所示。

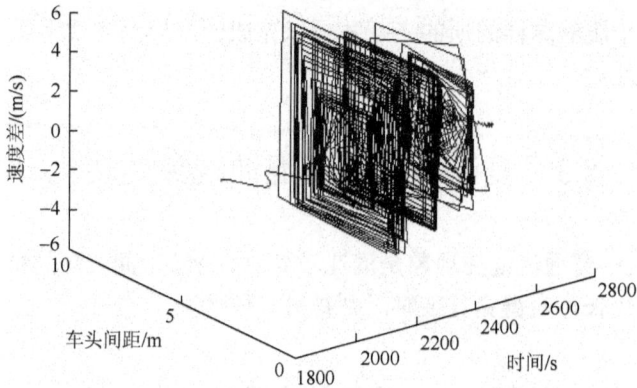

图 8-12　图 8-11 所示的交通流的三维相图

　　由图 8-12 可以看出，图 8-11 所示的交通流混沌变化比图 8-3 所示的交通流混沌变化情况要复杂得多。在图 8-12 所示的交通流混沌区内出现了三个较大的矩形框，关于混沌区内矩形框的问题会在后面章节进行讨论，下面对交通流有序运动转化为交通流混沌运动和交通流混沌运动转化为交通流有序运动进行分析。为进一步说明交通流有序运动与混沌运动的转化情况，截取图 8-12 所示的交通流从有序运动进入混沌运动之初的部分，分别作出时间-速度差-车头间距三维相图和速度差-车头间距二维相图，如图 8-13 和图 8-14 所示。

　　从图 8-13 可以进一步观察到仿真交通流从有序运动转化为混沌运动的开始过程。交通流有序运动转化为混沌运动往往是从车头间距振荡（图 8-14 中由直线到细微的曲线）同时伴随两车之间速度差的变化而开始的，然后经过旋涡状菱形框发散，最后菱形框稳定于矩形框，这一点可以从图 8-14 中看得更加明显。

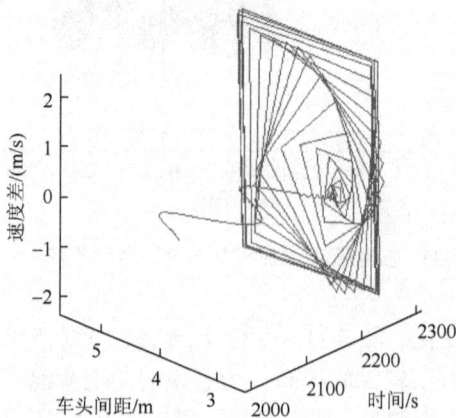

图 8-13　图 8-11 所示的交通流从有序运动到混沌运动的变化过程的三维相图

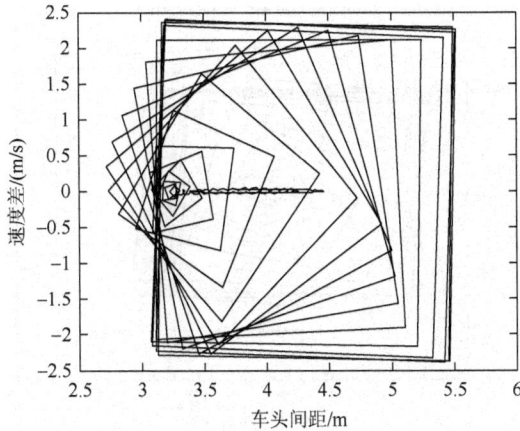

图 8-14 图 8-11 所示的交通流从有序运动到混沌运动的变化过程的二维相图

矩形框是交通流混沌现象最充分的状态，但是，这种状态并不能持续很长时间。混沌运动经过矩形框的一段时间以后，又会以菱形的形式逐渐收缩到一条直线上，转化为一个新的有序运动或者进入下一个混沌状态，如图 8-15 和图 8-16 所示。

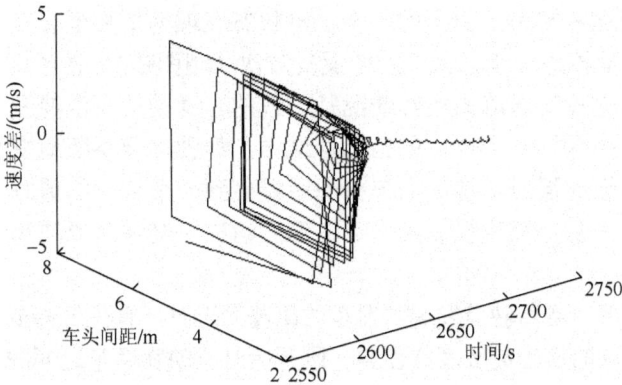

图 8-15 图 8-11 所示的交通流从混沌运动到有序运动的变化过程的三维相图

图 8-15 和图 8-16 分别是截取图 8-11 所示交通流从混沌运动转化为有序运动所作的时间-速度差-车头间距三维相图和速度差-车头间距二维相图。这里值得注意的是，菱形框收敛时，也不是立刻就收敛到一条直线上，它往往也是像有序运动转化为混沌运动时一样，经过细微的曲线变化才收敛到直线上的。

8.3.2 结果分析

实验发现（从图 8-13、图 8-15 中可以看出），在整个混沌运动过程中，混沌

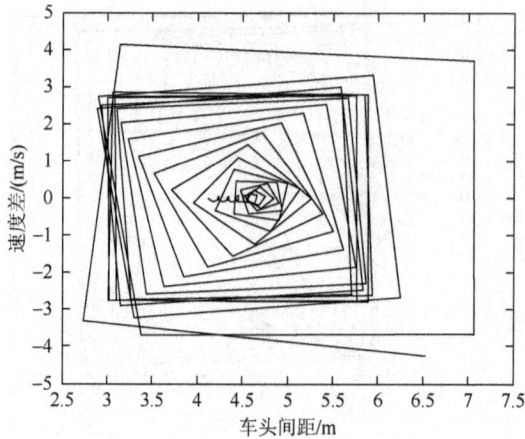

图 8-16   图 8-11 所示的交通流从混沌运动到有序运动的变化过程的二维相图

相图的变化趋势总是右旋（顺时针）方向、不间断的，这和实际交通流中车辆始终向前行的现象是一致的。交通流混沌的转化过程是一个由发散到收敛的过程。交通流有序运动转化为交通流混沌运动以后，总是先呈发散状，发散过程中矩形框的变化常常是不稳定的。不稳定状态表现为矩形框会在一定时间以后慢慢缩小，然后再进一步扩大，如此反复数次（相图略），直至最后才收敛到一条直线上。这也和交通流的实际情况是一致的。驾驶员在混沌发生期间，总是力图使车头间距保持一个合适的范围，这样，驾驶员会不断地变换车速，使车辆处于一个持续的混沌状态。当车头间距调整到一个合适的值时，驾驶员的车速调整也趋于正常，混沌收敛到一点，混沌消失，交通流混沌运动转化为有序运动。

一般情况下，当驾驶员发现与前车的距离太近时，首先要降低行车速度，由于驾驶员和车辆的反应灵敏度的差异，刚开始时反映在两车之间的速度差的变化较小，然后速度差的变化逐渐增大，这反映在相图上就是第一个旋涡轨迹的形成。当交通流产生混沌现象以后，由于交通流参与者的自组织行为的作用，交通流总是趋于一种可以接受的有序竞争状态，驾驶员的行为也总是趋向于一种可以接受的有序竞争状态。所以，驾驶员会不断调整车速和车头间距，力图使交通流进入新的有序的规律性运动，这使车辆的加减速变得更无章法，使车辆的车头间距和速度差出现大起大落的现象，这表现为相图上的矩形框。在混沌持续一段时间以后，通过不断调整车速和车头间距，驾驶员逐渐适应了这种混沌现象以后，努力使交通流进入新的有序的规律性运动，反映在相图中就是所形成的第二个收敛旋涡轨迹。

8.4　交通流混沌运动与混沌运动之间的转化

8.4.1　交通流混沌运动与混沌运动之间转化的仿真结果

不同的交通流混沌的变化过程是不一样的。这一点在图 8-3 和图 8-11 所示的交通流混沌时间序列中可以明显地观察到。在图 8-3 所示的交通流混沌过程中，混沌过程只有一个峰值，交通流混沌是一个比较简单的过程；而图 8-11 所示的交通流混沌过程存在三个峰值，表现为交通流混沌区内的三个矩形框（图 8-12）。交通流混沌变化过程是一个比较复杂的过程，这说明不同的交通流混沌过程中的变化也存在着差异，下面分析这种交通流混沌过程中的转化过程。

截取图 8-12 所示的交通流两个峰值之间的部分，作其时间–速度差–车头间距三维相图和速度差–车头间距二维相图，这里给出其中的一组相图，如图 8-17 和图 8-18 所示。

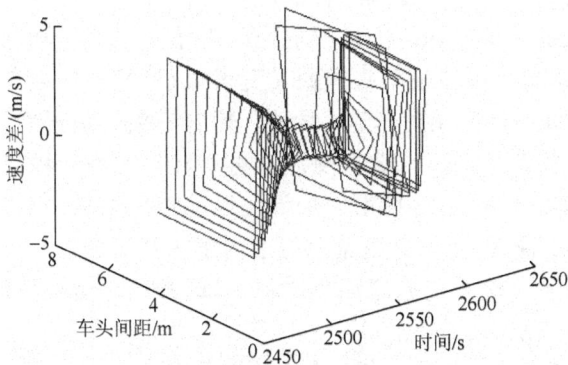

图 8-17　图 8-11 所示的交通流混沌内部变化过程的三维相图

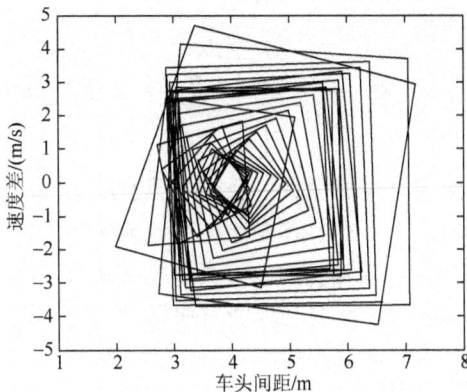

图 8-18　图 8-11 所示的交通流混沌内部变化过程的二维相图

从图 8-17、图 8-18 可以看出，交通流混沌变化过程呈现出一种较为特殊的形式。交通流混沌在收敛过程中，并没有像图 8-4 和图 8-11 所示的那样收敛到一点上，而是在收敛过程中又转化为一种新的发散过程。交通流混沌的这种变化过程反映出交通流混沌的变化，并不仅是前面所描述的那样，是一个简单的从发散到收敛的过程，而是一个非常复杂的过程。

8.4.2　结果分析

交通流中的某种不确定因素会使跟随车辆与前车之间的车头间距不断缩小，当车头间距减小到一定程度时，为了避免碰撞事故的发生，跟随车辆会随之调整自己的车速，从而引起车头间距的急剧变化，这时就产生了交通流混沌现象。交通流混沌产生的标志是车头间距剧烈振荡所产生的旋涡——混沌吸引子。车辆由有序运动转化为混沌运动以后，由于交通系统的自组织行为，驾驶员不断调整自己的车速力图摆脱这种混沌状态，使之转化为有序运动。但是，交通流的复杂性决定了交通流的这种混沌状态不一定就能马上结束，如图 8-17 所示。车速的不断变化可能使车头间距又变得很小，又会出现车辆碰撞的趋势。这时，驾驶员不得不再次调整车速，跟驰车辆的车头间距再次发生了剧烈的振荡，形成了另一个旋涡（图 8-18），交通流再次转化为另一种交通流混沌运动。在交通流混沌变化过程中，这种由一个混沌运动转化为另一个混沌运动的现象可能会多次出现。图 8-11 中交通流混沌区内车头间距的三个峰值和图 8-12 中的三个矩形框表明在这个交通流混沌过程中，这种混沌运动与混沌运动之间的转化现象出现了三次。

所以，交通流混沌可能是由若干个小的交通流混沌组成的，混沌变化过程中的小的交通流混沌之间也是相互转化的。

8.5　交通流有序运动与无序运动之间的转化

前面章节讨论了交通流混沌现象以及交通流有序运动与交通流混沌运动之间的相互转化。在此基础之上，本节首先给出交通流无序的定义及其度量方法，然后通过 MATLAB 软件构造跟驰模型，仿真研究交通流的无序运动状态，通过大量不同参数组合的仿真实验，研究交通流有序运动与无序运动之间的转化过程，分析交通流无序运动产生和消失的原因，对交通流有序运动与无序运动之间的转化过程作进一步的研究。

8.5.1　交通流无序的度量

1. 交通流无序的概念

有序是一种有规则的状态结构，有序是相对于无序而言的，是一种规则状态，自由度较小，所以表现出某种确定性，因此又具有可预测性。有序系统通常有三种有序状态，这就是空间有序、时间有序和功能有序。空间有序是指它具有一定的空间形状，如天体运动，它的运动轨迹都是具有精确形状的，大气中有时出现的云街也是一种空间有序结构。时间有序是指复杂运动所出现的明显的时间节奏，几乎所有的天体运动除了有精确的空间有序还有精确的时间有序，日出、日落、温寒冷暖都非常准确。除了时间有序和空间有序，很多进化系统还有功能有序，所有生物都具有功能有序的特征，如人体的免疫功能、生殖功能、调节功能等。人类社会也是一个具有功能特性的进化系统，如大气变化、经济变化、战争等，整个社会都会作相应的调整。

无序是指系统内部的运动无规律可循，完全是一种杂乱无章的运动状态，自由度较大，因此具有随机性和测量缺准性。平衡态是一种无序状态，但它属于分子水平的无序状态。因此，耗散结构理论的无序通常不是指平衡态意义上的无序，而是指高度开放状态下的混沌态的无序。

混沌态就是一种内部处于高度不稳定的、杂乱无章的状态。平衡态也是一种杂乱无章的状态。但这两者有着本质的区别：第一，平衡态是处于一个孤立系统之中的，而混沌态则是处于一个开放系统之中的；第二，平衡态是分子水平上的混乱，它是一种微观混乱，而混沌态则是在远离平衡的状态下系统所出现的宏观混乱现象。

交通流无序，一般的理解是车辆运动毫无规则可言、乱穿乱插。交通流无序通常不是指平衡态意义上的无序，而是指高度开放状态下的混沌态的无序，反映在宏观上是交通堵塞。但是这种交通堵塞并不是车辆完全不能运动，而是道路上的车辆太多、车辆运动速度很低，即交通流无序是指处于交通拥堵状态下的、通行能力很低的一种道路交通流，它实质上是一种在时间、空间有序，而功能无序的道路交通流。交通流无序主要与道路最大通行能力、车辆行驶速度以及车流密度等因素有关。基于此，可以将交通流无序作如下表述：交通流无序是指交通流处于一种交通拥堵状态下的通行能力很低的一种道路交通流状况，它实质上是一种功能无序、时间和空间有序的道路交通流，主要与道路最大通行能力、行车速度、车流密度等因素有关。

2. 交通流车速-流量理论模型

在连续交通流中，速度 V、路网中某路段的流量 $F_i(t)$ 及密度 K 之间存在着如下关系：

$$F_i(t) = KV \qquad\qquad (8\text{-}1)$$

这就是著名的交通流三参数关系，通常假设密度 K 与流量 $F_i(t)$ 呈线性关系（Greenshields 假设）。理论上说，当路段交通流量达到最大流量 $F_i(t)_m$ 时，交通流平均速度 V_m 为零流速度 V_0 的一半，而这时的路段最大流量 $F_i(t)_m$ 就是该路段的道路通行能力。尽管该模型的前提假设（Greenshields 假设）并不非常合理，但由于它十分简单，至今仍有学者以此为基础进行车速-流量理论模型的探讨[160]。

这种交通流车速-流量理论模型的特点是不能预测交通流量大于道路通行能力时的车辆行驶平均速度的。理论上说，当交通流量大于通行能力时，路段交通阻塞，此时，即使到达的车辆数增加，能通过的交通流量仍只能是通行能力，即路段流量不能大于通行能力，否则剩余车辆会排队等候。但在实际的交通网络分析中，仍需要预测当路段上的交通需求量（车辆到达数）超过通行能力时的车辆平均行驶速度，该速度是进行方案比较必不可少的，但该模型却无能为力。

据此，文献[165]提出了一个公路交通流车速-流量理论模型：

$$V = \frac{\alpha V_s}{1 + \gamma (F_i(t)/C_i(t))^\beta} \qquad\qquad (8\text{-}2)$$

式中，V_s 为道路设计车速；α、β、γ 为修正系数；$F_i(t)/C_i(t)$ 为道路通行能力。

修正系数 α、β、γ 通过实测数据回归分析获得或与实测模型所对应的曲线拟合确定。在拟合过程中发现，γ 是控制参数，当 $\gamma = 1$ 时，标准化模型（8-1）和交通流实测曲线在流量达到通行能力时相等并且速度等于 V_0 的一半，所以，$\gamma = 1$ 是理论标准化模型和实际交通流量曲线同化的控制点。当 β 取常数时，标准化模型和实际交通流量曲线在 $F_i(t)/C_i(t) \leqslant 1$ 段拟合程度较差，通过模拟发现，要使实际交通流量曲线能与标准化模型很好地拟合，β 是 $F_i(t)/C_i(t)$ 的非线性函数，表示为

$$\beta = \alpha_2 + \alpha_3 \left(\frac{F_i(t)}{C_i(t)} \right)^3 \qquad\qquad (8\text{-}3)$$

可通过标准化模型和实际交通流量曲线在 $F_i(t)/C_i(t) \leqslant 1$ 段的拟合确定。因此，任意等级任意交通负荷下的车速-流量理论模型为

$$\begin{cases} V = \dfrac{\alpha_1 V_s}{1 + (F_i(t)/C_i(t))^\beta} \\[2mm] \beta = \alpha_2 + \alpha_3 \left(\dfrac{F_i(t)}{C_i(t)} \right)^3 \end{cases} \qquad\qquad (8\text{-}4)$$

式中，α_1、α_2、α_3 为回归参数。

3. 交通熵的概念

考察某条路的交通流 R ，R 根据实际情况可以分成 n 条路段，设 t 时刻各个路段的最大通行能力为 $C_i(t)$ ，相应路段的交通流量为 $F_i(t)$ ，则道路通行能力 $y_i(t)$ 有如下定义[166]：

$$y_i(t) = F_i(t)/C_i(t) \tag{8-5}$$

当 $y_i(t) \leqslant 1$ 时，$F_i(t) \leqslant C_i(t)$ ，交通流畅行；当 $y_i(t) > 1$ 时，交通流出现拥挤，有可能出现交通堵塞，但并不一定意味着交通流处于无序状态。现在合理地设定一个阈值 $N > 1$ ，作一个简单数学变换，令 $x_i(t) = y_i(t)/N$ ，不考虑各种人为因素，定义当 $x_i(t) \leqslant 1$ 时，i 路段交通流处于有序状态，而当 $x_i(t) > 1$ 时，i 路段交通流处于无序状态。

现定义有序性的度量函数：$I = f(x_i(t))$ ，并且要求 $I \geqslant 0$ 表示交通流处于有序状态，$I < 0$ 表示交通流处于无序状态，即 I 是交通流有序性的负度量，则函数 $f(\bullet)$ 应满足下列条件。

（1）$f(\bullet)$ 是 $x_i(t)$ 的单调递减函数。

（2）当 $x_i(t) \leqslant 1$ 时，$f(x_i(t)) \geqslant 0$ ；当 $x_i(t) > 1$ 时，$f(x_i(t)) < 0$ 。

（3）$x_i(t) = 0$ 时，$f(x_i(t)) \to \infty$ 。

可以证明合乎上述条件的函数形式为

$$I(x_i(t)) = -\ln(x_i(t)) \tag{8-6}$$

上述函数仅是第 i 路段上的交通流有序性情形，为了更好地表征整条路的交通流有序性的整体特征，定义宏观平均量 $H(x_i(t))$ 如下：

$$H(x_i(t)) = E(-\ln(x_i(t))) = -\sum_{i}^{n} x_i(t)\ln(x_i(t)) \tag{8-7}$$

式（8-7）与信息熵的表达式非常近似，尤其是当将 $x_i(t)$ 看成概率时。文献[166]称其为宏观交通熵，并将它作为衡量交通流有序性的定量度量。

4. 交通流无序的度量

由式（8-4）和式（8-7）可以确定整条路交通流处于无序状态时的车辆行驶平均速度 V 和道路通行能力 $F_i(t)/C_i(t)$ 的关系模型；由式（8-4）和式（8-6）可以确定该条路中某路段处于无序状态时的车辆行驶平均速度 V 和道路通行能力 $F_i(t)/C_i(t)$ 的关系模型。这里为了简便运算，暂时不考虑整条路的情况，只对整条路中某一路段的交通流无序进行研究。所以可得路段交通流无序的度量模型：

$$\begin{cases} I = -\ln\dfrac{1}{N}(F_i(t)/C_i(t)) \\[2ex] V = \dfrac{\alpha_1 V_s}{1+(F_i(t)/C_i(t))^{\beta}} \\[2ex] \beta = \alpha_2 + \alpha_3 \left(\dfrac{F_i(t)}{C_i(t)}\right)^3 \end{cases} \qquad (8\text{-}8)$$

根据文献[167]给定模型（8-4）的回归参数 α_1、α_2、α_3，如表 8-2 所示，在 MATLAB 环境下编程计算并绘制各等级公路的不同设计车速下的车速-流量曲线，如图 8-19 所示。

表 8-2 回归参数 α_1、α_2、α_3

公路类型	设计车速/(km/h)	α_1	α_2	α_3
一级公路	100	0.93	1.88	4.93
	80	0.98	1.88	4.88
	60	1.10	1.88	4.85
二级公路	80	0.95	1.88	6.97
	40	1.40	1.88	6.97
三级公路	60	1.00	1.88	7.00
	30	1.50	1.88	7.00
四级公路	40	1.00	1.88	7.02
	20	1.50	1.88	7.02

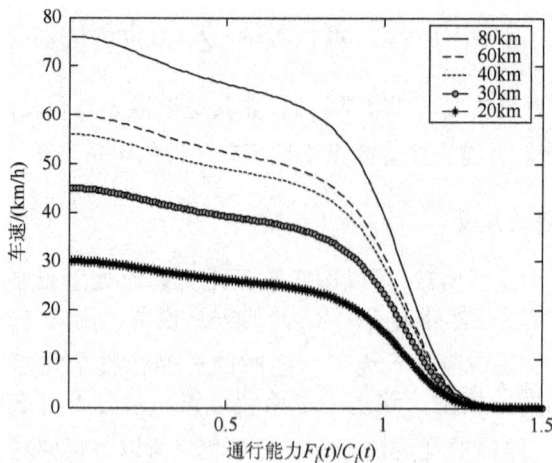

图 8-19　一般公路车速-流量关系曲线

由图 8-19 可以看出，当道路通行能力 $F_i(t)/C_i(t) \geqslant 1.25$ 时，各种道路的车速 $V \to 0$，形成了真正意义上的交通堵塞，这里暂不讨论这种情况。所以在满足交通流无序条件 $I(x_i(t)) = -\ln(x_i(t)) < 0$ 时，有 $F_i(t)/C_i(t) > N$，且 $N > 1$，由图 8-19 可知，此时道路通行能力 $F_i(t)/C_i(t)$ 的可选范围为 $1 < F_i(t)/C_i(t) \leqslant 1.25$，则可以确定阈值 N 的选择范围为 $1 < N \leqslant 1.25$。

根据上述阈值 N 的可选范围，为模型（8-7）设定不同阈值 N，其对应的最低车速如表 8-3 所示。

表 8-3　交通流无序状态下不同阈值对应的最低车速　（单位：km/h）

设计车速		阈值 N				
		1.05	1.10	1.15	1.20	1.25
一级公路	100	37.9904	28.7412	19.7508	12.1427	6.6232
	80	32.0798	24.3353	16.7899	10.3774	5.6976
	60	27.0330	20.5401	14.2054	8.8079	4.8548
二级公路	80	28.9544	19.5064	11.3063	5.5625	2.3221
	40	21.3348	14.3731	8.3310	4.0987	1.7110
三级公路	60	22.8347	15.3563	8.8777	4.3531	1.8101
	30	17.1261	11.5172	6.6583	3.2649	1.3576
四级公路	40	15.2125	10.2182	5.8971	2.8852	1.1966
	20	11.4094	7.6637	4.4228	2.1639	0.8975

结合实际道路交通流情况，分析表 8-3 所示不同阈值 N 所对应的交通流无序状态的车速状况，本书选定当阈值 $N = 1.10$ 时，实际道路交通流为交通流无序状态。此时，车速一般小于设计车速的 30%。

8.5.2　基于跟驰模型的交通流无序转化仿真

1. 仿真环境

仿真实验中，假设车队在行驶过程中，头车以某一速度 V_0 匀速运动，模型参数 $h = 1$，初始速度 $V_0 = 15\text{m/s}$，初始车头间距 $L_0 = 15\text{m}$。仿真实验中，对匀速行驶的车队施加正弦干扰，干扰信号的振幅 $A = 1\text{m/s}$，角频率 $\omega = 0.05\text{rad/s}$；同时，假设车辆在道路上行驶 350s 时，突然发现前面出现交通堵塞事故，驾驶员会渐渐减速到 $V_0 = 4\text{m/s}$，然后匀速运动 1350s 之后，交通堵塞事故消除，驾驶员又提速

到 $V_0 = 15\text{m/s}$ 的速度，接着又以 $V_0 = 15\text{m/s}$ 的速度匀速前行。针对不同的车辆数 N、反应灵敏度系数 α_0 和车头间距灵敏度系数 k 产生不同的交通流序列，然后计算 Lyapunov 指数，反复实验，并进行对比研究，从而得出该交通流模型在出现交通堵塞事故情况下产生交通流无序的规律。

图 8-20(a)～图 8-20(d) 所描述的是当 $N = 5$，(α_0, k) 组合分别为 $(8, 0.000\ 08)$、$(14, 0.000\ 08)$、$(16, 0.000\ 005)$、$(5, 0.000\ 008)$ 时的车队的第 1 和第 2 辆车、第 2 和第 3 辆车、第 3 和第 4 辆车、第 4 和第 5 辆车之间的车头间距的时间序列。

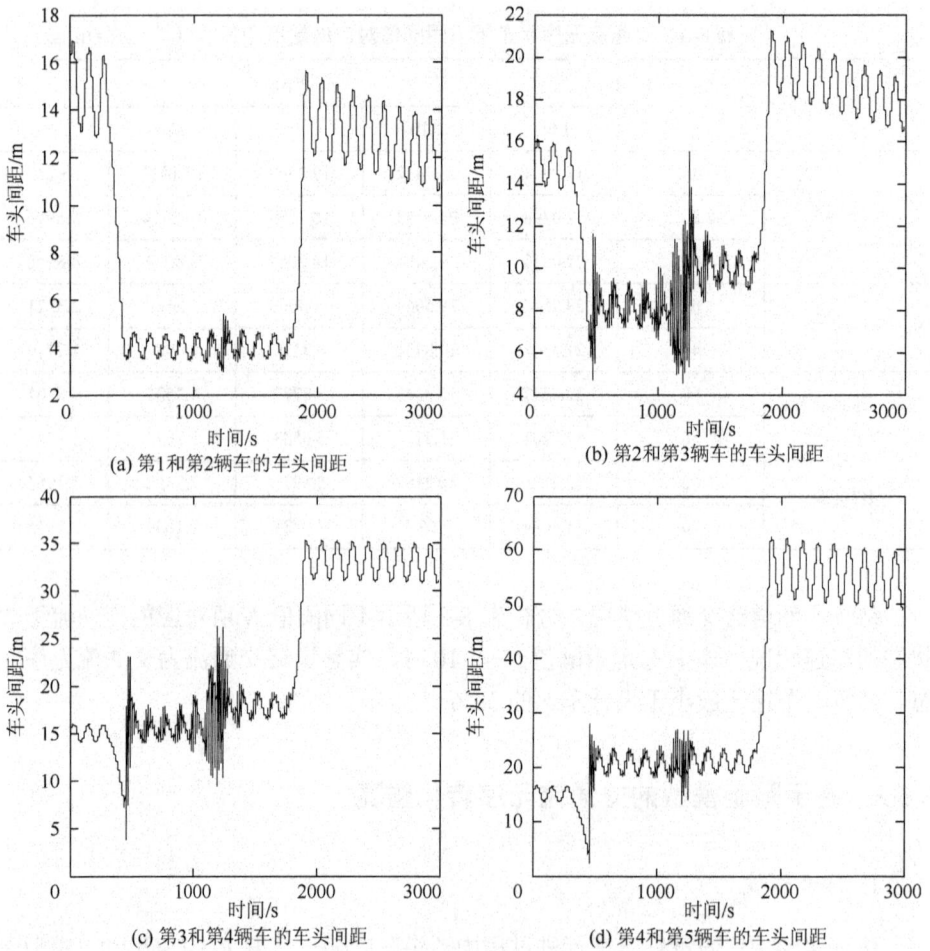

图 8-20　$N = 5$ 时不同位置车辆的车头间距时间序列

从图 8-20 中可以看出，仿真交通流在第 1 和第 2 辆车之间的车头间距仍近似地按正弦规律变化，但第 2 和第 3 辆、第 3 和第 4 辆、第 4 和第 5 辆车之间出现了不同程度的振荡现象。下面对这些振荡现象的性质进行分析。

2. 交通流无序运动特性分析

采用前面介绍的 C-C 方法和 Cao 方法计算出上述交通流时间序列的延迟时间 τ 和嵌入维数 m，然后用最大 Lyapunov 指数改进算法对这些交通流时间序列进行最大 Lyapunov 指数计算，计算结果列于表 8-4 中。

表 8-4　交通流时间序列的最大 Lyapunov 指数

时间序列	τ	m	λ_1
第 1 和第 2 辆车之间	116	13	0.0039
第 2 和第 3 辆车之间	4	3	0.1777
第 3 和第 4 辆车之间	4	3	0.1313
第 4 和第 5 辆车之间	115	17	0.0098

从计算结果可以看出，5 辆车之间不同的车头间距时间序列的最大 Lyapunov 指数均为正值，表明仿真交通流处于不可预测的无序状态，存在交通流混沌。同时，从计算结果还可以看出，第 2 和第 3 辆车之间的 λ_1、第 3 和第 4 辆车之间的 λ_1 要远远大于第 4 和第 5 辆车之间的 λ_1、第 1 和第 2 辆车之间的 λ_1。这说明不同位置的车辆之间的车头间距时间序列的最大 Lyapunov 指数 λ_1 是不同的，它们的混沌度也是不一样的。

交通系统是一个有人参与的、时变的、复杂的巨系统，其显著特点是具有高度的不确定性和非线性。所以，交通系统无序不会是像平衡态的那种杂乱无章的无序，而是以一种特殊的交通流混沌方式体现出的丧失通行能力的功能无序。交通流无序在时间、空间上依然保持着有序，它体现的是一种宏观无序而微观有序的交通流状态。

因此，本书中的交通流混沌现象是一种交通无序现象。其特征是：车辆行驶速度低于道路设计速度的 30%，混沌持续时间较长，一般在 20min 以上，而且其最大 Lyapunov 指数比一般的交通流混沌的最大 Lyapunov 指数大，一般交通流无序的 $\lambda_1 > 0.1$。

8.5.3　交通流有序与交通流无序之间转化的仿真结果

交通流无序作为交通流混沌的一种特殊形式，它与交通流有序运动之间的转化和交通流混沌运动与交通流有序运动之间的转化有很多相似的地方，但也有很多不同之处。

1. 交通流有序到交通流无序的转化过程

由图 8-20 可以看出，在所设仿真实验条件下，仿真交通流一进入堵塞事故区域就产生了交通流无序现象，一直到驶出堵塞事故区域，仿真交通流无序又转化为有规律的正弦运动。这种现象在实际道路交通流中也是经常发生的，当车队遇到前方在修缮道路时，三（多）车道变为单车道，不同车道的头车就会减速，后面的车辆也会随之调整自己的速度，这时就会在该路段产生长时间的交通流混沌现象，这称为交通流无序。

为进一步看清交通流从有序运动到无序运动的转化过程，图 8-21 和图 8-22 分别给出了图 8-20（b）在 1～560s 时段的时间-速度差-车头间距三维相图和速度差-车头间距二维相图。

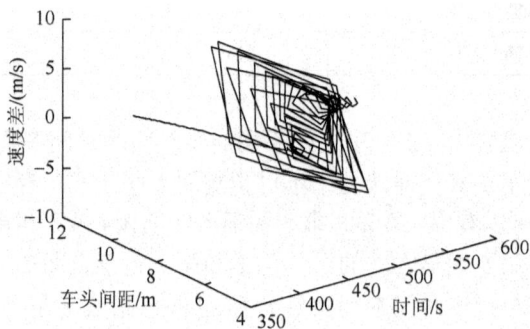

图 8-21　仿真交通流由有序向无序转化三维相变图

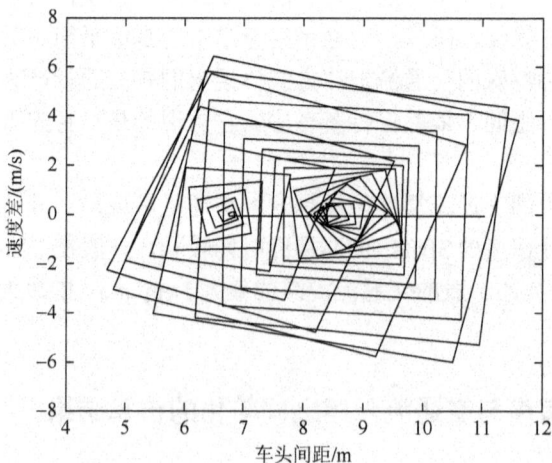

图 8-22　仿真交通流由有序向无序转化二维相变图

从图 8-21 和图 8-22 可以看出，仿真交通流从有序运动向无序运动转化的初始阶段具有交通流混沌的明显特征（混沌吸引子在图 8-22 中清晰可见）。这说明在仿真交通流从有序运动转化为无序运动的开始点（可以称为相变临界点），是以有序运动向混沌运动转化的方式实现有序运动向无序运动的转化的，即在交通流有序向交通流无序转化的过程中存在一种过渡状态——交通流混沌。

　　实验中发现，交通流有序运动向无序运动转化以及交通流无序运动向有序运动转化，都发生在交通流系统的非平衡相变临界点附近，这个临界点就是实验中设定的交通堵塞事故的开始和结束。

　　2. 交通流无序到交通流有序的转化过程

　　由图 8-20（b）和图 8-20（c）可以看出，当仿真交通流从有序运动转化为无序运动时，首先经过交通流混沌这样一个转化过渡状态，然后转化为混乱的交通流无序。这一阶段交通流可能会在自组织的作用下变得有一定的规律性，但其整体仍处于一个混乱（无序）的状态。然后，由于交通流系统长时间处于无序状态，驾驶员开始变得焦躁，使交通流陷于一个更大的混乱状态，直至交通流再次变得相对规律些。如此反复，直到在非平衡相变临界点交通流无序运动转化为有序运动。

　　实验发现，在交通流无序向交通流有序转化的过程中，会伴随着一些交通流混沌现象的出现，并且能够观察到混沌吸引子的存在（相图略）。这也是交通流无序能够反映出交通流混沌特性的一个原因。

　　实验中发现，经过长时间的交通流无序运动，当无序运动转化为有序运动时，交通流无序已经变得比较平稳。这一点从交通流无序运动转化为有序运动的相变图看得更清楚，如图 8-23 所示。

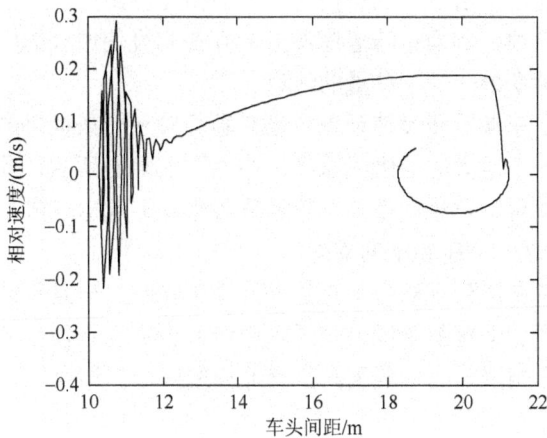

图 8-23　仿真交通流由无序向有序转化相变图

　　由图 8-23 可以看出，当交通流无序运动转化为有序运动时，虽然车头间距的变化仍然呈比较剧烈的振荡状态，但它已经变得相对有规律得多。

所以，交通流从无序运动向有序运动的转化比交通流由混沌运动向有序运动转化复杂得多。当车辆跟驰距离太近，或者遇到交通事件产生交通流混沌现象时，由于交通流的自组织以及交通警察对交通故障的排除作用，交通流混沌现象都不可能长时间地持续下去。但是，由某些交通堵塞事故造成的道路通行能力过低产生的交通流无序运动向有序运动的转化，是不可能以简单的自组织方式完成的。下面从耗散结构和自组织理论的角度来分析交通流无序运动向有序运动的转化过程。

3. 结果分析

在远离热平衡的开放系统中，系统通过和外界不断交换物质，吸收有序的能量和信息，排除经耗散而变得没有用的能量和信息，逐步发展确定结构和运动行为的有序状态，并且进一步由简单的结构向复杂结构进化，这种结构称为耗散结构，交通流系统就是这样一种耗散结构。

在交通流系统中，出行者的出行是一种有目的的行为，而不是一种完全无规则的游走，每个交通流的主体行为都是一种理性驾驶，其中每个驾驶员都希望安全、快速、通畅，并且有一定的目的，因此，每个人-车个体追求的目标是一致的或相近的，均为安全、快速、通畅，对于有限的交通空间，各个出行者之间就会因为争夺交通空间发生竞争，系统的稳定性遭到破坏，交通个体之间变得无序，因此需要交通个体之间相互合作、协同。在交通流中存在协同现象，这种协同表现在车辆个体之间则是车辆相互避让、相互合作，以形成稳定、有序的宏观结构——畅行车流；表现在交通流控制方面，则是各个路口、各个路段乃至各个交通子区之间交通控制信号及控制措施之间的相互协调。

根据协同学原理，协同意味着序参量的存在和役使原理的实现，即众多变量同时接受几个关键变量——序参量的约束。

交通流中存在序参量和役使现象。当车辆行驶在一条拥挤的道路上时，每个驾驶员都置身于一个巨大的自组织系统之中而不能随心所欲，此时，车流（根据具体情况可选择流量、车流速度或车流密度等形式）起着序参量的作用，而每个人-车子系统都受这一个序参量的支配。

当交通流系统在达到远离平衡态的非线性区域时，一旦系统的某一个变量达到一定阈值后，通过涨落就可以使交通流系统发生突变，使交通流从无序走向有序。在实验中，影响涨落的主要因素是交通堵塞区域的结束。

8.5.4　基于交通流灰色关联熵的交通流无序转化分析

熵不仅可以描述交通流系统的存在状态，而且它的变化还可以表征交通流系统的转化方向。熵能够表示系统的不确定性、稳定程度和信息量，且与有序程度之间存在一定的关系，即系统的信息熵大，其有序程度越低；熵值越小，则其系统的有序程度就越高。这样，就可以利用熵与有序程度的关系，用物理熵来描述系统演化方向。

式（8-7）是仅考虑了实际道路通行能力的交通熵，而实际道路通行能力与道路最大允许通行能力有很大关联；同时，阈值 N 的确定具有很大的人为不确定因素，计算上并不是很方便。所以，本书在交通熵的概念基础上，将实际道路通行能力和道路最大允许通行能力相结合，提出交通流灰色关联熵的概念，用于分析、说明交通流无序的转化过程。

1. 交通流灰色关联系数

根据灰色系统理论[168]，设

$$x^* = (x_1^*, x_2^*, \cdots, x_m^*) \tag{8-9}$$

$$y^* = (y_1^*, y_2^*, \cdots, y_m^*) \tag{8-10}$$

式中，x^* 为某条路 t 时段的实际道路通行能力序列；$x_i^*(1 \leqslant i \leqslant m)$ 为给定该条路中第 i 个路段的实际道路通行能力；y^* 是为保持道路畅通 t 时段该条路的道路最大允许通行能力序列；$y_i^*(1 \leqslant i \leqslant m)$ 为给定该路第 i 个路段的道路最大允许通行能力。

依据灰色理论，首先按式(8-10)对序列 x_i^* 和 y_i^* 进行无量纲化，然后按式(8-11)计算两个序列中各对应值绝对差的最大和最小值：

$$x_i = \frac{x_i^*}{\frac{1}{m}\sum_{k=1}^{m} x_i^*}, \quad y_i = \frac{y_i^*}{\frac{1}{m}\sum_{k=1}^{m} y_i^*}, \quad 1 \leqslant i \leqslant m \tag{8-11}$$

$$\Delta(\min) = \min\{|x_i - y_i|\}, \quad \Delta(\max) = \max\{|x_i - y_i|\} \quad 1 \leqslant i \leqslant m \tag{8-12}$$

由灰色关联分析（gray correlation analysis，GRA）方法，x_i^* 和 y_i^* 在 t 时段的灰色关联系数为

$$\xi(t) = \frac{\Delta(\min) + \rho\Delta(\max)}{|x_i - y_i| + \rho\Delta(\max)}, \quad 1 \leqslant i \leqslant m \tag{8-13}$$

式中，$\rho(0 < \rho < 1)$ 为分辨系数，通过设置其值，可以控制 $\rho\Delta(\max)$ 对数据转化的影响，一般取 $\rho = 0.5$ 时具有较高的分辨率。

2. 交通流灰色关联熵

按照信息熵的概念作如下定义。

定义 8.1 设序列 $X = (x_1, x_2, \cdots, x_n)$，$x_i \geqslant 0$，且 $\sum x_i = 1$，称 $\sum_{i=1}^{n} x_i \ln x_i$ 为 X 序

列的灰熵，x_i 为属性信息。

定义 8.2　设 X 为比较序列，Y 为参考序列，$R_j = \{\xi(x(k), y(k)) \mid k = 1, 2, \cdots, n\}$，则映射 Map：$R_j \to P_j$，$P_i = \xi(x(i), y(i)) \Big/ \sum_{i=1}^{n} \xi(x(i), y(i))$，$P_i \in P_j$，$i = 1, 2, \cdots, n$，称为灰色关联系数分布映射，映射值称为分布的密度值。

根据灰熵定义以及灰色关联系数分布映射定义，交通流灰色关联熵可以表示为

$$H(t) = -\sum_{i=1}^{n} P_i \ln P_i \tag{8-14}$$

$H(t)$ 为 t 时段交通流系统的交通流灰色关联熵，它是道路通行能力的状态函数，只要交通流系统状态一定，相应的交通流灰色关联熵熵值也就确定了。

交通流灰色关联熵（式（8-14））和交通熵（式（8-7））在本质上都是道路通行能力的状态函数，式（8-14）是对式（8-7）的进一步修正。因此，交通流灰色关联熵也可以作为道路交通流有序性的定量度量，即当 $H(t) = -\sum_{i=1}^{n} P_i \ln P_i \geqslant 0$ 时，交通流处于有序状态；当 $H(t) = -\sum_{i=1}^{n} P_i \ln P_i < 0$ 时，交通流处于无序状态。

3. 交通流无序的转化分析

交通流系统是一个耗散结构，系统与外界物质、能量交换不为零，总熵有增有减，由熵与系统的有序程度的联系可知，交通流系统的转化方向可良性转化，也可恶性转化，取决于交通流系统的运动机制，即取决于交通流系统的熵变机制。因此，可以用熵理论和熵变关系作为检验与判断交通流无序转化规律的理论及方法。

式（8-14）仅考虑了交通流内部产生的交通流灰色关联熵，当考虑外界环境的信息交换时，交通流灰色关联熵的完整表达式为

$$H(t, I_e) = -I_e + H(t) = -I_e - \sum_{i=1}^{n} P_i \ln P_i \tag{8-15}$$

为此，建立交通流系统转化方向的判别模型：

$$\Delta H = H(t+1) - H(t) = -\Delta I_e + \Delta H(t) \tag{8-16}$$

式中，$H(t+1)$ 为系统 t 时段的末态熵；$H(t)$ 为 t 时段的初态熵；ΔH 为 t 时段系统与外界物能交换引起的熵变值，ΔH 值可大于、等于或小于零；$\Delta I_e = I_e(t+1) - I_e(t)$ 为环境输入的信息，即负熵流；$\Delta H(t)$ 为系统不可逆交通流灰色关联熵增加值，这个量总是正值。

根据交通流灰色关联熵的熵变值 ΔH 的大小，可判断交通流系统转化方向和内部稳定程度。

（1）$\Delta H > 0$，表示交通流系统总熵增加，无序程度加大，系统结构失稳，交通流系统处于不稳定状态的恶性循环过程中，这时要通过某种措施加以调控。

（2）$\Delta H < 0$，即系统靠近熵产生最小的状态，表明系统总熵减小，有序程度增强，表明交通流系统处于良性循环状态和过程之中，系统功能最佳。

（3）$\Delta H = 0$，表明一定时间间隔内交通流灰色关联熵的熵变值无变化，表明交通流系统状态与开始一样。

因此，当 $H(t) = -\sum_{i=1}^{n} P_i \ln P_i \geq 0$，即交通流处于无序状态时，除了交通流的自组织及优化交通流序参量，还需要向交通流输入外界信息，即负熵流，从而在一定程度上消减无序，帮助交通流实现有效的自组织，使其保持并恢复有序状态。一般可以将式（8-15）中 I_e 的改变和控制称为交通流诱导管控策略。此时，若要交通流无序转化为交通流有序，则 $\Delta I_e > 0$ 且 $\Delta I_e > |\Delta H(t)|$，才有 $\Delta H < 0$，这就是说在不违反热力学第二定律的条件下，远离平衡的非线性系统可以通过负熵流来减少总熵，从而使系统从无序状态变为有序状态。

反之，当交通流处于有序状态，即 $H(t) = -\sum_{i=1}^{n} P_i \ln P_i < 0$ 时，若 $\Delta I_e < 0$，且 $|\Delta I_e| \geq |\Delta H(t)|$，则交通流有序就可能会转化为交通流无序。

一个远离热平衡的开放系统要想从无序状态转变为有序状态，就必须从外界获得信息（负熵流），这是自组织理论导出的基本结论。所以，在实际交通流中，除了交通流序参量的优化，还需要向交通流输入外界信息，即负熵流，从而在一定程度上消减无序，帮助交通流实现有效的自组织，使其保持并恢复有序状态。

综合上述内容，交通流混沌现象是实际交通流中普遍存在的一个现象。交通流的有序运动一旦受到某种来自外界的干扰或者来自由驾驶员和车辆本身的特性所决定的不确定因素的影响，就会最终造成交通流的内在随机性，总会使跟驰车辆的车头间距发生变化，从而导致交通流混沌现象的发生。本章用跟驰模型产生的仿真交通流研究了交通流从有序运动到混沌运动、由混沌运动再到有序运动、混沌运动与混沌运动之间的转化过程以及交通流有序运动与无序运动之间的转化过程，研究可以得出如下结论。

（1）交通流混沌产生的过程是一个由发散到收敛的过程；交通流混沌不可能持久，交通流有序的规律性运动和混沌运动之间总是不断相互转化的。

（2）在交通流有序的规律性运动和混沌运动之间相互转化过程中，会出现两个旋涡状轨迹（混沌吸引子），这是交通流混沌转化过程中两次质的飞跃。这两个旋涡状轨迹经常是不连续的，混沌现象发生期间常会伴随着矩形框的存在。

（3）交通流混沌区内混沌变化过程是复杂的。一个交通流混沌可能是由若干个小的交通流混沌组成的，在交通流混沌运动区域内，还存在着混沌运动与混沌运动之间的转化。

（4）交通流无序是一种复杂的交通流状态，其转化过程是复杂多变的，且转化过程中存在交通流混沌现象；交通流系统要从无序运动转化为有序运动必须从外界获得负熵流——信息熵。

第9章 交通流混沌的转化机理

跟驰模型产生的理论交通流中存在着混沌运动和有序运动之间的相互转化现象,且基于跟驰模型的交通流混沌的转化过程与模型参数和仿真参数的取值有关。为了能够充分地运用混沌理论对交通流实施控制,必须对交通流混沌的产生、转化的影响因素以及转化机理有一个较深入的认识,充分了解和掌握交通流混沌产生、转化的机理是准确控制交通流混沌的前提。

9.1 交通流混沌转化的影响因素

研究表明,交通流混沌转化过程受多种随机因素的影响。根据影响交通流混沌转化过程的方式不同,可以把影响因素划分为内在随机因素和外在随机因素。其中外在随机因素是指行人、车辆及道路情况的干扰等;内在随机因素是由系统内部确定性的非线性因素作用的结果。因此,交通流混沌转化过程是系统内在和外在随机性影响因素共同作用的结果。

9.1.1 α_0 值的变化对交通流混沌转化的影响

反应灵敏度系数 α_0 具有与最大交通流量有关的速度特征,其单位为 m/s。仿真实验给定条件: $V_0 = 15$m/s、$L_0 = 25$m、$k = 0.0008$,对匀速行驶的车队施加正弦干扰,干扰信号的振幅 $A = 1.5$m/s,角频率 $\omega = 0.05$rad/s。仿真实验时,反应灵敏度系数 α_0 取不同值产生不同的交通流时间序列,然后计算最大 Lyapunov 指数,反复实验,并进行对比研究,从而得出反应灵敏度系数 α_0 的变化对交通流混沌的影响规律。图 9-1~图 9-3 分别给出了当 $\alpha_0 = 8$、$\alpha_0 = 12$、$\alpha_0 = 16$ 时的仿真结果。

用最大 Lyapunov 指数改进算法计算程序分别计算图 9-1~图 9-3 所示时间序列的最大 Lyapunov 指数,计算结果如表 9-1 所示。

表 9-1 所示的最大 Lyapunov 指数计算结果表明,随着反应灵敏度系数 α_0 的增大,仿真交通流时间序列的最大 Lyapunov 指数增加,交通流混沌度明显增强,这和图 9-1~图 9-3 所示的结果一致。

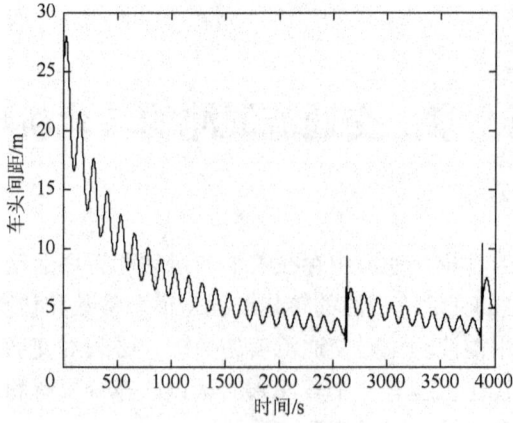

图 9-1　$\alpha_0 = 8$ 时的交通流时间序列

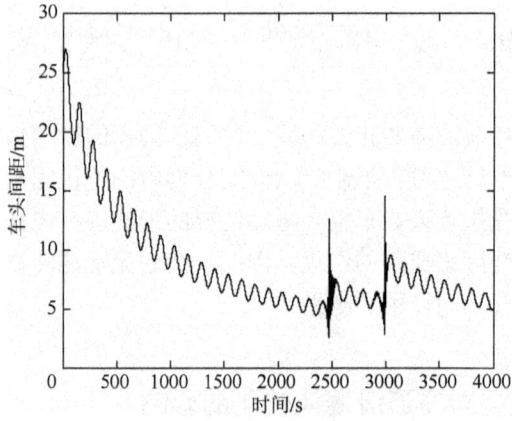

图 9-2　$\alpha_0 = 12$ 时的交通流时间序列

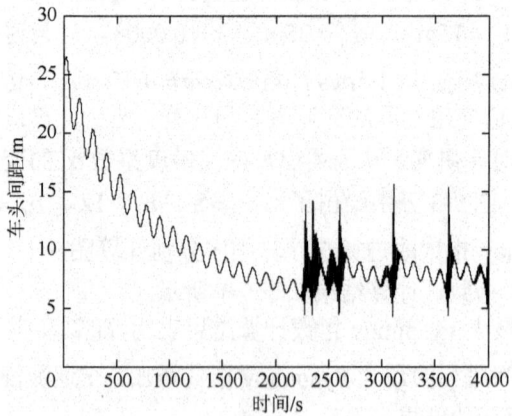

图 9-3　$\alpha_0 = 16$ 时的交通流时间序列

表 9-1 时间序列最大 Lyapunov 指数值（一）

α_0 值	τ	m	P	λ_1
$\alpha_0 = 8$	41	3	130	0.0033
$\alpha_0 = 12$	3	4	134	0.0116
$\alpha_0 = 16$	3	4	117	0.0199

从图 9-1～图 9-3 可以看出，随着反应灵敏度系数 α_0 增加，交通流混沌明显增强，这和表 9-1 的结果相一致。同时，从图 9-1～图 9-3 中还可以看出，随着反应灵敏度系数 α_0 的增大，交通流混沌转化开始时间由 2600s 减小到 2200s，而且仿真交通流转化为交通流混沌的最小车头间距也在增加。由此可知车队中同一位置的车辆，在车头间距的灵敏度系数 k 选取合适的值并且保持不变的情况下，随着反应灵敏度系数 α_0 增加，可加速交通流从有序运动向混沌运动的转化。反应灵敏度系数 α_0 越大，后车驾驶员对前车速度的反应越灵敏，对交通安全越没有好处，因为过于敏感的反应动作会对后面车辆造成不应有的干扰，交通流越容易从有序运动转化为混沌运动。

9.1.2 k 值的变化对交通流混沌转化的影响

为了研究车头间距的灵敏度系数 k 对 Bierley 模型产生混沌现象的影响，选取反应灵敏度系数 α_0 为一个合适的值，并且保持 α_0 值不变，改变车头间距的灵敏度系数 k，分析车队中同一辆车与前车的车头间距随采样时间的变化情况。

仿真实验条件依然为 $V_0 = 15\text{m/s}$，$L_0 = 25\text{m}$，干扰信号的振幅 $A = 1\text{m/s}$，角频率 $\omega = 0.05\text{rad/s}$。仿真实验时，取反应灵敏度系数 $\alpha_0 = 12$，车头间距的灵敏度系数 k 取不同值时产生不同的交通流时间序列，然后计算最大 Lyapunov 指数，反复实验，并进行对比研究，从而得出车头间距的灵敏度系数 k 的变化对交通流混沌的影响规律。图 9-4～图 9-6 分别是 (α_0, k) 组合为 $(12, 0.0003)$、$(12, 0.0006)$、$(12, 0.0009)$ 的仿真结果。图 9-4 为交通流有序运动，可不计算其最大 Lyapunov 指数，表 9-2 给出了图 9-5、图 9-6 所示的仿真交通流时间序列的最大 Lyapunov 指数计算结果。

表 9-2 所示的最大 Lyapunov 指数计算结果表明，随着车头间距的灵敏度系数 k 的增大，仿真交通流时间序列的最大 Lyapunov 指数增加，交通流混沌度明显增强，这和图 9-5、图 9-6 所示的结果相一致。

由图 9-4～图 9-6 可知，当灵敏度系数组合为 $(12, 0.0003)$ 时，两辆车的车头间距在采样时间区间内呈现周期性变化，没有出现混沌现象。当灵敏度系数组合为 $(12, 0.0006)$ 和 $(12, 0.0009)$ 时，两辆车的车头间距在采样时间区间内均有两个采样时间区间存在混沌现象。但是，它们由有序运动转化为混沌运动的时间是

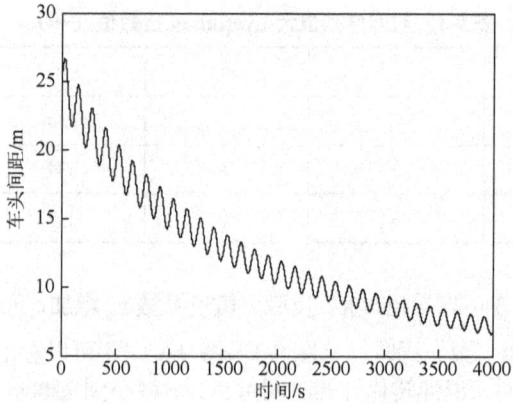

图 9-4　(α_0, k) 组合为 $(12, 0.0003)$ 时的交通流时间序列

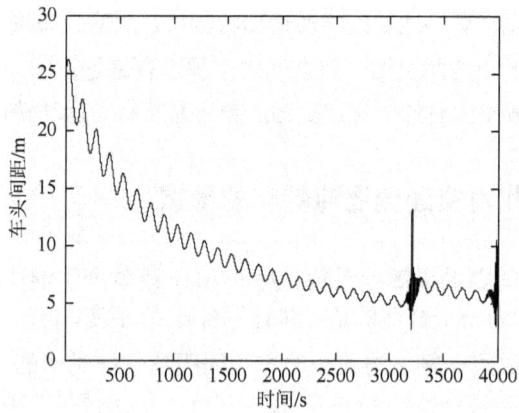

图 9-5　(α_0, k) 组合为 $(12, 0.0006)$ 时的交通流时间序列

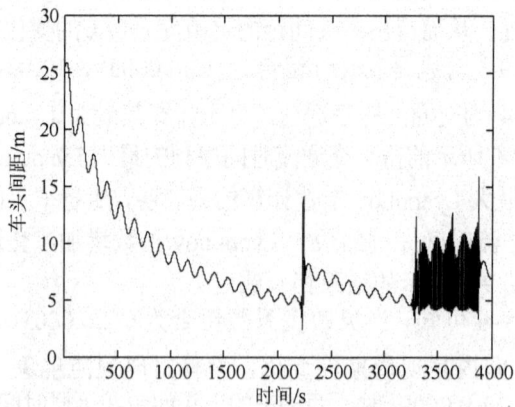

图 9-6　(α_0, k) 组合为 $(12, 0.0009)$ 时的交通流时间序列

表 9-2　时间序列最大 Lyapunov 指数值（二）

(α_0, k) 值	τ	m	P	λ
(12,0.0006)	4	2	130	0.0027
(12,0.0009)	4	2	140	0.0352

不同的。当灵敏度系数组合为 (12,0.0006) 时，混沌开始时间为 3200s，而灵敏度系数组合为 (12,0.0009) 的混沌开始时间为 2200s。由此可知，车队中同一位置的车辆，在反应灵敏度系数 α_0 选取合适的值并且保持不变的情况下，车头间距的灵敏度系数 k 越大，即后车驾驶员对前后车车头间距越敏感，交通流越容易从有序运动转化为混沌运动。

9.1.3　干扰信号对交通流混沌转化的影响

干扰信号对于车队行驶有着至关重要的影响，也对交通流有序运动和混沌运动之间的转化起着重要的作用。

1. 干扰信号对交通流混沌转化的影响

图 9-7 是仿真条件为 $V_0 = 9\text{m/s}$ 、 $L_0 = 7\text{m}$ 、 $\alpha_0 = 8$ 、 $k = 0.0008$ 、无干扰情况下 Bierley 模型的交通流仿真时间序列。

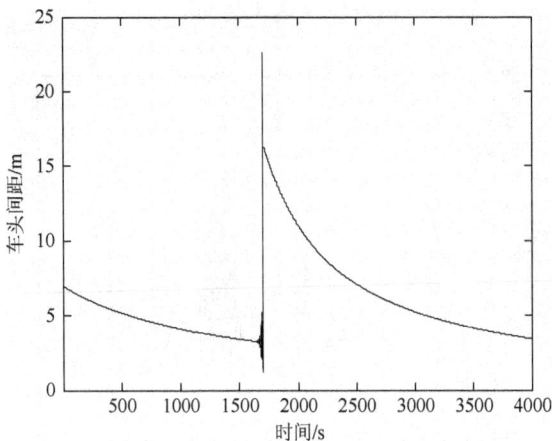

图 9-7　无干扰所引起的混沌现象

对图 9-7 所示的交通流分别施加两种不同形式的干扰：一种为施加正弦干扰信号，干扰信号的振幅 $A=1\text{m/s}$，角频率 $\omega=0.05\text{rad/s}$；另一种为一次性干扰信号，假设车辆在道路上以 $V_0=9\text{m/s}$ 的速度行驶，突然发现前方有行人或非机动车横穿道路，驾驶员会快速刹车减速到 $V_0=4\text{m/s}$，然后匀速运动 30s 之后，待行人或非机动车辆通过完毕，驾驶员又提速到 $V_0=9\text{m/s}$ 的速度，接着又以 $V_0=9\text{m/s}$ 的速度匀速前行，一次性干扰信号如图 9-8 所示。两种不同的干扰信号所产生的交通流时间序列分别如图 9-9、图 9-10 所示。

对比图 9-7 和图 9-9 可以发现，当对行驶的车辆施加正弦干扰信号以后，交通流时间序列由有序运动转化为混沌运动的时间提前了约 80s，且相对于无干扰情况下，正弦干扰信号使交通流的混沌度进一步增加了。

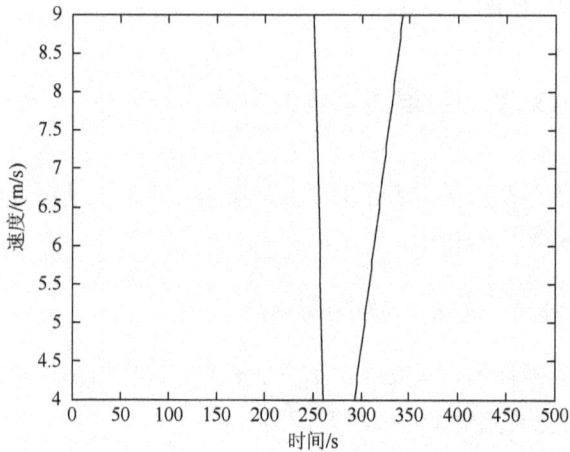

图 9-8　一次性干扰信号

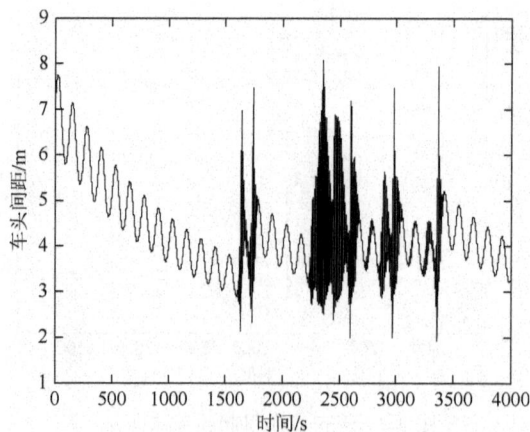

图 9-9　正弦干扰信号所引起的混沌现象

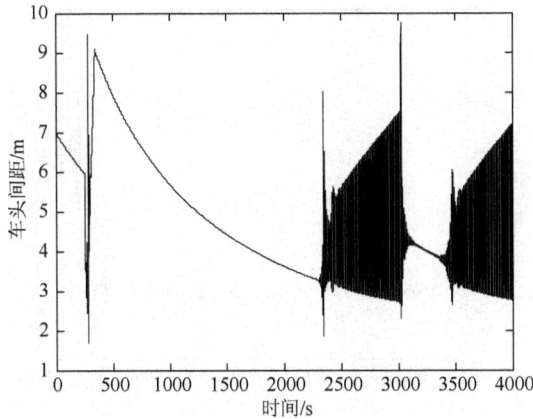

图 9-10 一次性干扰信号所引起的混沌现象

同样，对比图 9-7 和图 9-10 可以发现，对行驶的车辆施加了一次性干扰信号以后，即车辆突然遇到一个突发事件紧急刹车、减速过程，交通流会产生一个短暂的交通流混沌（图 9-10）。并且，这种一次性干扰会对行驶中的车辆产生持续的干扰，使之不断产生交通流混沌现象。

由此可见，干扰信号对交通流混沌确实有较大的影响，它促使交通流从有序运动向交通流混沌运动转变。

2. 车辆干扰信号对交通流混沌转化的影响

仿真 5 辆车组成的车队，仿真条件仍为 $V_0 = 9\text{m/s}$、$L_0 = 7\text{m}$，所加正弦干扰振幅 $A = 1\text{m/s}$，角频率 $\omega = 0.05\text{rad/s}$。不考虑驾驶员的差异和车辆特性，所有车辆的 (α_0, k) 组合均取 $(13, 0.000\,08)$。仿真结果的交通流时间序列如图 9-11～图 9-14 所示。

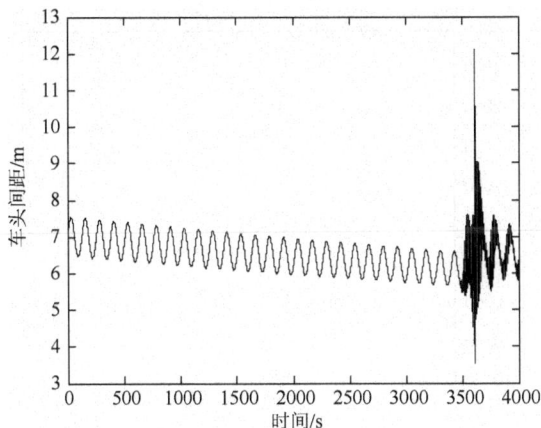

图 9-11 第 1 和第 2 辆车的车头间距时间序列

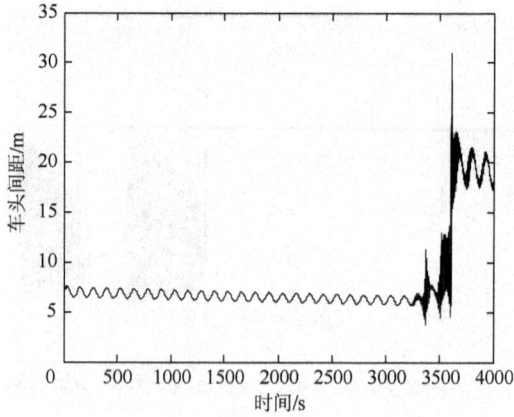

图 9-12　第 2 和第 3 辆车的交通流时间序列

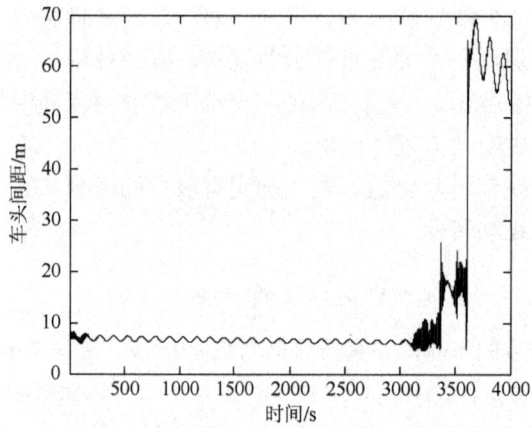

图 9-13　第 3 和第 4 辆车的交通流时间序列

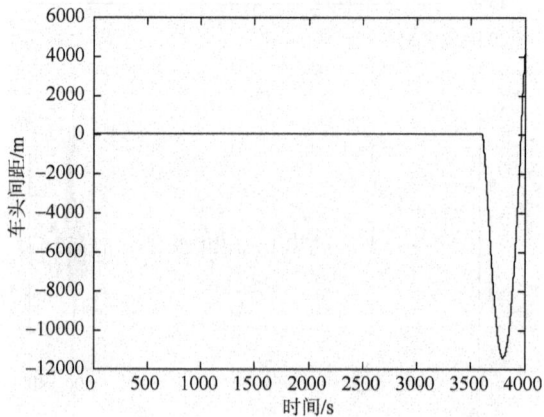

图 9-14　第 4 和第 5 辆车的交通流时间序列

从图 9-11～图 9-14 中可以看出，仿真交通流第 1 和第 2 辆车之间约在 3450s 由有序运动转化为混沌运动，第 2 和第 3 辆车之间约在 3200s 由有序运动转化为混沌运动，第 3 和第 4 辆车之间约在 3000s 由有序运动转化为混沌运动，混沌运动有所加强。而第 4 和第 5 辆车之间已经没有混沌现象出现，直接发生了车辆碰撞。可见，随着车辆在车队位置的不断后移，交通流有序运动的时间逐渐缩短，交通流从有序运动转化为交通流混沌的时间逐渐提前，并且混沌度不断增加。

3. 干扰信号振幅 A 的变化对交通流混沌转化的影响

对车队头车施加的干扰信号振幅 A 实质上影响了头车速度的变化范围，实际道路交通流中，车辆正常行驶的速度变化不会很大，所以干扰信号振幅 A 应在一个较小的范围内变化。

为了研究头车所受干扰信号振幅对 Bierley 模型产生混沌现象的影响，选取灵敏度系数组合 (α_0, k) 为合适的值，并且保持不变，分析头车所受干扰信号振幅变化对车队中同一辆车与前车之间车头间距随采样时间的变化情况。仿真条件仍为 $V_0 = 9\text{m/s}$、 $L_0 = 7\text{m}$，选取灵敏度系数组合 (α_0, k) 为 $(14, 0.000\ 08)$，选取头车所受干扰信号振幅分别为 $A = 0.5\text{m/s}$、$A = 1\text{m/s}$、$A = 2\text{m/s}$，则两辆车的车头间距变化的交通流时间序列如图 9-15～图 9-17 所示。

由图 9-15～图 9-17 可知，当头车所受干扰信号振幅 $A = 0.5\text{m/s}$ 时，两辆车的车头间距在采样时间区间内出现很强的交通流混沌现象。当头车所受干扰信号振幅 $A = 1\text{m/s}$ 时，两辆车的车头间距在采样时间区间的混沌现象减弱。当头车所受干扰信号振幅 $A = 2\text{m/s}$ 时，两辆车的车头间距在采样时间区间内呈现的混沌已经变得很

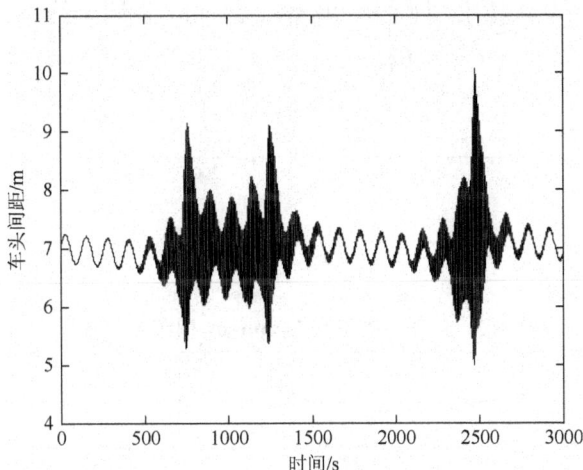

图 9-15　$A = 0.5\text{m/s}$ 时的交通流时间序列

弱了（图 9-15～图 9-17 仿真交通流时间序列所对应的最大 Lyapunov 指数如表 9-3
所示）。实验中发现，在所设仿真实验条件下，当 $A=9.8$m/s 时交通流时间序列已
经接近于周期运动；当 $A=10$m/s 时，交通流时间序列已经完全转化成有序运动。

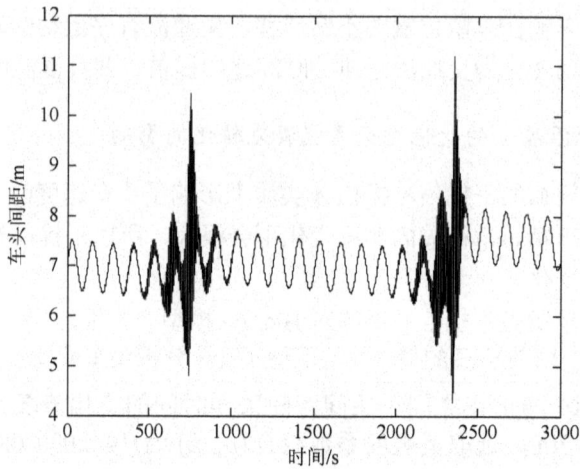

图 9-16　$A=1$m/s 时的交通流时间序列

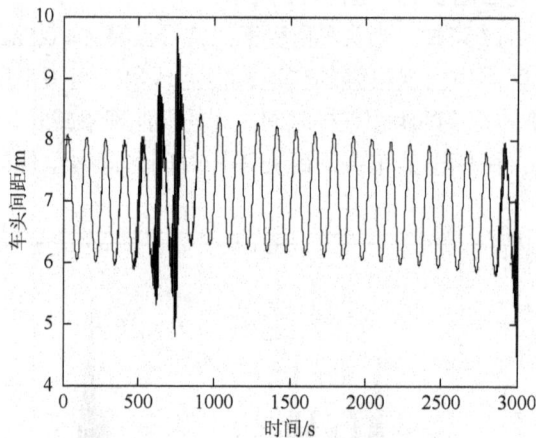

图 9-17　$A=2$m/s 时的交通流时间序列

表 9-3　时间序列最大 Lyapunov 指数值（三）

A 值	τ	m	P	λ_1
$A=0.5$m/s	3	6	125	0.0121
$A=1$m/s	3	6	125	0.0071
$A=2$m/s	3	6	125	0.0062

　　由此可知，在合适的灵敏度系数组合并且保持不变的情况下，头车所受干扰信号振幅越大，车队中同一位置的车辆的混沌现象越弱，交通流混沌趋于转化为有序运动。

4. 干扰信号频率 ω 的变化对交通流混沌转化的影响

　　对跟驰模型施加正弦干扰的目的是模拟道路交通流的交通控制信号，正弦干扰信号频率 ω 实质上是模拟道路信号控制的周期。正弦干扰频率 ω 过小意味着交通信号的干扰过于频繁，这与实际道路交通控制不符；正弦干扰频率 ω 过大意味着道路交通流没有交通控制，也与实际道路交通控制不符。所以，正弦干扰频率 ω 只能在一个合适的范围内变化，过大或者过小的干扰信号频率 ω 对研究交通流混沌都没有太大的实质性意义。一般交通信号控制周期为 $60\sim180\mathrm{s}$，所以实验中取干扰信号频率 ω 变化范围为 $0.03\sim0.15\mathrm{rad/s}$。

　　仿真条件仍为 $V_0=9\mathrm{m/s}$、$L_0=7\mathrm{m}$，选取灵敏度系数组合 (α_0,k) 为 $(14,0.000\,08)$，选取头车所受干扰信号振幅为 $A=1\mathrm{m/s}$，下面给出 ω 分别为 $0.03\mathrm{rad/s}$、$0.06\mathrm{rad/s}$、$0.09\mathrm{rad/s}$ 时的车头间距变化的交通流时间序列，如图 9-18～图 9-20 所示。

　　实验发现，在给定 ω 取值范围内，随着 ω 值的增加交通流时间序列的混沌度逐渐增强（图 9-18～图 9-20 中仿真交通流时间序列所对应的最大 Lyapunov 指数分别为 0.0016、0.0181、0.178），即交通流从有序运动趋向于向混沌运动转化。这和实际交通流状况是一致的，ω 值越大，车队受到的干扰周期时间越小，前导车辆的车速变化越激烈，从而导致跟随车辆的车速变化也越激烈，这样就更容易引发交通流混沌现象的出现。

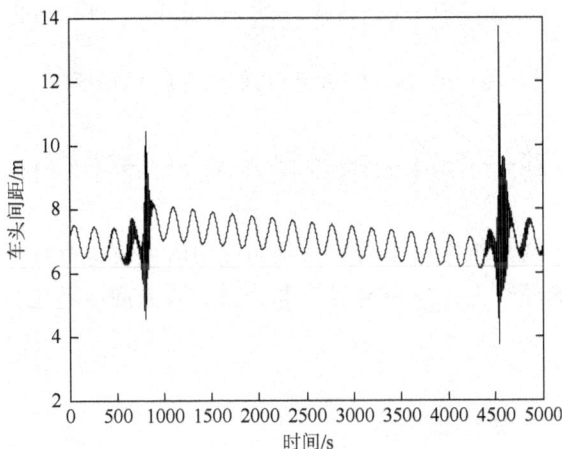

图 9-18　　$\omega=0.03\mathrm{rad/s}$ 时的交通流时间序列

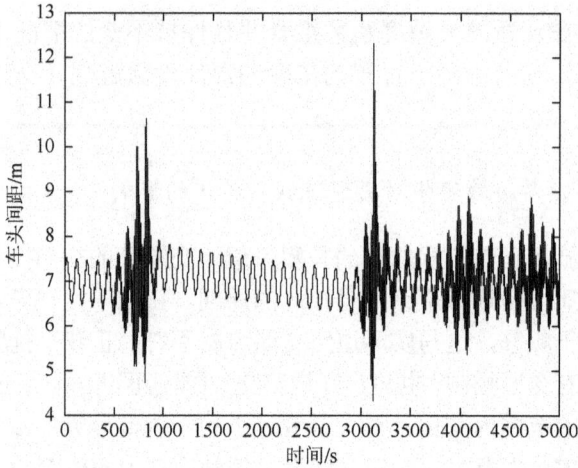

图 9-19　$\omega = 0.06\text{rad/s}$ 时的交通流时间序列

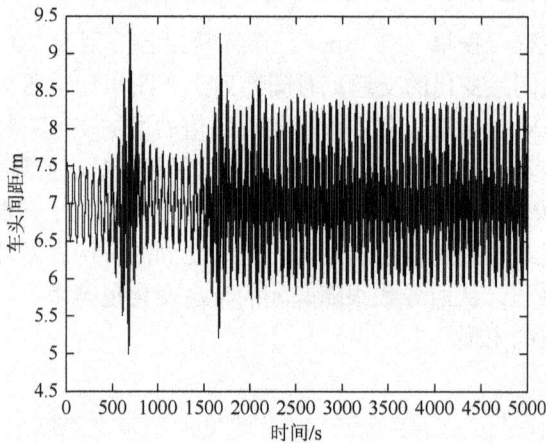

图 9-20　$\omega = 0.09\text{rad/s}$ 时的交通流时间序列

9.2　基于自组织理论的交通流混沌转化机理

在城市道路交通系统中，作为子系统的交通流系统也存在自组织现象。本节在前面章节分析的基础上，应用自组织理论对交通流混沌转化机理进行理论和数学分析。

9.2.1　交通流中的自组织现象

Haken 将自组织定义[169]为："如果系统在获得空间、时间的或功能的结构过程中,没有外界的特定干扰,我们便说系统是'自组织'的。"一般地,将系统有序结构的形成和完善形象地称为自组织,这里的有序结构在广义上指一种低熵稳定结构,如耗散结构。

在交通流中的每一个人-车子系统中,人的存在及其主观能动性使其具有一种高速踏勘环境并快速寻找和建立适宜的暂时结构的能力,以探知系统中可能发生的任何有利时机。因此,交通流在本质上具有对环境的适应能力和合理反应能力,在客观上各个子系统相互协同以寻求整个系统的有序性。

通过前面对交通流中自组织现象的描述,并且通过已有的仿真研究可以发现,宏观上交通流的演化存在自组织现象[170, 171],如 1992 年 Biham、Middleton 和 Levine 用元胞自动机在一个二维点阵模拟城市交通流(BLM 模型),他们发现,随着车辆密度的上升,系统会发生一个相变,在相变点下,在系统终态时的车辆为皆可行驶的自组织畅通模式,而在相变点上是自组织阻塞模式。

9.2.2 交通流系统具有形成自组织的条件

交通流系统是一个典型的非平衡甚至远离平衡的开放系统,且交通流中存在各种偶然的、随机的、不确定的因素,从而构成随机涨落,如驾驶员的个人行为、不可预知的交通事件的影响等,加上系统中存在的非线性作用机制,因此其具有形成自组织的条件[172]。

交通流系统内部由于人的因素存在,其本身具有一定的自稳定能力,同时作为开放系统,它可以从系统外部消除无序程度的负熵流,从而具有保持并恢复其有序状态的能力。

从实际生活中也可以发现,构成交通流的车辆和行人会以一种聪明的对策来选择他们的群体行动方式,由于系统中涨落因素的广泛存在,交通流能够实验各种集体行为。最终,那种能以最有效的方式完成交通流疏运任务的集体行为(组态)将在各种实验中脱颖而出,因为只有这种集体行为(组态)将随时间增长(该组态对应的序参量),而其他集体行为即便产生也将很快消亡(这些组态对应了衰减模式)。

城市交通中包含了交通空间、交通流的竞争和协同,而交通流的竞争和协同是发生在有限的交通空间中的。一条道路、一个交叉路口都是一个交通空间。出行者的出行是一种有目的的行为,而不是一种完全无规则的游走,每个交通流的主体行为是一种理性驾驶,每个人-车个体之间追求的目标是一致的或相近的,均为安全、快速、畅通,对于有限的交通空间,出行者之间就会因为争夺交通空间发生竞争,系统的稳定性遭到破坏,交通流主体之间变得无序,因此就需要交通流主体之间相互合作、协同。

9.2.3　交通流混沌的自组织转化机理

在实际宏观过程中，交通流可以形成一定的相，如有序相和无序相等。相与相之间存在相变，而交通流相变与耗散之间有着直接的关系。

耗散一词起源于拉丁文，原意为消散，在这里强调与外界有能量和物质交流这一特性。耗散结构是指处在远离平衡态的复杂系统在外界能量流或物质流的维持下，通过自组织形成的一种新的有序结构。耗散结构理论是研究远离平衡态的开放系统从无序到有序的演化规律的一种理论。

将交通流系统划分为 m 个子系统，设在非平衡态条件下，第 i 个交通流子系统内含有的某一恒定的系统参量（如车流量）为 A_{con}，外界在单位时间内向该子系统输入的同质的系统参量为 A_{imp}，同时该子系统在单位时间内向外界耗散出的相应的系统参量为 A_{dis}。为量纲化，引入相对耗散强度 A_D 和相对输入强度 A_T[173]。则有

$$A_D = \frac{A_{con} + A_{dis}}{A_{con}} = 1 + \frac{A_{dis}}{A_{con}} \qquad （9\text{-}1）$$

$$A_T = \frac{A_{con} + A_{imp}}{A_{con}} = 1 + \frac{A_{imp}}{A_{con}} \qquad （9\text{-}2）$$

根据连续性原理，交通流系统稳定的必要条件是

$$A_D = A_T \qquad （9\text{-}3）$$

一般相对耗散强度 A_D 是交通流系统状态变量的非线性泛函，设交通流系统可由一组状态矢量来描述 $\{q_i(r_i, t) | i = 1, 2, \cdots, N\}$，即有

$$A_D = \tilde{f}(q_1, q_2, \cdots, q_i \cdots, q_N) \qquad （9\text{-}4）$$

对于实际交通流系统，A_T 的变化一般是连续平滑的。但对交通流系统某种确定的耗散模式，其耗散能力却是有限的。因此在某一时刻，当 $A_D \neq A_T$ 时，交通流系统趋于非平衡相变的临界点。此时，原来的耗散模式已不能满足耗散与输入同步的稳定条件式，交通流系统内将会形成堆集，即交通流从有序运动转化为混沌运动。这种堆集迫使交通流系统寻找新的耗散途径，以便重新稳定下来。

此时，交通流系统处于非平衡相变的临界点，耗散结构理论认为，决定和改变系统这种演化命运的是小的扰动，即随机涨落因素。并且由于非线性机制的存在和强化，小扰动会发展为交通流系统的巨涨落，从而推动交通流系统进入新的耗散状态，使 $A_D = A_T$ 重新得以满足，最终完成一次非平衡相变，即交通流从混沌运动转化为有序运动，形成一种相对有序的、新的交通流耗散结构。

9.3　交通流混沌转化与车头间距的关系

有关交通流混沌现象的研究大多是以跟驰模型产生交通流,并对所产生的交通流施加一定的干扰,来研究这种理论交通流的混沌现象,证明混沌的存在。交通流的仿真实验大多是在低速度和走走停停的交通流中进行的,而这种状态的交通流与实际交通流有着一定的差距。实际交通流确实会受到某种来自外界的干扰,但是对于一些路况条件下的实际交通流却较少有,甚至没有来自外界的行人和非机动车辆等干扰,如高速公路交通流就是这种情况。影响高速公路实测交通流的干扰因素更多的是由驾驶员和车辆本身的特性所决定的不确定因素。研究高速公路实测交通流这种外界影响因素较少的交通流是否存在混沌现象,对于研究交通流混沌的产生、转化机理以及利用混沌转化现象改进交通流控制都有着重要的意义。本节在对目前有关混沌特性研究现状的基础上,通过改变 Bierley 模型的干扰因素来分析交通流混沌与车速、车头间距之间的内在联系,由此来说明交通流混沌产生、转化的原因、机理。

9.3.1　仿真实验

仿真实验中,假设车队在行驶过程中,头车以某一速度 V_0 匀速运动。实验的跟驰模型参数 $h = 0.4$,初始速度 $V_0 = 15\text{m/s}$,初始车头间距 $L_0 = 50\text{m}$,仿真实验中,不对头车施加任何形式的干扰,只针对不同的车辆数 N、反应灵敏度系数 α_0、车头间距的灵敏度系数 k 产生不同的交通流序列,然后计算最大 Lyapunov 指数,反复实验,并进行对比研究,从而得出该跟驰模型在无干扰情况下交通流混沌的转化规律。

图 9-21 所描述的是当 $N = 5$、反应灵敏度系数 $\alpha_0 = 8\text{m/s}$、车头间距的灵敏度系数 $k = 0.0008$、采样时间 $t = 2500\text{s}$ 时的头车与第 2 辆车之间车头间距仿真交通流。

从图 9-21 中可以看出,该交通流时间序列在 1900s 时出现了振荡现象。对该时间序列进行相空间重构,用最大 Lyapunov 指数改进算法计算其 Lyapunov 指数为 $\lambda_1 = 7.7243 \times 10^{-4}$(嵌入维数 $m = 16$,延迟时间 $\tau = 3\text{s}$),说明该仿真交通流中存在混沌。

为了说明交通流混沌与车速、车头间距的关系,作图 9-21 所示的仿真交通流的车头间距与相对速度的二维相图,如图 9-22 所示。从图 9-22 中可以明显看出该时间序列存在混沌吸引子,再次说明了该时间序列中存在着交通流混沌。

9.3.2　交通流混沌转化中的车速条件和车头间距条件

在一队汽车中,后车跟随前车行驶,驾驶员总不愿意落后很多,而是紧跟前

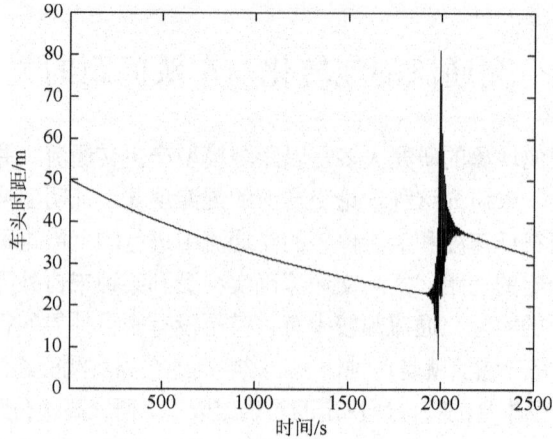

图 9-21　无干扰交通流时间序列

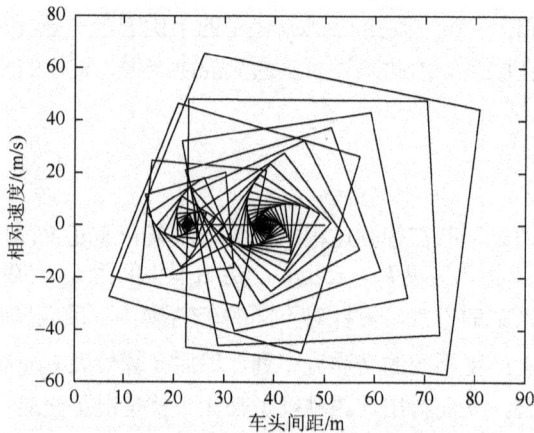

图 9-22　图 9-21 的车头间距与相对速度的二维相图

车前进，这就是跟随条件。从安全角度考虑，跟随车辆要满足两个条件：一是车速条件，即后车的车速不能长时间大于前车车速，只能在前车车速附近摆动，否则就会发生碰撞；二是车头间距条件，即前后两车之间，必须保持足够的距离，称为安全距离，保证有足够的时间供跟随车辆驾驶员作出反应，采取制动措施。在紧随要求之下，车速条件和车头间距条件，就构成了车队跟随行驶的制约条件，满足这两个条件，即可确保紧随行车安全。一旦这两个约束条件遭到破坏，交通流混沌就有可能发生。

1. 车速条件

通常情况下，后车的车速一般不会长时间地大于前车车速，也不会长时间小于前车的车速，而是在前车车速附近摆动，这样就可以保证不会发生交通流混沌或碰撞。这一点从图 9-22 中可以明显看出。图 9-22 显示，车辆相对速度（速度差）一直在零附近变化。

这里问题的关键在于后车驾驶员如何估计前车的速度，据此来调节后车的速度，使后车的速度始终在前车车速附近的小范围内摆动。若某种原因造成后车驾驶员对于前车车速的估计明显偏离，或者前车车速突然剧烈改变，车速约束条件就会被破坏，就会有交通流混沌或碰撞隐患。

2. 车头间距条件

正常行车时，相继的前后两车之间保持有足够安全距离，驾驶员有足够的时间对异常状态进行识别，作出判断，并采取相应的制动措施。然而，这里的安全车头间距一般是由后车驾驶员根据经验通过目测估计出来的，存在较大的随意性及估计误差，特别是当安全距离估计明显不准确，间距条件遭到严重破坏时，留给驾驶员进行异常状态识别，作出判断，并采取相应的制动措施的时间极其有限。在这种情形下，交通流混沌、追尾事故就有发生的可能。

9.3.3　交通流混沌转化的决定因素

第 6 章讨论了跟驰模型在正弦干扰情况下存在的交通流混沌现象，模型中存在三个变量参数：干扰信号、反应灵敏度系数 α_0、车头间距的灵敏度系数 k 三个因素，也就是说，交通流混沌现象的产生与这三个因素有关。现在去掉模型中的干扰因素，只保留反应灵敏度系数 α_0 和车头间距的灵敏度系数 k 两个因素，那么图 9-21 所示的交通流混沌就只与 α_0 和 k 有关，即驾驶员自身特点和车辆特性能够使 Bierley 模型产生交通流混沌。

由图 9-21 可以看出，第二辆车与头车之间的车头间距随着行进时间的推移是逐渐减小的，当车头间距减小到大约 25m 时，交通流从有序运动转化为混沌运动。25m 这一跟驰车头间距是这一次交通流混沌转化的最小车头间距，它实质上是跟驰车辆相对于前车的期望车头间距。当接近或低于这个车头间距时，驾驶员为了避免碰撞事故的发生，就会调整自己的车速，结果导致交通流混沌的产生。所以可以认为车头间距是决定交通流有序运动转化为混沌运动的最重要、最直接的因素。而决定产生交通流混沌转化的这个车头间距是由反应灵敏度系数 α_0 和车头间距的灵敏度系数 k 这两个因素决定的。

当然，25m 这一产生交通流混沌的最小车头间距是在理想的仿真条件下得到的，和实际交通流产生交通流混沌的最小车头间距会有一定差别，实际交通流混沌转化的最小车头间距应该比这个值要大一些，这可能是由模型本身的因素引起的。但是，这并不影响本书得到的结论。

9.4　基于车头间距的交通流混沌转化机理

由于交通流系统的复杂性，系统本身涉及的变量多，受外界的影响也很大，很难从多个变量中建立准确描述交通流系统的动力学模型。事实上，具有混沌态的交通流系统，不可能用简单、直观的模型去描述，通常意义上的交通流理论围绕着 3 个参数，即交通流量、速度、密度，它只能描述平稳状态交通流，对于非平稳交通流的研究，应从其他角度讨论。

9.4.1　模型的提出

9.3 节中关于交通流混沌与车头间距的讨论表明，交通流从有序运动转化为混沌运动与车头间距有着直接的关系。9.3 节中的讨论不仅是混沌转化模型建立的依据，也是模型建立的新思路。下面从一般意义上的交通流理论出发，建立合理的数学模型，研究模型对交通流混沌转化的意义。

在车辆跟驰过程中，车头间距通常的表达式为

$$L_t = S_i - S_{i+1} \tag{9-5}$$

式中，L_t 为时间为 t 时前后两车的车头间距；S_i 和 S_{i+1} 分别为前后车速度的函数，分别表示时间为 t 时第 i 辆车和第 $i+1$ 辆车的位置。

由此可得 $t+\Delta t$ 时的车头间距：

$$L_{t+\Delta t} = (L_t + \overline{v}_{i,(t,t+\Delta t)}\Delta t) - \overline{v}_{i+1,(t,t+\Delta t)}\Delta t \tag{9-6}$$

式中，$\overline{v}_{i,(t,t+\Delta t)}$ 和 $\overline{v}_{i+1,(t,t+\Delta t)}$ 分别为 t 到 $t+\Delta t$ 时刻的第 i 辆车和第 $i+1$ 辆车的平均速度。

将式（9-6）变换为

$$L_{t+\Delta t} = (L_t + \overline{v}_{i,(t,t+\Delta t)}\Delta t)\left(1 - \frac{\overline{v}_{i+1,(t,t+\Delta t)}\Delta t}{L_t + \overline{v}_{i,(t,t+\Delta t)}\Delta t}\right) \tag{9-7}$$

令 $L_t + \overline{v}_{i,(t,t+\Delta t)}\Delta t = \alpha L_0$，则有

$$L_{t+\Delta t} = \alpha L_0\left(1 - \frac{\overline{v}_{i+1,(t,t+\Delta t)}\Delta t}{L_t + \overline{v}_{i,(t,t+\Delta t)}\Delta t}\right) \tag{9-8}$$

式中，α 为设定参数；L_0 为起始车头间距。

对式（9-8）变形整理得

$$\frac{\overline{v}_{i+1,(t,t+\Delta t)}\Delta t}{L_t + \overline{v}_{i,(t,t+\Delta t)}\Delta t} = \frac{\alpha L_0}{L_{t+\Delta t}} \times \frac{\overline{v}_{i+1,(t,t+\Delta t)}\Delta t}{L_t + \overline{v}_{i,(t,t+\Delta t)}\Delta t}\left(1 - \frac{\overline{v}_{i+1,(t,t+\Delta t)}\Delta t}{L_t + \overline{v}_{i,(t,t+\Delta t)}\Delta t}\right) \tag{9-9}$$

设 $\dfrac{\alpha L_0}{L_{t+\Delta t}}=r$ ， $\dfrac{\overline{v}_{i+1,(t,t+\Delta t)}\Delta t}{L_t+\overline{v}_{i,(t,t+\Delta t)}\Delta t}=x$ ，则有

$$x=rx(1-x)，\quad 0\leqslant x\leqslant 1 \tag{9-10}$$

将式（9-10）变为差分迭代格式，则有

$$x_{n+1}=rx_n(1-x_n) \tag{9-11}$$

式（9-11）为 Logistic 映射[27]的标准形式模型。

9.4.2　标准形式 Logistic 映射的动态行为

Logistic 映射在经典混沌理论中已经得到较多的讨论。显然，Logistic 映射中，变量 x 为 0～1，从其形式和特征不难看出，它的演化轨迹呈抛物线状，在 $x=\dfrac{1}{2}$ 处达到最大值。模型（9-11）中 x 与 r 的关系可以用 Logistic 映射的分岔图来表示。通过在 MATLAB 环境下编程仿真，计算出在各种 r 值的条件下， x 的多次迭代的周期和 x 的各周期性态时的数值，然后以 r 为横坐标， x 为纵坐标作出图形，如图 9-23 所示。

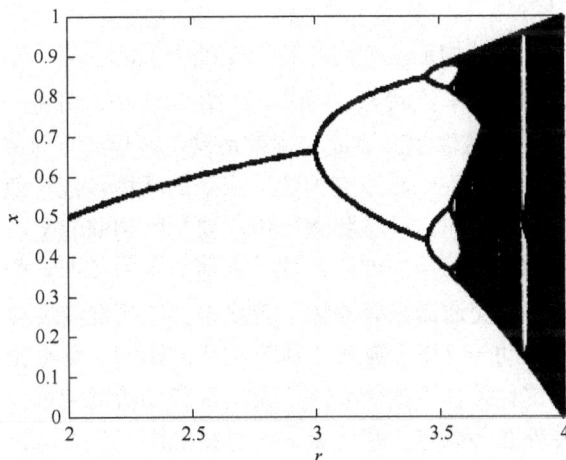

图 9-23　Logistic 映射分岔图

Logistic 映射虽然貌似简单，但其演化轨线却呈现出极为复杂的动态行为[174]。

（1）Logistic 映射演化轨线的高度及其在均衡点的斜率依赖于该方程的参数 r 的取值：当 $r<1$ 时，演化轨线完全处于经过原点的倾斜角为 45° 的直线之下；当

$1<r<2$ 时，轨线与倾斜角为 45° 的直线有个正值的交点（均衡点），且在该点处的斜率为正；当 $2<r<3$ 时，轨线与倾斜角为 45° 的直线交点处的斜率是负的，但绝对值小于 1；当 $3<r<4$ 时，轨线与倾斜角为 45° 的直线交点处的斜率小于 −1，这是 Logistic 映射能够产生混沌动态行为的关键区域。

（2）当 $0<r<3$ 时，演化轨迹收敛于一个均衡点；当 $r=3$ 时，2 周期出现，演化轨迹开始变得不稳定；当 $3<r<3.83$ 时，偶数倍周期出现，其中 $r\approx3.5$ 时，4 周期出现，$r\approx3.54$ 时，8 周期出现；当 $r\approx3.83$ 时，3 周期出现，按照 Li-Yorke 定理，它预示着混沌的出现；实际上，当 $3.83<r<3.87$ 时，奇数倍周期出现；当 $3.87<r<4$ 时，混沌出现。

9.4.3 转化模型的交通流混沌转化条件

根据上述结论和关系式 $\dfrac{\alpha L_0}{L_{t+\Delta t}}=r$，可以得到以下交通流混沌转化的条件。

当 $L_{t+\Delta t}<\dfrac{\alpha L_0}{3}$ 时，交通流为有序运动；当 $L_{t+\Delta t}=\dfrac{\alpha L_0}{3}$ 时，交通流系统 2 周期出现；当 $\dfrac{\alpha L_0}{3.83}<L_{t+\Delta t}<\dfrac{\alpha L_0}{3}$ 时，交通流系统偶数倍周期出现；当 $\dfrac{\alpha L_0}{3.87}<L_{t+\Delta t}<\dfrac{\alpha L_0}{3.83}$ 时，交通流系统奇数倍周期出现；当 $\dfrac{\alpha L_0}{4}<L_{t+\Delta t}<\dfrac{\alpha L_0}{3.87}$ 时，交通流有序运动转化为混沌运动。且随 $L_{t+\Delta t}$ 的增加，交通流将完全处于混沌状态，不具任何规律性，交通流处于一种强制紊乱车流状态。同时，在图 9-23 中，可见一些脱落为白色的部分（一般称为窗口），这表示交通流呈周期运动，这些具有周期性的稳定性窗口可以理解为在某一特定车头间距下交通流适应新的环境（混沌值超过某个阈值）的自组织现象，即间歇混沌。一旦状态变化，立刻回到混沌态。

$L_{t+\Delta t}$ 为前后车辆之间的车头间距，代表着前后车辆之间的相对位置，这表明车头间距的变化能够使交通流由有序运动转化为交通流混沌运动。

交通流的有序运动一旦受到某种不确定因素的影响，就会由有序运动转化为混沌运动。但是，这种外在干扰因素并不是引起交通流混沌的主要因素，从某种意义上来说，这种外在不确定干扰因素只不过是加剧了交通流混沌的转化。研究发现，车头间距是影响交通流混沌现象出现的一个重要因素。当车头间距缩小到一定范围内时，交通流才呈现混沌现象。内在随机性是混沌的本质特征之一，交通流混沌转化的根本原因在于系统的内在随机性，驾驶员特性和车辆特性不同而造成车辆不规则地加速、减速是交通流内在随机性的主要因素，它是车头间距变化的主要原因，也是交通流从有序运动转化为混沌运动的根本原因。

　　本章在交通流有序运动与混沌运动转化分析的基础上，通过改变跟驰模型参数和仿真实验参数的大量的仿真实验，从理论上分析了交通流混沌的产生和转化过程，解释了诸多交通流混沌现象；应用自组织理论研究了交通流混沌产生、转化机理问题，得出了相应的结论；通过交通流仿真分析交通流混沌与车头间距的关系，得出了车头间距是交通流混沌产生和转化的根本原因的结论；在此基础上，提出了一个基于车头间距的交通流混沌转化模型，从理论上分析了交通流混沌的产生和转化机理，进而为交通流的混沌控制提供了理论依据。

第 10 章　交通流混沌预测方法

交通流是一个复杂的动态非线性系统，很难建立一个精准描述交通流物理属性及影响因素的预测模型。混沌系统对初值敏感的特性使混沌系统输入的变化能迅速地反映在输出中，所以混沌理论提供了一种更符合现实世界的非线性建模方法。基于混沌理论的短时交通流预测较好地刻画了交通流的物理属性及影响因素，是一种预测精度高、简单、易行的短时交通流预测方法。

10.1　短时交通流预测问题概述

10.1.1　交通流预测的基本原则

交通流预测通过收集某一地点的历史交通流数据以及其他相关因素的整合资料，从而构建出合适的数学模型，可靠地预测出该地点未来的交通流量情况。通过预测未来几分钟的交通流量，交通控制管理人员即可提前控制交通信号灯来对那个时刻路面的交通状况进行有效调控，从而起到改善道路拥堵状况、保障车辆高效运行、减少环境污染等作用。交通流预测具有不确定性、条件性、时间性、多方案性等特点。针对这些特点，实际工作经验中已总结出一些交通流预测遵循的基本原则。

1. 可知性原则

预测对象的发展规律、其未来的发展趋势和状态是可以为人们所知道的，这是预测活动的基本依据。

2. 可能性原则

因为事物的发展变化是在内因和外因共同作用下进行的，所以事物的发展变化会有很多种可能性。对某一具体指标的预测，往往是按照其发展变化的多种可能性进行多方案预测的。

3. 连续性原则

预测对象的发展是一个连续统一的过程，其未来发展是这个过程的延续。该原理认为事物发展变化过程中会将某些原有的特征保持和延续下来。交通流量系统的发展变化同样存在惯性，这种惯性正是进行交通流量时间序列预测的主要依据。

4. 相似性原则

作为预测对象的一个事物，其现在的发展过程和发展状况可能与过去一定阶段的发展过程及发展状况类似，可以根据已知发展过程来预测对象的未来发展过程。预测中使用的类推法或类比法，就是基于这个原理的预测方法。

5. 反馈性原则

人们在预测活动实践中发现，当预测的结果和经过一段实践所得到的实际值存在差距时，可利用这个差距对远期预测值进行反馈调节，以提高预测的准确性。在分析预测值和实际值之间的差距及产生差距的原因后，可适当修改输入数据及参数，进行反馈调整，使预测质量进一步提高。

6. 系统性原则

系统性原则认为预测对象是一个完整的系统，它有内在的系统，又由与外界事物的联系形成它的外在系统。预测对象的未来发展是系统整体的动态发展，而整个系统的动态发展与它的各个组成部分和影响因素之间的相互作用与相互影响密切相关。只有系统整体的最佳预测，才能为决策者提供最佳的预测方案。

10.1.2　短时交通流预测方法分类

短时交通流预测模型和方法很多，根据不同的原理，大致可以分为三类[13]。第一类是基于数学解析模型的方法，这是比较经典的方法，在长于 15min 的交通流预测中起到过主要作用，这类方法包括自回归滑动平均（autoregressive moving average，ARMA）模型、自回归（autoregressive，AR）模型、滑动平均（moving average，MA）模型和历史平均（historical average，HA）模型四种基本模型，以及在这四种模型基础上的改进与变形的模型，此外还有卡尔曼（Kalman）滤波法、状态空间结构法、自适应权重联合模型方法等，其原理都是建立在数理统计中回归时间序列预测的基础上的，都是用解析数学模型来描述状态变量的变化趋势的。第二类是包括神经网络预测方法、非参数回归预测方法等在内的基于知识的智能模型预测方法。这类方法不拘泥于用数学方程描述预测变量与预测因子之间的关系，而是通过预测方法本身的结构机制来获取预测的经验、知识，准确地预测交通流下一个周期的未来状态，这类方法具有自适应能力，能够处理好非线性、非平稳随机过程时间序列的预测问题，是发展方向，应当成为重点关注的短时交通流预测方法。第三类方法是组合预测，KARIMA 预测方法和小波分析预测方法是这种预测方法的代表。小波分析处理非线性、非平稳随机过程时间序列信号的作用是有理论根据的，这种特殊的功能使它成为解决短时交通流预测的有效途径。小波分析本身不能作预测，它只能与其他预测方法组合起来形成新的预测方法。组合预测也是预测方法的发展趋势。

一般而论，各种方法各有优缺点。但是，针对交通流的特性而言，纯粹基于数学模型的方法是不实用的，因为 5min 之内的交通流不确定性很强，其时间序列呈现出明显的非线性、非平稳随机过程的特性。把长于 15min 的交通流预测方法用在短于 5min 的交通流上，不可能获得好的效果。在处理非线性、非平稳随机过程特性的交通流问题时，基于知识的智能型预测方法以及组合预测方法具有明显优势。

处理短时交通流预测问题的实质还是系统建模，系统建模最重要的一点是明确问题的性质。短时交通流预测问题的实质是处理非线性、非平稳随机过程的时间序列，首先要从理论上搞清楚哪些方法可以解决这类问题，这是基于线性回归的方法效果不好的理论根源。其次，可以看出，同一个系统（问题），可以从不同的角度，依据不同的理论，采用不同的思路、不同的方法建立不同的模型。模型的好坏主要取决于理论、思路、方法的正确性。这涉及系统科学方法论方面的问题，从事科学研究不能被传统的思维方法所束缚，这样才会有创新。

10.2　混沌预测理论基础

混沌现象广泛存在于人们的现实生活中，目前许多非线性时间序列，如电力负荷、径流序列、交通流序列、电价序列以及某些金融时间序列等，均被判定具有一定混沌特性。混沌理论的迅速发展为非线性时间序列预测开辟了新的道路。要利用混沌理论进行时间序列预测，必须首先识别该时间序列是否具有混沌特性。而在不规则的复杂行为时间序列中恢复吸引子的性质，是进行混沌时间序列预测的前提。

10.2.1　混沌时间序列预测概述

对一种物理现象的研究，不仅要了解它的过去，还必须能够对其未来的行为具有一定的预测。因此，预测是科学研究的一个重要的方面。但混沌是介于确定和非确定之间的一种物理现象，具有随机信号的特征，并且其对初值的敏感性使得精确的预测很困难。而且混沌信号同样具有确定的结构，并且现实的混沌信号多由确定的系统产生，其确定性表现为不同的混沌系统都具有特定的吸引子，并且不随时间和初始条件发生改变。表现在相空间中，系统的确定结构使其运动轨迹是唯一的并且是确定的[175]。因此，在一定的范围内，混沌信号是可以预测的。但是，长期预测能力依然受限于对该混沌系统的先验知识及混沌系统的初值敏感性[176]。

通常，动力系统可以用离散和微分的方式表示为

$$x_{n+1} = F(x_n) \tag{10-1}$$

$$\frac{\mathrm{d}}{\mathrm{d}t}x(t) = f(x(t)) \tag{10-2}$$

混沌预测的目的是在一定的预测精度下，获得函数 $F(x)$ 和 $f(x)$ 的近似表达式，并利用获得的预测函数，来估计系统未来的轨迹[177]。长期以来，混沌预测技术大致形成了两类，即局域预测算法和全局预测算法。在相空间中，如果一个混沌系统的吸引子是光滑的，那么相邻的状态点在经过一段很短的时间演化后，其距离仍然很近。这个特性就是混沌时间序列的局域预测方法的基础。

局域预测算法通过在已知点中寻找当前点的最近邻点，并利用线性或非线性的方法，用最近邻点的未来值来近似表示当前点的将来状态。对于一些简单的混沌系统，甚至不需要搜索最近邻点，只使用当前值前面几个点就能够拟合出混沌信号的演化轨迹，从而得到将来的状态。但是，对于复杂的系统，需要大量的观测数据以寻找到正确的最近邻点，并且无法预测出观测数据中未出现点的未来走势。局域预测算法的另外一个缺点是受噪声的影响较大，会影响对真实最近邻点的判断。其优点是对产生混沌信号的系统本质不需要太多的先验知识，而预测的精度直接与所用最近邻点的准确程度相关。

因为大多数混沌信号是由同一个确定系统产生的，所有观测到的数据都能够反映同样的映射关系，所以，所有的数据都含有该映射的信息。全局预测算法就是根据全部的观测数据来获得预测函数的。相对于局域预测算法，全局预测算法更能够适应不同的应用，因此也更加引人关注。但是，并非所有的混沌系统都是由确定公式产生的，如天气，所以，很多混沌系统无法用数学公式来描述，因此全局预测算法显得更具有挑战性。

除了分成局域预测算法和全局预测算法，混沌预测技术还有其他分类方法，如根据所使用的函数可以分为线性方法与非线性方法。线性方法一般适用于简单的混沌系统，目前研究的并不多，而非线性方法是研究的重点。

10.2.2　相空间重构

交通流是一个多维非线性系统，而在实际交通流管理中容易获得的只是交通

流的时间序列。因此，如何不利用其他因素数据序列，仅通过观察得到的短时交通流时间序列建立动态预测模型，是单变量时间序列预测要解决的主要问题。

随着混沌动力学的发展，人们对时间序列预测的复杂性有了更深刻的认识。即使是一个完全确定的模型，经充分精确的数值求解，所获得的长时间的演化结果也可能与随机系统类似。动力系统长时间预测不准确不是因为外在随机因素的影响，而更重要的是由系统内在的动力学特性所决定的。混沌时间序列预测是以重构相空间理论为基础的。混沌时间序列的预测问题可以理解为动力系统研究的逆问题，它是给定相空间中的一串迭代序列，构造一个非线性映射来表示这一动力系统，这样的非线性映射就可作为预测模型。

对非线性系统而言，系统任意分量的演化是由与之相互作用的其他分量所决定的。所以这些相关分量的信息就隐含在任意一个分量的发展过程中。这样就可以从某一个分量的一批时间序列中提取和恢复出系统原来的规律，这种规律是高维空间中的一种复杂但规则的轨迹，即混沌吸引子。这种规则轨迹在经过拉伸和折叠转化为时间序列后，却呈现出混乱复杂的特征，如何在错综复杂的单维时间序列中恢复混沌吸引子的性质，是混沌时间序列预测的前提条件。Packard 等和Takens 提出了相空间重构理论，证明可以通过计算嵌入维数和延迟时间，构建一个低维相空间，并在该空间中可以将混沌吸引子恢复出来，从而为混沌时间序列的预测奠定了坚实的理论基础。

目前，基于单变量时间序列混沌预测方法存在的主要问题是相空间重构参数的计算和预测模型的建立。由于非线性动力学理论对分析时间序列要求较高，如基于相空间重构理论的确定性混沌分析在原理上要求时间序列无噪声且是平稳的，这在现实中是难以实现的。因此，如何选择优化的重构参数和有效消除各种噪声的影响直接关系到预测结果的好坏。对于重构参数的优化选择，目前有许多方法（如第 2 章介绍的方法），但对于同一时间序列当采用不同计算方法时可能会获得不同的重构参数，也将获得不同的预测结果。

相空间重构理论是混沌时间序列预测的基础，Packard 等和 Takens 提出了用延迟坐标法对混沌时间序列 $x(1), x(2), \cdots, x(n)$ 进行相空间重构，则在状态空间中重构的某一点状态矢量可以表示为

$$X_i = [x(i), x(i+\tau), \cdots, x(i+(m-1)\tau)]^{\mathrm{T}} \qquad (10\text{-}3)$$

式中，$i = 1, 2, \cdots, M$；$M = n - (m-1)\tau$ 为重构相空间中相点的个数；τ 为延迟时间；m 为嵌入维数，即重构相空间的维数。

因此，对于具有 n 个数据点的预测信号 $x(1), x(2), \cdots, x(n)$，可以在 m 维相空间中重构成 $M = n - (m-1)\tau$ 个状态点，这些相点的连线构成了 n 个数据点在 m 维相空间中的轨迹，该轨迹表征了系统状态随时间的演化。

　　Takens 定理证明了如果嵌入维数 $m \geqslant 2D+1$，D 为系统动力学维数，则系统原始状态变量构成的相空间和一维观测值重构相空间里的动力学行为等价，两个相空间中的混沌吸引子微分同胚，即一维观测值中包含系统所有状态变量演化的全部信息。由此演化规律可得系统下一时刻的状态，从而得到时间序列下一时刻的预测值。这为混沌时间序列的预测提供了依据。

　　在重构相空间中，嵌入维数 m 和延迟时间 τ 的选取具有十分重要的意义，同时选取合适的值也是很困难的。当嵌入维数 $m < 2D+1$ 时，相空间不能恢复混沌吸引子的原有性质；而当嵌入维数取值过大时，高维重构相空间将包含过多的冗余信息，因此当嵌入维数大于某个最大值时，预测精度会随着嵌入维数的增大而单调下降。而对于延迟时间的选取，当取值过小时，时间序列的任意两个相邻延迟坐标点非常接近，不能相互独立，将会导致数据的冗余；当取值过大时，由于蝴蝶效应的影响，时间序列的任意两个相邻延迟坐标点将毫不相关，不能反映整个系统的特性。关于嵌入维数和延迟时间的计算，当前主要有以下两种观点：第一种观点认为延迟时间和嵌入维数的选取是独立进行的，根据这种观点，嵌入维数和延迟时间都使用各自的算法分别计算；第二种观点认为嵌入维数与延迟时间是相关的，通过计算嵌入窗宽 $(m-1)\tau$ 进行相空间重构。

　　混沌预测模型直接对含有人、车、路、环境和空间等影响因素的交通流的历史数据进行分析，根据得出的客观特征规律进行预测，避免了以往时间序列法、神经网络法、专家系统法和各种加权组合预测方法的人为主观性，具有较高的预测精度和预测可靠性。根据以上阐述的混沌时间序列建模和预测过程的细节内容与方法，将基于混沌理论的交通流预测过程步骤总结如下。

　　（1）判断采样得到的数据序列是否为混沌的。

　　（2）若是混沌序列，根据前面介绍的方法求出最佳嵌入维数 m 和延迟时间 τ。

　　（3）选择混沌时序预测的具体方法来建立模型。

　　（4）根据建立的模型预测未来值。

　　一般来说，在选择具体的方法时，如果历史数据较多，选择局域预测算法，因为局域预测算法计算简单，在数据较多时也比较有效；如果历史数据较少，则采用全局预测算法，因为全局预测算法可以预测新的信息点。

10.3　四种基本的交通流混沌时间序列预测模型

　　Farmer 和 Sidorowich 在相空间重构理论的基础上提出了混沌时间序列的局域预测的思想[178]，只对 m 维嵌入空间中需要预测的相点相邻近的 K 个状态点进行拟合以重构函数 F 对相空间轨迹的运动趋势进行预测。在相空间中，当系统运动所呈现的吸引子形式不稳定时，则采用局域预测算法。由于局域预测算法有适用性广、计算所需的数据量小、运算速度快的优点，其更能体现混沌系统的动态性，具有比全局预测算法更好的预测性能，所以得到了广泛的运用。目前常用的局域预测算法有最大 Lyapunov 指数预测法、零阶局域法、一阶局域法以及高阶局域法等，其根据应用环境的不同而有所区别。全局预测算法是另一类重要的预测算法，它利用全部已获得的信息，来推测混沌系统未来的发展轨迹。全局预测算法由于适用范围广，所以备受关注。比较常用的全局预测算法包括全局多项式预测算法、神经网络预测法和自适应预测方法等。

10.3.1　加权一阶局域法

局域预测算法将相空间轨迹的最后一点作为中心点，把离中心点最近的若干轨迹点作为相关点，然后对这些相关点进行拟合，再估计轨迹下一点的走向，最后从预测出的轨迹点的坐标中分离出所需要的预测值，其原理即寻找历史上情况最相似之处。这种方法最早被 Lorenz 用于天气预报，他首先找到历史上最接近于今天的天气图，并假设明天的天气最接近于历史上的第二天。后来 Farmer 等借用了他的思想，提出了基于时延嵌入空间的混沌局域预测算法。该方法对参考相点的临域进行拟合时，得到的拟合函数实际是分段函数，从而能体现出系统整体的非线性特征。这种预测方法柔韧性好，具有拟合速度快且精度较高的特点，目前得到了广泛的应用和研究。迄今为止，学者已提出了多种局域预测模型和方法，如零阶局域法、加权零阶局域法、一阶局域预测法和加权一阶局域预测法。本小节将主要介绍加权一阶局域预测法。

对于式（10-3）所表示的状态空间中重构的状态矢量，设中心点 X_M 的最近邻点为 X_{Mi} $(i=1,2,\cdots,q)$，且 X_{Mi} 到 X_M 的距离为 d_i，设 $d_{\min}$ 是 d_i 中的最小值，定义点 X_{Mi} 的权值为

$$P_i = \frac{\exp(-c(d_i - d_{\min}))}{\sum\limits_{i=1}^{q}\exp(-c(d_i - d_{\min}))}, \quad i=1,2,\cdots,q \qquad (10\text{-}4)$$

式中，c 为参数，一般取 $c=1$，则一阶局域线性拟合为

$$X_{Mi+1} = ae + bX_{Mi}, \quad i=1,2,\cdots,q \qquad (10\text{-}5)$$

式中，a、b 为拟合系数；e 为一个 q 维向量，$e=[1,1,\cdots,1]^{\mathrm{T}}$；$X_{Mi+1}$ 为 X_{Mi} 演化一步后的相点。

当嵌入维数 $m \geqslant 1$ 时，应用加权最小二乘法有

$$\sum_{i=1}^{q} P_i(x_{Mi+1} - a - bx_{Mi})^2 = \min \qquad (10\text{-}6)$$

对式（10-6）求解 a、b，然后代入式（10-5），即可得到演化一步后的相点预测值 X_{M+1}：

$$X_{M+1} = (x(n-(m-1)\tau+1), x(n-(m-1)\tau+2), \cdots, x(n), x(n+1)) \qquad (10\text{-}7)$$

这里，X_{M+1} 中前 $m-1$ 个元素为原序列中的已知值，其第 m 个元素 x_{n+1} 即原序列的一步预测值。式（10-7）即加权一阶局域法一步预测模型。

局域预测算法的精度与最近邻点的选择直接相关。通常获得的数据不可避免地含有噪声，使搜索到正确的最近邻点变得很困难，这将导致算法性能下降。为了提高预测精度，国内外学者对基本局域预测算法进行了改进。其中，Gong 和 Lai 提出 ε^p 邻域的方法来区分虚假最近邻点[179]，而国内的侯越先等通过引入仿射变换，改善了高维重构空间的全局 Lyapunov 指数，提高了预测精度[180]。

其他一些典型算法可以参考文献[181]和文献[182]。总体来讲，局域预测算法计算量较小，无须较多的先验知识，预测精度较高，但是需要很多的内存空间，计算时间较长，不适合实时工作。

10.3.2　最大 Lyapunov 指数预测法

最大 Lyapunov 指数预测法基于混沌轨道具有对初值的敏感性，即从两个相邻的初始点出发的两条轨道之间的距离随时间呈现指数变化，这种敏感性可以用最大 Lyapunov 指数定量地描述。对多维的动力学系统来说，最大 Lyapunov 指数可以作为判断时间序列是否具有混沌特性的一个依据，当最大 Lyapunov 指数大于零时，系统具有混沌特性。所以时间序列的最大 Lyapunov 指数是否大于零可以作为该序列是否混沌的一个判据。这种方法比较准确，它给出了一个定量的标准。

由混沌动力学理论可知，Lyapunov 指数刻画了相空间中相体积收缩和膨胀的几何特性。因此，Lyapunov 指数作为量化初始轨道的指数发散和估计系统的混沌量，是系统的一个很好的预测参数。Wolf 等根据在混沌时间序列重构相空间中邻近轨道之间的距离随时间演化呈指数形式分离的研究成果，提出根据最大 Lyapunov 指数进行预测的混沌时间序列预测方法。其思想是在历史时间序列样本中寻找相似点，根据相似点的演化行为和最大 Lyapunov 指数的物理意义，运用一定的数学模型获取预测值。

对于混沌时间序列 $x(1), x(2), \cdots, x(n)$，若要预测 $x(n+1)$，则取相空间重构中相点：

$$X_M = (x(n-(m-1)\tau), x(n-(m-1)\tau+1), \cdots, x(n)) \qquad (10\text{-}8)$$

为预测中心点，设 X_M 的邻点为 X_k，则 $X_k \in \{X_1, X_2, \cdots, X_{M-1}\}$，$X_M$ 与 X_k 的距离为 d，则最大 Lyapunov 指数为 λ_1，即

$$d_M(0) = \min_j \left\| X_M - X_j \right\| = \left\| X_M - X_k \right\| \qquad (10\text{-}9)$$

$$\left\| X_M - X_{M+1} \right\| = \left\| X_k - X_{k+1} \right\| e^{\lambda_1} \qquad (10\text{-}10)$$

式（10-10）中 X_{M+1} 只有最后一个分量 x_{n+1} 未知，所以 x_{n+1} 是可预测的。式（10-10）就是最大 Lyapunov 指数预测的模型。将预测值作为已知数据值加入原时间序列，重复以上步骤可实现最大 Lyapunov 指数多步预测。具体最大 Lyapunov 指数的预测算法步骤如下。

（1）根据 Takens 定理，对单维时间序列重构相空间得 X_M。

（2）计算最大 Lyapunov 指数 λ_1。

（3）寻找中心点 X_M 的邻点 X_k。

（4）由式（10-7）计算 X_{M+1}，并对根进行取舍以确定预测结果。

第 3 章介绍的小数据量法是目前求最大 Lyapunov 指数的最佳方法，但求取过程中，线性段选取的主观性会导致指数值差别较大，所以将最大 Lyapunov 指数用于混沌性质的判断是可行的，但用于定量预测计算难度较大，在无法确保指数值足够准确的情况下，预测值的可信度自然不高，因此在实际中应用较少。

10.3.3　全局多项式预测算法

多项式函数本身构成一组完备的正交基，理论上能够以任意的精度逼近任何连续的函数，因此常应用于混沌序列全局预测中。由 Li-Yorke 混沌定义的分析可知，混沌吸引子的运动过程相当分散又相当集中，也就是说，吸引子之外的任一状态点都有靠近吸引子与临界状态点共同运动进而进入吸引子域的趋势，吸引子在总体上表现为吸引和稳定作用；而吸引子内部各个方向的运动状态之间存在相互排斥作用，任一状态点都有与临界状态点保持在吸引子内并形成分形结构的运动趋势，趋向于不稳定状态。因此，可通过吸引子状态临界点与预测点的这种同方向运动关系构造近似预测函数，从而实现对其后续时间序列的预测。

根据 Weierstrass 定理，对于任一定义有界闭区间的连续函数，总可以用一个多项式来逼近，且当多项式阶数趋于无穷大时，两者之间误差渐近于零，因此为全局预测算法的可行性提供了严谨的数学基础。

对于相空间状态矢量（10-3），根据给定的数据构造映射函数 F，使未来状态 $X(t+1)$ 与现在状态 $X(t)$ 之间满足：

$$X(t+1) = F(X(t)) \qquad (10\text{-}11)$$

式中，映射函数 F 的构造准则满足：

$$\sum_{t=0}^{N} [X(t+\eta) - F(X(t))]^2 \qquad (10\text{-}12)$$

达到最小值。

在相空间重构过程中，如果维数较低，则一般 可以直接采用高阶多项式进行全局拟合；而对于高维相空间来讲，其计算复杂度成倍增加，一般采用典型的自回归分析模型以减小其计算量：

$$x(t+1) = \sum_{i=1}^{d} a_i x(t+1-i) + k\varepsilon_t \qquad (10\text{-}13)$$

式中，ε_t 为 Gauss 随机变量，且服从标准正态分布 $N（0，1）$；k 为调整随机强度的常数因子，一般取 $k = \sqrt{E_d/(N-d)}$；a_i 可以通过时间序列本身求得，为了保证随机输入部分对系统的影响尽可能小，要求 a_i 满足系统误差平方和最小。

对 a_i 求偏导并令结果为零，则有

$$\sum_{i=1}^{d} a_i \left(\sum_{t=d}^{N} x(t-i)x(t-j) \right) = \sum_{t=d}^{N} x(t)x(t-j)，\quad j = 1,2,\cdots,d \qquad (10\text{-}14)$$

变形后为

$$\sum_{i=1}^{d} a_i C(i-j) = C(j)，\quad j = 1,2,\cdots,d \qquad (10\text{-}15)$$

式中，$C(i-j)$ 和 $C(j)$ 为自相关函数，从而求得系数 a_i。

　　全局预测算法的基本思想在于将相空间中的所有状态点尽可能拟合成一个近似的数学模型，借此预测模型进行轨迹预测。当嵌入维数较高或者相轨迹很复杂时，全局预测算法的计算显得比较复杂，而且随着嵌入维数的增加其预测精度也会急速下降，所以全局预测算法适用于预测函数比较简单、干扰比较小的情况。

　　全局预测算法需要拟合多维相空间，因此计算比较复杂，尤其是当嵌入维数很高或混沌系统比较复杂时。以前面所述方法为例，当嵌入维数较低时，可使用多项式、有理式等形式表达混沌非线性系统；但当嵌入维数较高时，混沌系统更加复杂，则很难用高阶多项式表达。因此全局预测算法一般适用于映射关系不很复杂，同时噪声干扰比较小的情况。在实际时间序列预测应用中，由于数据有限，且在时间序列中含有噪声，相空间轨迹非常复杂，一般很难有效表达混沌系统的映射关系，所以全局预测算法不太适合实际应用。

10.3.4　自适应预测方法

　　在实际应用中，自适应算法能够根据输入信号自动调节自身的参数，以达到最佳的输出效果。因此，自适应预测方法成为混沌信号处理走向实用的重要组成部分。自适应预测方法并非独立于局域预测算法和全局预测算法，它只是一种实现方式，其基础仍然是局域预测算法和全局预测算法。自适应预测技术根据所用函数，同样可以分为线性方法和非线性方法。常用的线性方法包括经典的有限冲击响应（finite impulse response，FIR）滤波预测和无限冲击响应（infinite impulse response，IIR）滤波预测。但多数线性方法过于简单，不能有效跟踪混沌信号的变化，因此使用较少。非线性自适应方法主要包括自适应多项式滤波预测、自适应神经网络预测、自适应

模糊预测等。目前，在自适应建模与预测技术的研究上，国内外学者提出了一些新颖的方法，在预测实际混沌时间序列中有很好的效果[183-185]。自适应预测方法能够自适应地逼近混沌时间序列，收敛速度快，很适合用于短混沌时间序列的实时预测。但自适应算法仍存在一些问题：首先，基函数的选择是人为的，因此使用范围有限；其次，经典的优化算法对于混沌信号并不是最佳的，需要进一步改进。

混沌时间序列预测的实质是一个动力系统的逆问题，即通过动力系统的状态来重构系统的动力学模型 $F(\cdot)$，即

$$F(X(n)) = x(n+T), \quad T > 0 \tag{10-16}$$

式中，T 为前向预测步长。

构造一个非线性函数 $f(\cdot)$ 去逼近 $F(\cdot)$ 的方法有很多，采用 Volterra 级数展开式构造混沌时间序列的非线性预测模型 $F(\cdot)$。

设非线性离散动力系统的输入为 $X(n) = [x(n), x(n-\tau), \cdots, x(n-(m-1)\tau)]^{\mathrm{T}}$，输出为 $y(n) = x(n+1)$，则该非线性系统函数 Volterra 级数展开式为

$$x(n+1) = h_0 + \sum_{k=1}^{p} y_k(n) \tag{10-17}$$

式中

$$y_k(n) = \sum_{i_1, i_2, \cdots, i_k=0}^{m-1} h_k(i_1, i_2, \cdots, i_k) \prod_{j=1}^{k} x(n-i_j\tau) \tag{10-18}$$

式中，$h_k(i_1, i_2, \cdots, i_k)$ 为 k 阶 Volterra 核；p 为 Volterra 滤波器阶数。

在实际应用中，这种无穷级数展开式难以实现，必须采用有限阶截断和有限次求和的形式。为表述方便，以二阶截断 m 次求和为例，则用于混沌时间序列预测的 Volterra 预测模型为

$$x(n+1) = h_0 + \sum_{m_1=0}^{N_1-1} h_1(m_1)x(n-m_1\tau) + \sum_{m_1=0}^{N_1-1}\sum_{m_2=0}^{N_2-1} h_k(m_1, m_2)x(n-m_1\tau)x(n-m_2\tau) \tag{10-19}$$

由 Takens 嵌入定理可知，一个混沌时间序列要完全描述原动力系统的动态行为，至少需要 $m \geqslant 2d+1$（d 是动力系统的维数）个变量。取 $N_1 = N_2 = m$，因此，用于交通流混沌时间序列预测的 Volterra 预测模型为

$$x(n+1) = h_0 + \sum_{i_1=0}^{m-1} h_1(i_1)x(n-i_1\tau) + \sum_{i_1=0}^{m-1}\sum_{i_2=0}^{m-1} h_k(i_1, i_2)x(n-i_1\tau)x(n-i_2\tau) \tag{10-20}$$

展开式（10-20），Volterra 滤波器即非线性自适应 FIR 滤波器。令

$$W(n) = [h_0, h_1(0), h_1(1), \cdots, h_1(m-1), h_2(0,0), h_2(0,1), \cdots, h_1(m-1, m-1)]^{\mathrm{T}} \tag{10-21}$$

$$Z(n) = [1, x(n), x(n-\tau), \cdots, x(n-(m-1)\tau), x^2(n), x(n)x(n-\tau), \cdots, x^2(n-(m-1)\tau]^{\mathrm{T}} \tag{10-22}$$

式中，$W(n)$ 和 $Z(n)$ 分别为 FIR 滤波器的滤波系数矢量和输入信号矢量。

因此，式（10-20）可表示为

$$x(n+1) = Z^{\mathrm{T}}(n)W(n) \qquad （10\text{-}23）$$

对于式（10-22）描述的 Volterra 自适应滤波器，一般可采用归一化最小均方（normalized least mean square，NLMS）自适应算法求解。NLMS 自适应算法可描述如下：

$$e(n) = x(n+1) - Z^{\mathrm{T}}(n)W(n) \qquad （10\text{-}24）$$

$$W(n+1) = W(n) + \frac{\mu}{Z^{\mathrm{T}}(n)Z(n)}e(n)Z(n), \quad 0 < \mu < 2 \qquad （10\text{-}25）$$

式中，μ 为收敛步长。

10.4　交通流混沌神经网络预测模型

10.4.1　神经网络预测概述

人工神经网络（artificial neural network，ANN）是 20 世纪 80 年代以来人工智能领域兴起的研究热点。它是由大量的简单处理单元所构成的非线性动力系统，具有巨量并行性、存储分布性、结构可变性、高度非线性、自学习性和自组织等特点，因此，它能够解决常规信息处理方法难以解决或无法解决的问题。

神经网络应用于混沌时间序列预测始于 20 世纪 80 年代，最早采用的前馈神经网络是多层感知机网络和 RBF 网络，其基本的预测方法结合了混沌理论和神经网络，即在混沌时间序列的相空间重构中，利用神经网络逼近相点的演化规律。这类方法存在局部最小化能力、超参数选择能力、泛化能力需提高等问题。20 世纪 90 年代，支持向量机（support vector machine，SVM）及一些核方法用于模式分类和回归问题。支持向量机具有前馈神经网络不可比拟的优点，在许多问题上都有取代常规前馈神经网络的趋势。同时出现了一些基于动态神经网络的预测方法，动态神经网络是指在神经网络的内部包含了延迟和反馈环节。该类网络包括有限脉冲神经网络、多分支延迟递归神经网络及无多分支延迟反馈神经元网络。

神经网络具有强大的非线性映射能力，非常适合混沌系统的预测和建模。Lapedes 和 Farber[186]首先提出了神经网络、全局多项式等全局预测算法，利用尽可能多的观察数据训练预测模型，使训练后的预测模型能够反映原有的动力学性质。目前，各种用于混沌预测的神经网络，如 RBF 网络、支持向量机、小波神经网络等技术，纷纷出现在混沌序列的预测和建模中。为了改变神经网络的静态特性，Han 使用回归神经网络来拟合混沌系统，实现了精确的多步预测[187]。但是，神经网络方法仍然存在一些问题，如隐含层所含的最佳节点数的确定，以及过拟合等问题，仍然需要进一步研究。

10.4.2　BP 神经网络预测模型

1. BP 神经网络概述

　　BP 神经网络是一种按误差逆传播算法训练的多层前馈网络，其算法称为 BP 算法，是 ANN 中最为重要的网络之一，也是迄今为止，应用最为广泛的网络算法。实践证明这种基于误差反传递算法的 BP 神经网络有很强的映射能力，可以解决许多实际问题。

　　BP 算法是由 Rumelhart 等科学家于 20 世纪 80 年代提出的，它的基本思想是梯度下降法，利用梯度搜索技术，使网络的实际输出值和期望输出值的误差均方差为最小。BP 神经网络的拓扑结构主要分为输入层、隐含层和输出层，输入层到隐含层、隐含层到输出层的各学习单元之间均有连接，各学习单元之间的连接关系由相对应的权值确定。隐含层和输出层的每个学习单元都具有对应上一层输入数据的活化函数，其作用是对上一层的数据进行加权和，并产生该学习单元的输出。BP 神经网络属于有导师学习类，它的学习过程分为两部分：一部分是正向传播学习，目的是通过学习使网络产生实际输出；另一部分是当实际输出值与理想输出值存在较大误差时，进入下一步反向传播学习，目的是通过反向传播调整各层之间的参数，以达到降低误差的目的。基于 BP 算法的多层前馈型网络的结构如图 10-1 所示。

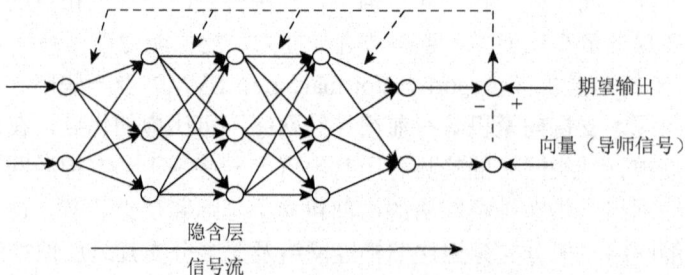

图 10-1　基于 BP 算法的多层前馈型网络的结构

　　这种网络不仅有输入层节点、输出层节点，而且有一层或多层隐含层节点。对于输入信息，首先向前传播到隐含层节点上，经过各单元的激活函数（又称作用函数、转换函数）运算后，把隐含层节点的输出信息传播到输出层节点，最后给出输出结果。网络的学习过程由正向传播和反向传播两部分组成。在正向传播过程中，每一层神经元的状态只影响下一层神经元网络。如果输出层不能得到期望输出，就是实际输出值与期望输出值之间有误差，那么转向反向传播过程，将误差信号沿原来的连接通路返回，通过修改各层神经元的权值，逐次向输入层传播去进行计算，再经过正向传播过程，这两个过程的反复运用，使误差信号最小。实际上，当误差达到人们所希望的要求时，网络的学习过程就可以结束了。

在 BP 算法中，训练开始时，随机输入一系列权值，在正向传播过程中，每一组输入向量接受输入信号并将信号传递到隐含层，隐含层计算输出值并传到输出层。BP 神经网络不仅有输入层节点、输出层节点，而且有隐含层节点。对于输入的信号，要先向前传播到隐含层节点，经过作用函数后，再把隐含层节点的输出信息传播到输出层节点，最后给出输出的结果。

BP 算法主要有以下几个步骤。

（1）对全部连接的权值进行初始化，一般设置成较小的随机数，以保证网络不会过早进入饱和状态。

（2）取一个模式输入网络，计算出网络的输出值。

（3）计算该输出值与期望输出值的误差，然后反向传播调整权值。

（4）对训练集的每个模式都重复步骤（2）、步骤（3），直到整个训练误差达到能令人满意的程度。

2. BP 神经网络预测模型构建

BP 神经网络是一种反向传递并且能够修正误差的多层映射函数，它通过对未知系统的输入输出参数进行学习，便可以联想记忆表达该系统。BP 神经网络的学习过程由信号的正向传播和误差的反向传播两部分组成。正向传播时，输入样本从输入层传入，经隐含层处理后传向输出层。若输出层与期望的输出不符，则将输出误差通过隐含层向输入层逐层反传，将误差分摊给各层所有节点，以此作为修正各节点连接权值的依据。

若一个非线性离散动力系统的输入为 $X_i = [x_i, x_{i+\tau}, \cdots, x_{i+(m-1)\tau}]^{\mathrm{T}}$，输出为 $y_i = x_{i+1}$，选择典型的三层 BP 神经网络，由于当用 BP 神经网络来预测混沌时间序列，神经网络输入层的神经元数等于混沌时间序列重构相空间的嵌入维数 m 时，预测效果比较好，取 BP 神经网络的输入个数为 m、隐含层为 p、输出个数为 1，则 BP 神经网络完成映射 $f: R^m \rightarrow R^1$，其隐含层各节点的输入为

$$S_j = \sum_{i=1}^{m} w_{ij} x_i - \theta_j, \quad j = 1, 2, \cdots, p \tag{10-26}$$

式中，w_{ij} 为输入层至隐含层的连接权值；θ_j 为隐含层节点的阈值。

BP 神经网络转移函数采用 Sigmoid 函数 $f(x) = 1/(1 + \mathrm{e}^{-x})$，则隐含层节点的输出为

$$b_j = \frac{1}{1 + \exp(-\sum_{i=1}^{m} w_{ij} x_i + \theta_j)}, \quad j = 1, 2, \cdots, p \qquad (10\text{-}27)$$

同理，输出层节点的输入、输出分别为

$$L = \sum_{j=1}^{p} v_j b_j - \gamma \qquad (10\text{-}28)$$

$$x_{i+1} = \frac{1}{1 + \exp(-\sum_{j=1}^{p} v_j b_j + \gamma)} \qquad (10\text{-}29)$$

式中，v_j 为隐含层至输出层的连接权值；γ 为输出层的阈值。

BP 神经网络的连接权值 w_{ij}、v_j 和阈值 θ_j、γ 可以通过 BP 神经网络训练求得，所以 x_{i+1} 是可预测的。式（10-29）即 BP 神经网络的预测模型。

BP 神经网络在开始训练前将各层的连接权值及阈值随机初始化为[0,1]的值，这种未经优化的随机初始化往往会使 BP 神经网络的收敛速度慢且容易使最终结果为非最优解。采用遗传算法可以对初始权值以及阈值分布进行优化，优化的初始权值和阈值能使 BP 神经网络具有更高的精度。

10.4.3　RBF 神经网络预测模型

1. RBF 神经网络概述

在 20 世纪 80 年代，Moody 和 Darken 提出了一种具有多层前向网络的类似结构且带有单隐含层的三层前馈网络，称为 RBF 神经网络。理论论证表明，RBF 神经网络既能够处理好系统内部难以解析的规律性，也能够以任意精度逼近任意连续函数和任意非线性函数。

通过比较 RBF 神经网络和 BP 神经网络的学习过程，可以发现两者具有类似的学习过程，最大的差异在于它们的隐含层采用不相同的作用函数。BP 神经网络中的作用函数是 Sigmoid 函数，而其值在输入空间中无限大的范围内为非零值，所以 BP 神经网络是一种拥有全局逼近功能的神经网络。但是，RBF 神经网络中的隐含层使用的是 Gauss 基函数，其值在输入空间中有限范围内为非零值，因此 RBF 神经网络是一种具有局部逼近的神经网络。

文献[188]研究表明，作为全局逼近的 BP 神经网络，当其要逼近任何一个非线性函数时，其全部的网络权值都要在每次样本学习之后进行重新调整，所以其收敛速度极其缓慢，易陷入局部极小的问题，对于要求高度实时性的控制系统无法适用。而作为具有局部逼近特性的 RBF 神经网络，因为它具有非线性的输入层到输出层的映射和线性的隐含层到输出层的映射，所以它能够迅速地增加学习速度以消除局部极小的问题，从而满足系统实时控制的要求。

RBF 神经网络是一种以 RBF 作为隐含层中的变换函数的三层前向网络，可以模拟人脑中相互覆盖接收域和局部调整的神经网络结构，已证明它能以任意精度逼近任一连续函数。构成 RBF 神经网络的基本思想是：把 RBF 作为隐单元的"基"构成隐含层空间，这样输入矢量就直接映射到隐含层空间，当 RBF 的中心点确定以后，这种映射关系也就确定了，并且这种映射关系是非线性的，而隐含层空间到输出层空间的映射是线性的。

RBF 神经网络由输入层、隐含层和输出层三层组成，其拓扑结构如图 10-2 所示。

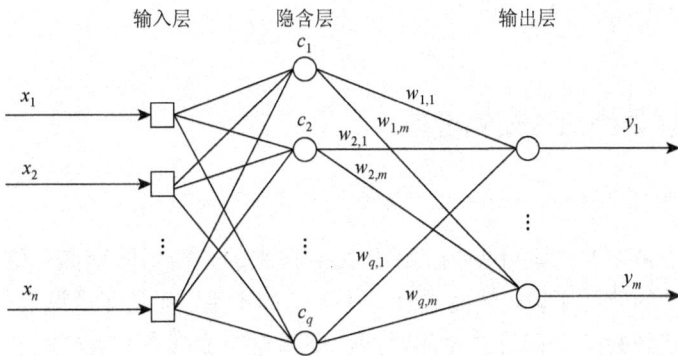

图 10-2　RBF 神经网络拓扑结构

第一层为输入层，由信号源节点组成，其节点个数等于输入向量的维数；第二层为隐含层，隐单元数能够影响网络性能，根据所描述的问题需要而定，隐单元的变换函数是一种局部分布的非负非线性函数，它对中心点径向对称且减弱；第三层为输出层，网络的输出对输入向量作出响应，是隐单元输出的线性加权和。

2. RBF 神经网络预测模型构建

RBF 神经网络是局部逼近网络，具有典型的三层网络结构：输入层、隐含层和输出层。取 RBF 神经网络的输入个数为 m，输出个数为 1，则 RBF 神经网络完成映射 $f: R^m \to R^1$，其数学表达式为

$$x(t+1) = f(x(t)) = \sum_{j=1}^{N_c} \lambda_j \varphi_j (\| x(t) - c_j \|) \qquad (10\text{-}30)$$

式中，$x(t) \in R^m$ 为网络的输入向量；$\varphi_j(\cdot)$ 为 RBF；$\| \cdot \|$ 为范数；λ_j 为输出层连接权值；c_j 为 RBF 的中心。采用 Gauss 函数作为 RBF，其形式为

$$\varphi_j(\| x(t) - c_j \|) = \exp\left(\frac{-\| x(t) - c_j \|^2}{\beta^2}\right) \tag{10-31}$$

式中，β 为常数，称为宽度值。

用 RBF 神经网络来预测混沌时间序列，当神经网络每层的神经元数目等于混沌时间序列重构相空间的嵌入维数 m 时，预测效果比较好。根据 RBF 中心选取方法的不同，RBF 神经网络有不同的学习方法，其中最常用的四种学习方法是随机选取中心法、自组织选取中心法、有监督选取中心法和正交最小二乘法。实际应用中，一般可采用的是 MATLAB 神经网络工具箱中根据正交最小二乘法编写的 Solverb 函数。

应用 RBF 的优点是，确定了隐含层节点的中心向量和 RBF 宽度后，剩下的工作就是确定权值，而寻找权值是一个线性优化问题，该问题有唯一确定解，不存在局部极小问题。

10.4.4　小波神经网络预测模型

1. 小波理论

小波分析是针对傅里叶变换的不足发展而来的，傅里叶变换是信号处理领域中应用最广泛的一种手段，然而它有一个严重的不足，就是变换抛弃了时间信息，变换结果无法判断某个信号发生的时间，即傅里叶变换在时域中没有分辨能力。小波是一种长短有限、平均值为 0 的波形，它具有以下两种特点：①时域都具有紧支集或近似紧支集；②直流分量为 0。

小波函数是由一个母小波函数经过平移与尺寸伸缩得到的，小波分析即把信号分解成一系列小波函数的叠加。

小波变换是指把某一基本小波函数 $\varphi(t)$ 平移 τ 后，再在不同尺度 α 下将待分析的信号 $x(t)$ 作内积：

$$f_x(\alpha, \tau) = \frac{1}{\sqrt{\alpha}} \int_{-\infty}^{\infty} x(t) \varphi\left(\frac{t - \tau}{\alpha}\right) \mathrm{d}t, \quad \alpha > 0 \tag{10-32}$$

等效的时域表达式为

$$f_x(\alpha, \tau) = \frac{1}{\sqrt{\alpha}} \int_{-\infty}^{\infty} x(\omega) \varphi(\alpha\omega) \mathrm{e}^{\mathrm{j}\omega} \mathrm{d}t, \quad \alpha > 0 \tag{10-33}$$

式中，τ 和 α 分别为平移因子和尺度因子，τ 相当于使镜头相对于目标平行移动，α 相当于使镜头向目标推进或远离。

从式（10-32）与式（10-33）可以看出，小波分析能通过小波基函数的变换分析信号的局部特征，并且在二维情况下具有信号方向选择性能力，因此，该方法作为一种数学理论和分析方法，引起了广泛关注。

2. 小波神经网络

小波神经网络是一种以 BP 神经网络拓扑结构为基础，用小波基函数作为隐含层节点的传递函数，信号正向传播的同时误差反向传播的神经网络。小波神经网络的拓扑结构如图 10-3 所示。

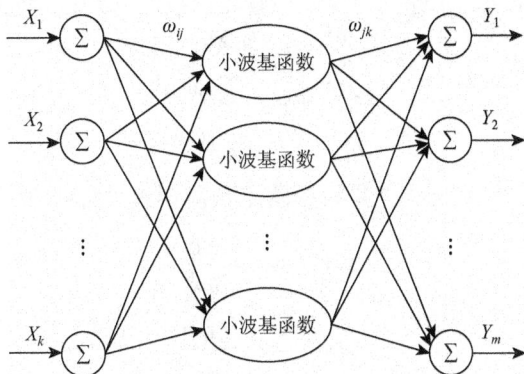

图 10-3　小波神经网络的拓扑结构

图 10-3 中，$X_1, X_2, \cdots, X_k$ 是小波神经网络的输入参数，$Y_1, Y_2, \cdots, Y_m$ 是小波神经网络的输出，ω_{ij} 和 ω_{jk} 是小波神经网络权值。

在输入信号序列为 x_i（$i = 1, 2, \cdots, k$）时，隐含层输出计算公式为

$$h(j) = h_j \left(\dfrac{\sum\limits_{i=1}^{k} \omega_{ij} x_i - b_j}{\alpha_j} \right), \quad j = 1, 2, \cdots, l \qquad （10\text{-}34）$$

式中，$h(j)$ 为隐含层第 j 个节点输出值；ω_{ij} 为输入层和隐含层的连接权值；b_j 为小波基函数 h_j 的平移因子；α_j 为小波基函数 h_j 的伸缩因子；h_j 为小波基函数。

本书采用的小波基函数为 Morlet 母小波基函数，数学表达式为

$$y = \cos(1.75x) \mathrm{e}^{-x^2/2} \qquad （10\text{-}35）$$

小波神经网络输出层计算公式为

$$y(k) = \sum_{i=1}^{l} \omega_{jk} h(i), \quad k = 1, 2, \cdots, m \qquad （10\text{-}36）$$

式中，ω_{jk} 为隐含层到输出层权值；$h(i)$ 为第 i 个隐含层节点的输出；l 为隐含层节点数；m 为输出层节点数。

小波神经网络权值参数修正算法类似于 BP 神经网络权值修正算法，采用梯

度修正法修正网络的权值和小波基函数参数，从而使小波神经网络预测输出不断逼近期望值。小波神经网络修正过程如下。

（1）计算网络预测误差：

$$e = \sum_{k=1}^{m} \mathrm{yn}(k) - y(k) \tag{10-37}$$

式中，$\mathrm{yn}(k)$ 为期望输出；$y(k)$ 为小波神经网络预测输出。

（2）根据预测误差 e 修正小波神经网络权值和小波基函数系数：

$$\omega_{nk}^{(i+1)} = \omega_{nk}^{i} + \Delta\omega_{nk}^{(i+1)} \tag{10-38}$$

$$\alpha_{k}^{(i+1)} = \alpha_{k}^{i} + \Delta\alpha_{k}^{(i+1)} \tag{10-39}$$

$$b_{k}^{(i+1)} = b_{k}^{i} + \Delta b_{k}^{(i+1)} \tag{10-40}$$

式中，$\Delta\omega_{nk}^{(i+1)}$、$\Delta\alpha_{k}^{(i+1)}$、$\Delta b_{k}^{(i+1)}$ 是根据网络预测误差计算得到的：

$$\Delta\omega_{nk}^{(i+1)} = -\eta\frac{\partial e}{\partial\omega_{nk}^{(i)}} \tag{10-41}$$

$$\Delta\alpha_{k}^{(i+1)} = -\eta\frac{\partial e}{\partial\alpha_{k}^{(i)}} \tag{10-42}$$

$$\Delta b_{k}^{(i+1)} = -\eta\frac{\partial e}{\partial b_{k}^{(i)}} \tag{10-43}$$

式中，η 为学习率。

小波神经网络预测算法训练步骤如下。

（1）网络初始化。随机初始化小波函数伸缩因子 α_k、平移因子 b_k 以及连接权值 ω_{ij} 和 ω_{jk}，设置网络学习率 η。

（2）样本分类。把样本分为训练样本和测试样本，训练样本用于训练网络，测试样本用于测试网络预测精度。

（3）预测输出。把训练样本输入网络，计算网络预测输出并计算网络输出和期望输出的误差 e。

（4）权值修正。根据误差 e 修正网络权值和小波基函数参数，使网络预测值逼近期望值。

（5）判断算法是否结束，如果没有结束，返回步骤（3）。

10.5　基于 BP 神经网络的优化预测模型

10.5.1　BP 神经网络预测方法的缺陷

随着混沌理论和应用技术的不断发展，混沌系统的建模、预测和控制成为当代混沌领域研究的热点。迄今为止，国内外学者对混沌预测理论已经进行了很多研究，取得了一些有价值的成果，建立了多种混沌时间序列预测模型。在这些预测模型中，BP 神经网络通过具有简单处理能力的神经元的复合作用使网络具有复杂的非线性映射能力，是一种比较成功的混沌时间序列预测模型。虽然应用日益广泛，但 BP 算法的本质是用梯度下降法学习规则来逐级向前调整网络的权值和阈值，使网络的误差平方和最小，因此 BP 算法在应用中也暴露出了不少问题和缺陷，典型的缺陷如下：①训练次数多、学习效率低、收敛速度慢；②容易形成局部极小；③隐含层的神经元数目难以确定；④训练时有学习新样本而忘记旧样本的趋势。

其中，容易形成局部极小这个问题是研究人员最为关注的问题。从数学的观点来看，局部极小的不可避免是由于 BP 算法是以梯度下降法为基础的非线性优化方法。使网络陷于局部极小的可能性也会随着存在着许多局部极小点的情况而增加。一般情况下，用随机方法对 BP 算法中的 ANN 权值进行初始化，这又增加了 ANN 的学习达到全局最优化的难度。

ANN 的广泛推广能力是有局限性的，其性能还受到自身对所使用模型的响应程度的影响，而响应程度由对 ANN 进行训练的非主导函数模式决定，特别是在样本中存在某些非主导模式时。

由于 BP 神经网络在一些领域的应用受到 BP 算法自身局部极小和收敛性慢的限制，需要对 BP 算法进行改进从而扩大 BP 神经网络的应用。为此，算法被很多人用各种方式来改进，大致有以下几种：①用其他方法来替换梯度下降法；②与其他搜索算法结合并优化；③用其他函数替换 Sigmod 作为传输函数，如使用分段函数以避免 BP 算法陷入局部极小；④提高动量因子以及自适应系数进行多次实验。

由于 BP 算法存在以上不足，人们在研究中寻找可以改进的手段。在寻找过程中，人们发现智能优化算法具有快捷的收敛速度、良好的鲁棒性记忆、强大的全局搜索能力，不需要借助像梯度这类问题本身的特征信息等优势。将这些优势充分地与 ANN 结合，用智能优化算法来优化 ANN 的连接权值，可以弥补 BP 神经网络中的缺陷，从而发挥 ANN 的泛化能力，并且提高其收敛速度和学习能力。

10.5.2　BP 神经网络预测模型改进思路

BP 神经网络预测模型的主要缺点表现在两方面：一是容易于陷入局部极小；二是收敛速度慢。解决这两个问题的一种方法就是采用系统优化算法对 BP 神经网络预测模型进行优化。按照原理不同，可以将优化算法分为解析法、数值算法、基于解析法的搜索法、网络优化方法、智能优化算法等。前面四种方法是经典算法，这些方法都是从数学角度寻求优化的方法，这些方法计算复杂程度大，一般只能求解小规模的问题。20 世纪 80 年代以来，一方面由于系统优化问题越来越复杂，经典优化方法已经解决不了实际复杂系统的优化问题了；另一方面受生物学、人工智能、物理学、神经科学等的启发，激发出许多解决优化问题的新思路，形成了新方法。这些方法是通过模拟或揭示某些自然现象或过程而发展起来的，是把人处理问题的认识和经验融入优化算法中而形成的算法，所以称为智能优化算法，或者称为现代启发式算法（meta-heuristic algorithms）。典型的智能优化算法有：遗传算法、模拟退火算法、禁忌搜索算法、蚁群算法以及粒子群算法等。

　　把 BP 神经网络和智能优化算法有机融合，利用智能优化算法来弥补 BP 神经网络连接权值和阈值选择上的随机性缺陷，不仅能发挥 BP 神经网络泛化的映射能力，而且可以使 BP 神经网络具有很快的收敛性以及较强的学习能力。因此，从非线性混沌时间序列角度出发，用智能优化算法优化 BP 神经网络预测模型，能够降低 BP 神经网络预测模型陷入局部极小的风险并能够使 BP 神经网络取得很高的收敛精度。这种 BP 神经网络优化预测算法，首先根据混沌时间序列输入输出参数个数确定 BP 神经网络拓扑结构，然后使用改进的智能优化算法对 BP 神经网络的权值和阈值进行优化找到最优适应度值对应个体，最后用改进的智能优化算法得到的最优个体对 BP 神经网络初始权值和阈值赋值，训练 BP 神经网络预测模型得到预测最优解。

10.5.3　遗传算法优化 BP 神经网络预测模型

1. 基本思想

　　遗传算法（genetic algorithm，GA）是模拟达尔文的遗传选择和自然淘汰的生物进化过程的计算模型，它最早由美国密执安大学的 Holland 教授提出，起源于 20 世纪 60 年代对自然和人工自适应系统的研究[189]。后来，遗传算法获得了广泛的研究，学者发表了大量的相关文章，并且遗传算法作为一种优化工具在实践中也逐渐被推广应用。

　　在遗传算法中，问题的解集被定义为种群中的染色体，每个染色体代表一种可能解。种群中染色体的数量表示种群的规模。染色体作为遗传物质的主要载体，即多个基因的集合，其内部表现是某种基因组合，它决定了个体的性状的外部表现。因此，在一开始需要实现从表现型到基因型的映象，即编码工作。

　　染色体在连续的后代中得到不断进化。子代染色体一般这样产生：通过交叉操作来合并两个父代染色体，或通过变异操作来改变父代染色体。在每一代中都要评价染色体的适应度（一般根据目标函数），有较高适应度的染色体的存活概率较大。经过数代之后，新生代中染色体会趋于同样，或者满足某种给定的条件，最终的染色体表示对问题的最优或接近最优解。

遗传算法是一种全局优化随机搜索算法，在个体基因表示的基础上通过遗传算子模拟遗传过程中出现的复制、交叉和变异等现象，对种群个体逐代择优，从而最终获得最优个体。将改进的遗传算法和 BP 神经网络相结合，形成一个遗传算法优化 BP 神经网络的预测模型。模型算法分为三部分。

（1）确定 BP 神经网络结构。根据混沌时间序列输入输出参数个数确定 BP 神经网络拓扑结构，进而确定遗传算法个体的长度。

（2）遗传算法优化 BP 神经网络权值和阈值。采用线性插值函数生成种群个体，种群中每一个个体都包含一个 BP 神经网络的所有权值和阈值，个体通过适应度函数计算个体适应值，遗传算法通过选择、交叉和变异操作找到最优适应度值对应个体。

（3）BP 神经网络预测。用遗传算法得到的最优个体对 BP 神经网络初始权值和阈值进行赋值，用 BP 神经网络预测模型进行局部寻优，从而得到具有全局最优解的 BP 神经网络预测值。

2. 遗传算法优化 BP 神经网络预测算法步骤

算法具体步骤如下[190]。

（1）设群体规模为 P。随机生成 P 个个体的初始种群 $W = [W_1, W_2, \cdots, W_P]^{\mathrm{T}}$，给定一个数据选定范围，由于初始群体的确定对遗传算法的全局寻优有很大影响，采用线性插值函数生成种群中个体 W_i 的一个实数向量（$w_1, w_2, \cdots, w_S$），作为遗传算法的一个染色体。染色体的长度为

$$S = RS_1 + S_1S_2 + S_1 + S_2 \qquad (10\text{-}44)$$

式中，R 为输入层节点数；S_1 为隐含层节点数；S_2 为输出层节点数。

确定好的种群中的每个个体 $W_i = (w_1, w_2, \cdots, w_S)(i = 1, 2, \cdots, P)$，代表一个 BP 神经网络的初始值，个体 W_i 中的一个基因值 w_j 表示神经网络的一个连接权值或阈值。为了得到高精度的权值、缩短染色体的串长，可采用浮点数编码方法。

（2）确定个体的评价函数。给定一个 BP 神经网络进化参数，将步骤（1）中得到的染色体对 BP 神经网络权值和阈值进行赋值，输入训练样本进行神经网络训练，达到设定的精度，得到一个网络训练输出值 $\hat{y}_i$。则种群 W 中个体 W_i 的适应度值 $\mathrm{fitness}_i$ 和平均适应度值 $\bar{f}$ 分别定义为

$$\mathrm{fitness}_i = \sum_{j=1}^{M-1} (\hat{y}_j - y_j)^2, \quad i = 1, 2, \cdots, P \qquad (10\text{-}45)$$

$$\overline{f} = \frac{\sum\limits_{i=1}^{P} \text{fitness}_i}{P} \tag{10-46}$$

式中，$\hat{y}_j$ 为训练输出值；y_j 为训练输出期望值；M 为重构相空间中的相点数；P 为种群规模。

（3）采用轮盘赌法选择算子，即基于适应度比例的选择策略对每一代种群中的染色体进行选择，则选择概率 p_i 为

$$p_i = \frac{f_i}{\sum\limits_{i=1}^{P} f_i}, \quad i = 1,2,\cdots,P \tag{10-47}$$

式中，$f_i = 1/\text{fitness}_i$；P 为种群规模。

（4）由于个体采用实数编码，交叉操作方法采用实数交叉法。第 k 个基因 w_k 和第 l 个基因 w_l 在 j 位的交叉操作为

$$\begin{cases} w_{kj} = w_{kj}(1-b) + w_{lj}b \\ w_{lj} = w_{lj}(1-b) + w_{kj}b \end{cases} \tag{10-48}$$

式中，b 为[0，1]内的随机数。

（5）变异操作选取第 i 个个体的第 j 个基因进行变异操作：

$$w_{ij} = \begin{cases} w_{ij} + (w_{ij} - w_{\max})f(g), & r \geqslant 0.5 \\ w_{ij} + (w_{\min} - w_{ij})f(g), & r < 0.5 \end{cases} \tag{10-49}$$

$$f(g) = r_2(1 - g/G_{\max}) \tag{10-50}$$

式中，$w_{\max}$ 和 $w_{\min}$ 分别为基因 w_{ij} 取值的上下界；r 为[0，1]内的随机数；r_2 为一个随机数；g 为当前迭代次数；$G_{\max}$ 为最大进化代数。

（6）将遗传算法的最优个体分解为 BP 神经网络的连接权值和阈值，利用 BP 算法对 BP 神经网络预测模型进行训练，求出混沌时间序列预测最优解。

10.5.4　改进 PSO 算法优化 BP 神经网络预测模型

1. 粒子群算法

粒子群算法[191]，也称 PSO 算法，是一种有效的全局寻优算法，是 Kennedy 和 Eberhart 在 1995 年受人工生命研究结果的启发，通过模拟鸟群觅食过程中的迁徙和群聚行为而提出的一种基于群体智能的全局随机搜索算法。它的特点是收敛速度快，且具有全局最优的特点，常用于神经网络、支持向量机参数优化等领域。

PSO 算法的核心思想是：通过群体中个体之间的相互协作和信息共享来寻找

最优解。在该算法中，每个优化问题的候选解都是搜索空间中一个粒子（particle）的状态，每个粒子都对应一个由目标函数决定的适应度值（fitness value），粒子的速度决定了它们飞翔的方向和距离。粒子根据自身及同伴的飞行经验进行动态调整，即通过跟踪两个位置进行更新，一个是粒子自身所找到的最优解，另一个是整个种群当前找到的最优解，如此在解空间中不断搜索，直至满足要求。

PSO 算法属于进化算法，其实现容易，优化精度高，尤其是收敛速度很快，在解决实际问题中展现了无与伦比的优越性。下面介绍 PSO 算法的具体操作。

设在一个 S 维的搜索空间中，由 n 个粒子组成的种群 $W=(W_1,W_2,\cdots,W_n)$，其中第 i 个粒子表示为一个 S 维的向量 $W_i=[w_{i1},w_{i2},\cdots,w_{iS}]^{\mathrm{T}}$，代表第 i 个粒子在 S 维搜索空间中的位置，表示一个问题的潜在解。根据目标函数可计算出每个粒子位置 W_i 对应的适应度值。第 i 个粒子的速度记为 $V_i=[V_{i1},V_{i2},\cdots,V_{iS}]^{\mathrm{T}}$，其个体极值记为 $P_i=[P_{i1},P_{i2},\cdots,P_{iS}]^{\mathrm{T}}$，种群全局的极值记为 $P_g=[P_{g1},P_{g2},\cdots,P_{gS}]^{\mathrm{T}}$。

在每一次迭代过程中，粒子通过个体极值和全局极值更新自身的速度与位置，更新模型为

$$V_{id}^{k+1}=\omega V_{id}^k+c_1 r_1(P_{id}^k-W_{id}^k)+c_2 r_2(P_{gd}^k-W_{gd}^k) \tag{10-51}$$

$$W_{id}^{k+1}=W_{id}^k+V_{id}^{k+1} \tag{10-52}$$

式中，ω 为惯性权值；$d=1,2,\cdots,S$；$i=1,2,\cdots,n$；k 为当前迭代次数；V_{id} 为粒子的速度；c_1 和 c_2 为非负常数，称为学习因子；r_1 和 r_2 为分布于[0, 1]的随机数。

学习因子 c_1 用来调节粒子向个体极值方向飞行的步长，c_2 用来调节粒子向全局最优值方向飞行的步长。学习因子数值的确定通常依据实际情况而定，通常不宜过大，也不宜过小。如果过小，考虑到粒子可能离目标太远，接近目标需要的时间过长，达不到期望的工作效率；如果过大，则可能会导致由于速度过大而飞过目标。在这里，为防止因学习因子选取过大或者过小而产生不良后果，确定 c_1 和 c_2 的值相等，均为 2。

2. 对 PSO 算法的改进

随着 PSO 算法研究的不断深入，人们逐渐发现 PSO 算法不一定能找到最优解，这是因为该算法在优化过程中存在以下问题。

（1）PSO 算法的初始集群是随机选取的，这种方法虽然可以使初始种群的粒子的分布比较均匀，但是这样个体的质量会相对较低，种群中的部分粒子有可能会远离最优解，这样的情况会在一定程度上影响到算法的效率和得到的最优解的质量。

（2）PSO 算法在早期的搜索速度相对比较快，尤其是在参数的设定过大的情况出现时，有可能粒子的搜索会错过最优解，这样有可能会导致此算法出现不收

敛的情况。而且即使过程是处于收敛情形的，但是种群中所有粒子在固定的规则的指引下，均朝着同一方向飞行，这样就会导致这些粒子趋向于同一化，从而降低了算法在后期的收敛速度。

（3）PSO 算法非常容易陷入局部极值，从而影响最优解的质量。

（4）PSO 算法的搜索精度并不高，其相对简化的搜寻步骤虽然能让过程较快，但是相对地，其精度会下降。

（5）PSO 算法相对高效的信息共享机制有可能会导致种群的粒子在寻找最优解时过度集中，从而使粒子均向某个全局最优解靠近，而不能使算法用于多模态函数的优化。

（6）PSO 算法在求解带有离散变量的优化问题时，对离散变量的取整容易导致大的误差出现。

因此，与基本粒子群算法对比，本书提出一种设计方法，改善粒子群的收敛速度、优化精度以及早熟问题，并将其运用到 BP 神经网络预测模型中。

PSO 算法中，每个优化问题的候选解都是搜索空间中一个粒子的状态，每个粒子都对应一个由目标函数决定的适应度值，粒子的速度决定了它们飞翔的方向和距离。粒子根据自身及伙伴的飞行经验进行动态调整，即粒子自身所找到的最优解和整个种群当前找到的最优解。由于 PSO 算法中粒子向自身历史最佳位置和邻域或群体历史最佳位置聚集，形成粒子种群的快速趋同效应，容易出现陷入局部极值、早熟收敛或停滞现象[192]。为了克服上述不足，借鉴遗传算法中的变异思想，在 PSO 算法中引入了自适应变异算子，即对某些变量以一定的概率重新初始化。变异操作拓展了在迭代中不断缩小的种群搜索空间，使粒子能够跳出先前搜索到的最优位置，在更大的空间中开展搜索，同时保持了种群多样性，提高了算法寻优找到更优值的可能性。

3. 基本思路

PSO 算法的基本思路为：空间中的每一个粒子，以适应度函数为标准，不断调整自己的飞行方向和飞行速度，从而达到搜索到空间最优值的目的。粒子主要利用两个变量来更新自己，一是个体极值，二是群体极值。其中，个体极值是指每个粒子在运动过程中经过的最佳位置，群体极值是指每个粒子所在的群体曾经经过的最佳位置。在实际应用中，适应度函数的选择是建模的一个关键点。

将 PSO 算法应用到混沌 BP 神经网络预测模型中，首先，在对实验数据进行相关的归一化处理后，通过相空间重构将一维的交通流数据扩展到高维中（维数为嵌入维数），并利用嵌入维数等于输入层节点数这一桥梁，确定网络的拓扑结构。其次，由 PSO 算法确定网络权值和阈值，主要通过将粒子变量赋值成为网络权值和阈值的矩阵，然后通过网络输出层的误差来改变粒子运动的方向和速度，最终确定网络的最佳权值和阈值组合，并以此作为 BP 神经网络学习和训练的初始权值与阈值。再次，BP 神经网络利用优化后的权值和阈值对样本进行训练，当达到训练的最小均方误差，或者达到网络参数中最大训练次数后，网络停止训练。最后，利用训练好的网络对测试数据进行预测，得到最终的实验结果。

4. PSO 算法优化混沌 BP 神经网络模型的基本步骤

PSO 算法优化混沌 BP 神经网络模型与混沌 BP 神经网络预测模型最大的区别就在于，PSO-BP 在 BP 神经网络训练前先利用 PSO 算法寻到初始权值和阈值的最优解，在确定了最佳初始权值和阈值组合之后再开始神经网络的训练，它的基本步骤如下[193]。

1）初始化 BP 神经网络

初始化 BP 神经网络主要是指网络结构初始化。根据嵌入维数参数的确定，将网络拓扑结构确定为 m-$2m+1$-1，即输入层为 m，隐含层为 $2m+1$，输出层为 1。

2）实验数据归一化处理

实验数据归一化处理主要是指根据归一化法则把数据转化为便于计算的数据。

3）数据的相空间重构

数据的相空间重构主要是指对原始数据中的训练样本和测试样本进行相空间重构。一些典型的非线性系统的嵌入维数和延迟时间，都是经过研究直接确定的，如果是实际数据的混沌时间序列，则需要用混沌理论中的一些方法确定。

4）利用 PSO 算法优化网络的初始权值和阈值

它主要包括粒子位置和速度的初始化、适应度的计算与粒子更新位置及速度等步骤，主要功能就是迭代寻优，其过程如下。

（1）初始化种群。即设定学习因子 c_1 和 c_2，最大进化代数 $k_{\max}$ 和初始化种群 X，随机产生各粒子的初始位置，这个位置是指每个粒子各个维度上的数值组合，它对应神经网络中输入层到隐含层、隐含层到输出层的连接权值以及隐含层的阈值、输出层的阈值。初始位置是随机的。

（2）评价种群 X 的优劣，计算粒子适应度值。模型中，粒子的适应度函数设为神经网络训练中的均方误差函数。

（3）将粒子的适应度值与个体极值 P 进行比较，如果当前值小于 P，则将当前值赋给 P，否则保持当前的 P 值。无论 P 值有没有变化，都需要将 P 的位置设定为当前位置。

（4）将粒子的适应度值与群体极值 G 进行比较，如果当前值小于 G，则当前粒子的矩阵下表和适应度值赋给 G，否则保持当前的 G 值。

（5）调整粒子的位置与速度，得到新的粒子种群。

（6）判断循环的结束条件（通常为最大迭代次数或误差标准），若满足结束条件，结束迭代，得到最优值；否则返回步骤（2）继续搜索最优解。

5）BP 神经网络训练

BP 神经网络训练主要是指将数据信息输入网络输入层的各个节点中，网络根据训练目标（通常用最小均方误差）以及网络训练的各项进化参数对输入数据进行训练。模型的训练过程为：将 $N-1$ 个被嵌入高维的训练样本的每个维的数值顺序输入输入层的每个节点中，通过正向过程得到一个输出结果，将该结果与训练目标比较，如果存在误差，立即进行反向传播，同时进行网络的权值修正。正向计算误差，反向进行权值修正，直到误差满足设定值。

6）BP 神经网络预测

这与前面原理相同，这里不再赘述。

第 11 章　交通流混沌控制方法

由于混沌运动具有初值敏感性和长时间发展趋势的不可预见性，长期以来人们一直认为混沌系统是不可控也不可靠的行为，是无法应用的，所以其在工程领域中总是受到回避和抵制。到 20 世纪 90 年代，人们开始把目光聚焦在控制混沌和利用混沌的研究上。混沌控制的目的是使系统运行由混沌状态转入期望的不动点或某个稳定的周期轨道。实际工程中的混沌多数是有害的，会威胁到系统的安全稳定。混沌控制的任务是根据不同领域的实际需要，应用各种方法对混沌系统的混沌行为进行控制，获得所需要的动力学行为，为众多领域的应用提供原理、方法及技术基础。

11.1　混沌控制概述

无论混沌振荡还是多稳态特性的存在，都给非线性系统的稳定运行带来了诸多不确定因素，能否将混沌运动有效诱导至稳定轨道是人们长期以来关心的问题。为此，许多先进的控制方法已经应用于混沌控制的研究之中。最早的混沌控制方法由 Ott、Grebogi 和 Yorke 等于 1990 年提出，称为 OGY 混沌控制方法，主要思路是选择混沌运动轨迹上的某个不稳定的周期轨道作为控制目标，通过对系统施加微小扰动，引导混沌运动最终稳定于该周期轨道，从而消除混沌。虽然 OGY 混沌控制方法需要很长的时间来检测系统是否已经进入受控领域，控制效率不高，但是该方法的问世大大促进了混沌控制的研究进展。在该方法的基础上，有学者提出了反馈延迟方法，将系统的输出信号经过延迟后再反馈到混沌系统中，适用于不能明确获取周期轨道细节的情况。还有学者针对系统参数未知的情况，提出了自适应混沌控制方法，使混沌控制目标更加多样化。此外，从简化控制规律便于物理实现的角度出发，学者纷纷提出了改进措施，结合模糊控制、无源控制和滑模变结构控制等方法对混沌控制方法进行改善。

混沌控制在众多领域有着广阔的应用前景，如在电子学、电力系统、电路设计、保密通信、密码学、交通系统、激光物理、化学反应、流体混合、生物系统、脑科学、心脏科学、神经网络等。正是这些应用前景不断地刺激混沌控制研究的深入和发展。

混沌控制的含义非常广泛。一般指通过各种控制方法和手段来改变系统的混沌状态，使其运动轨迹渐近稳定，呈现周期性运动。混沌控制可有以下几个方面的表述[194]。

（1）无须考虑所得运动的具体形式，消除系统混沌状态。

（2）在相空间，把混沌运动轨道引入事先指定已确定的小领域内的不动点或周期性轨道上。

（3）通过控制策略和方法设计控制器，最终使混沌系统达到事先给定的周期性动力学行为。

从广义上说，混沌控制可以分为两类：一类是抑制混沌动力学行为，另一类是产生或强化混沌动力学行为，后者通常称为混沌反控制。根据控制的目标不同，前者又可分为混沌镇定、混沌抑制和混沌同步。混沌镇定是指稠密嵌入混沌吸引子的一系列不稳定周期轨道的镇定，指事先指定的任一不稳定周期轨道稳定化；混沌抑制是指消除系统的混沌特性，至于所得的新运动形式无须考虑，一般为固定点；而混沌同步是指通过对混沌系统施加控制，使该系统的轨道与另一混沌系统的轨道渐近趋向一致。

从控制目标的明确性来看，混沌控制方法可以归纳为两大类。一类是有确定的控制目标，通常是根据人们的意愿在混沌系统的运动轨道中，选择一条满足要求的周期轨道来进行控制，通过若干次反复调整，从而保证受控系统稳定运行于目标轨道。这类控制方法的优点就是控制目标从系统运动轨道中选取，并不改变系统的结构，缺点是要求设法从系统轨道中提取目标函数，实现起来比较麻烦。另一类控制方法则没有具体的控制目标，也不关心被控系统的终态是否为周期运动，只要求能够有效抑制混沌行为，获得人们所需的新的动力学行为。这类控制的优点是设计方法简单，不需要指定系统的运动轨道，易于实现，但无法确保控制过程的稳定性。

在许多实际问题中，混沌是一种有害形式，它可能导致系统失控，使系统彻底崩溃。例如，等离子体的混沌会导致其失控，化学反应、流体系统的混沌导致人们期望的各种相关结构和有序运动被破坏。此时，抑制混沌，使系统运行到正常的各种有序状态，是实际问题的需要。

混沌并不总是有害的状态，如在混沌通信中，混沌序列本身就十分有用。在保密通信应用中，使用混沌的同步技术把复杂的混沌信号和有用的信号混合后发射出去，会给非法破译者造成极大的困难；将混沌的同步技术用于激光装置时，不仅能在很宽的范围内维持激光的稳定输出，而且能把激光器的功率提高数十倍。总而言之，混沌抑制和混沌同步内容丰富，且具有非常广阔的应用前景，有必要对其进行更加深入的研究。

总体来说，混沌控制的主要任务是，根据不同场合的需求，通过对其内部条件，如参数、变量，进行微调，或者通过施加外部条件，如引入周期或非周期信号等，来消除受控系统中的混沌运动，迫使系统的运动轨迹最终稳定到指定的周期或非周期目标轨道。

11.2　混沌控制方法

经典的混沌控制方法主要有 OGY 方法、连续反馈控制方法、脉冲反馈控制法、自适应反馈控制方法、神经网络法等。

11.2.1　OGY 方法

下面以一个 n 维离散的混沌系统的控制过程来说明 OGY 方法。假设被控系统的数学模型为

$$y_{n+1} = G(y_n, h) \tag{11-1}$$

式中，$y \in R^n$ 为系统状态变量；h 为系统参数，$h \in (h - \zeta h_{max}, h + \zeta h_{max})$ 为一个外部可调的控制参数，ζh_{max} 为最大微扰量。假定 $h = h_0$ 时系统处于混沌状态，其中，式（11-1）的一个固定点：

$$y_g = G(y_g, h_0) \tag{11-2}$$

是该混沌吸引子上要被稳定控制的不稳定不动点，也就是控制目标为不动点 y_g。在一个很小的范围内对参数 h_0 施加小微扰 ζh，使 $\zeta h \leqslant |\zeta h_{max}|$。

11.2.2　连续反馈控制方法

假设外力反馈描述的受控系统的动力学方程为

$$\begin{cases} \dfrac{dy}{dt} = G(y, z) - P(t) \\ \dfrac{dz}{dt} = Q(y, z) \end{cases} \tag{11-3}$$

式中，z 为输出变量；矢量 y 为状态变量；$P(t)$ 为微扰的控制信号，当无控制，即 $P(t) = 0$ 时，系统应处于混沌状态。

假设将系统控制到混沌吸引子中某个周期信号 $z_i(t)$。为此首先设计一个周期信号发生器来产生所需的周期信号 $z_i(t)$，或产生的信号正比于 $z_i(t)$，然后把目标信号 $z_i(t)$ 与输出信号 $z(t)$ 之差 $M(t) = z_i(t) - z(t)$ 作为控制信号，即式（11-4）反馈到式（11-3）中：

$$P(t) = H(y(t) - y_i(t)) = HM(t) \tag{11-4}$$

式中，H 为可调节的控制强度。当 $y(t) = y_i(t)$ 时，$P(t)$ 的引入并不改变相应的不稳定周期轨道；当 $y(t) \neq y_i(t)$ 时，通过调节控制强度 $M(t)$ 就可以达到稳定控制的目的；当达到控制目的时，$P(t) = H(y(t) - y_i(t)) = 0$，反馈控制不起作用。

11.2.3　脉冲反馈控制法

脉冲反馈控制法（pulse feedback control method，PFCM）通过对系统的变量进行控制，利用系统自身的非线性特征使周期轨道稳化。将系统变量脉冲反馈控制法应用于离散系统时的控制过程如下：

$$g_{i,t+1} = f(g_{i,t}) \tag{11-5}$$

式中，$g \in R^N$ 为系统的状态变量。

若脉冲反馈的反馈率为 $\lambda(g_{i,t})$，反馈步长为 k，即每隔 k 次迭代，将 $\lambda(g_{i,t})$ 反馈到系统中。一般地，$\lambda(g_{i,t})$ 采用变量比例反馈形式，即反馈控制器仅由比例环节组成。

设 $\lambda(g_{i,t}) = \beta g_{i,t}$，$\beta = \mathrm{diag}[\beta_1, \beta_2, \cdots, \beta_n]$ 为 $N \times N$ 的脉冲强度向量，脉冲微分方程为

$$\begin{cases} g_{i,t+1} = f(g_{i,t}), & t \neq m \cdot k \\ g_{i,t+1} = f(g_{i,t}), & g_{i,t+1} = \beta g_{i,t+1}, \quad t = m \cdot k \end{cases} \tag{11-6}$$

式中，$m > 1$ 为自然数，选取适当的反馈强度 β 和反馈步长 k 就可以实现脉冲反馈控制。

上述系统变量的脉冲反馈控制法中反馈强度 β 和反馈步长 k 的确定是成功实现脉冲反馈控制的关键，该方法抑制混沌的机理之一是通过加入反馈律构造出新的动力学系统：

$$g_{i,t+1} = f(\beta g_{i,t}) \tag{11-7}$$

从而使原系统（11-6）中混沌吸引子内嵌的不稳定周期轨道（unstable periodic orbits，UPO）得以稳化，并在此基础上，允许保留原系统的合理运动特性，使稳化的周期轨道得以保持，或产生周期倍化。

11.2.4　自适应反馈控制方法

自适应反馈控制方法的原理：实现估算动力学模型的参数是通过改变参数估计方法中的参数，最终使混沌系统的混沌状态达到预期控制的目标；参数估计方法起作用时控制目标与预期要对应的参考信号达到所控制的目标，这样就实现了混沌控制。这种方法使混沌系统达到所需要的状态是通过对参数的调整来实现的。

自适应反馈信号在 DFC 方法中有如下形式：

$$F(t) = K(g_i(1-\upsilon) - g_i(t)) \tag{11-8}$$

式中，K 为反馈增益系数；υ 为延时反馈时间；g_i 为系统可测状态变量；$F(t)$ 为对混沌系统的可控参数状态变量的小扰动。

在应用中，对于 K 和 υ 两个重要参数的适当选择是特别重要的，要么通过计算来确定，要么通过实验来确定。

1. 确定自适应延时反馈时间 υ

（1）加入控制后，系统在某一时刻的输出信号出现了第 n 个峰值，一般地，定义此时刻为 $t_{max}^{(n)}$。

（2）把延时反馈时间 υ 作为可测状态变量时间曲线上任意相邻 $k-1$ 个峰值之间的时间间隔。则有

$$\upsilon = \nabla t_{max}^{(n)} = t_{max}^{(n)} - t_{max}^{(n-k)} \tag{11-9}$$

2. 确定自适应反馈增益系数

在时刻 t 定义延时反馈时间的局部变化率为

$$\delta(t_n) = \lg \left| \frac{\nabla \upsilon_{max}^{(n)}}{t_{max}^{(n-1)}} \right| \tag{11-10}$$

延时反馈时间的改变情况用该变化率来描述。此时刻的扰动为

$$F(t) = K(t_n)(g_i(t_n - \nabla t_{max}^{(n)}) - g_i(t))$$

$$K(t_n) = \frac{K(t_{n-1})}{1 - \tanh(\xi \delta(t_n))} \tag{11-11}$$

式中，$K(t_{n-1})$ 为上一个时间段的反馈增益系数。当 $\xi \to 0$ 时，扰动就退化到 DFC 方法中的形式。$\xi > 0$ 是一个小数，所以对所有的时间 t 就落在 $\tanh(\xi\delta(t_n))$ 的线性范围内。

从式（11-10）和式（11-11）可以看出，整个控制过程的延时反馈时间和反馈增益系数均是根据系统的瞬态动力学行为自动选择的，具有自适应性的特点。当任意相邻 $k-1$ 个峰值之间的时间间隔都趋近一个常数时，就有 $\delta(t_n) = 0$ 和 $K(t_n) = K(t_{n-1})$，成功地将 $F(t_n)$ 混沌控制到稳定的轨道上。

11.2.5　神经网络法

由于 ANN 对任意的非线性系统都具有逼近性，一些学者尝试将该方法与混沌控制相结合，并提出了神经网络法用于对混沌运动进行控制。神经网络法用来控制混沌系统取得了良好的效果，神经网络法是把混沌吸引子作为一个记忆单元，

用来表示网络记忆的某一特定的信息，通过对样本集的训练，使样本成为网络的吸引子，实现记忆功能。混沌神经网络记忆分为两种：第一种是前向神经网络，即输入-输出映射网络，对于确定性的输入记忆具有复杂的非线性拟合作用；第二种是反馈式神经网络，即从初态到终态的演化网络，系统的稳定状态构成系统的吸引子并具有足够多的吸引域。在将神经网络用于轨道稳定控制的过程中，把混沌系统的输出参数反馈到输入端或与期望输出比较，将其差值作为神经网络的输入，通过神经系统的输出数据训练网络，结合神经网络控制系统的混沌运动最终使其稳定。

下面以应用较为广泛的 RBF 神经网络控制方法为例，说明其控制原理。首先，将混沌系统分解为线性部分和非线性部分，即

$$\dot{x} = Ax + f_N(x) \tag{11-12}$$

式中，Ax 为线性部分；$f_N(x)$ 为非线性部分。如果对式（11-12）施加控制量 $u(t)$，则受控的混沌系统的状态方程变为

$$\dot{x} = Ax + f_N(x) + u(t) \tag{11-13}$$

采用 RBF 神经网络逼近 $f_N(x)$，并用已经训练好的 $\hat{f}_N(x)$ 补偿非线性部分的影响，则

$$u(t) = -\hat{f}(x) + bv(t) \tag{11-14}$$

这样，系统就被近似为线性，可以应用线性系统的控制方法设计控制器。该方法的优点是利用了 RBF 神经网络的逼近性能，与 BP 神经网络相比具有更快的收敛速度，缺点在于使用中需要将受控系统分解为线性和非线性两部分，加大了计算的复杂程度。

11.3　高速公路交通流混沌控制原理

交通流的波动是由影响系统的内部因素和外部因素等多种因素之间的复杂关系相互作用所决定的。不管是内因还是外因，都不能独立地影响到交通状态，而是各种因素相互制约、相互渗透、共同作用。这些因素的复杂性，尤其是有人的参与，使交通流具有不确定性和混沌特征。智能交通系统（intelligent transport systems，ITS）综合运用信息通信、自动控制、人工智能、交通控制等技术，来增强系统的稳定性和运行效率。非线性交通流系统控制的研究对象主要包括微观和宏观两个层面，微观层面研究的是进入高速公路的车辆组成的车队，是对每个微观主体的控制策略，宏观层面的研究主要是基于交通模型或根据道路交通状态为各路段提供适当的反馈控制命令，微观和宏观控制的目标都是制造稳定的交通流，进而防止道路拥塞，增强交通流的稳定性。下面以高速公路入口匝道汇入区段的混沌控制为例介绍交通流混沌控制原理。

11.3.1　高速公路匝道混沌控制对象

为便于说明问题，仅考虑一个入口匝道的高速公路区段，如图 11-1 所示。

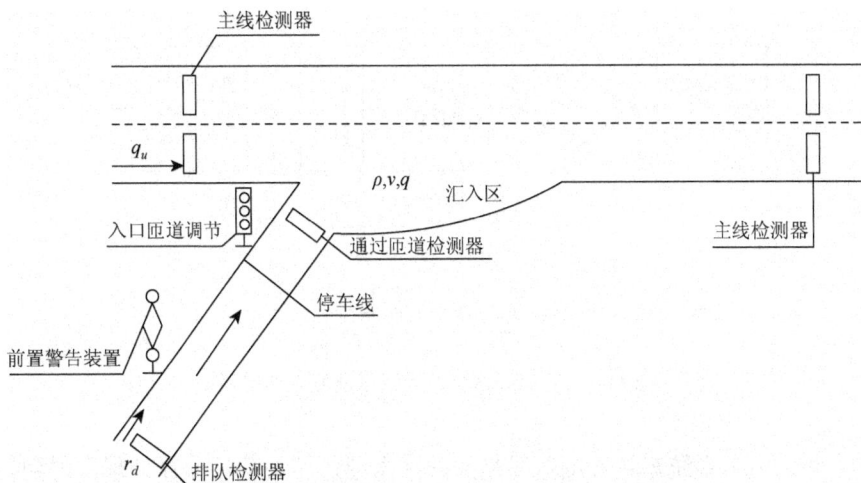

图 11-1　高速公路匝道系统

车辆检测器安置在高速公路上游、下游和入口匝道上，通过这些信息采集装置和相关数据计算处理，可实时采集表征交通流的一些物理量，如上下游流量、占有率、车头时距、密度、速度、匝道排队长度等的时间序列数据。整个区间长度为 2000m，其中下游车辆检测器位置距入口匝道处 1800m。该区段离散动力学模型可表述为

$$X(k+1) = F(X(k), q_u(k), \mathrm{CT}(k), r_d(k)) \tag{11-15}$$

式中，$X(k) = [\rho(k), q(k), v(k), l(k)]^{\mathrm{T}}$ 为系统状态变量，包括区段交通流量 $q_u(k)$、交通密度 $\rho(k)$、平均速度 $v(k)$、匝道排队长度 $l(k)$ 等；k 为离散化系统步数。

该模型的控制变量为入口匝道红灯时间 $\mathrm{CT}(k)$。区段交通流量 $q_u(k)$ 和匝道需求 $r_d(k)$ 从控制角度看为外部扰动变量，不同于一般控制系统，由于道路交通的特殊性，外部扰动变量不仅为时变的，且扰动较大，所以不能用一般控制系统的外部扰动变量观点来看待和处理这些变量。

式（11-15）是一个定性模型，虽然有各种各样的高速公路交通流模型，但其均有各种不足，因此本书采用交通流微观仿真软件，以此为基础，仿真高速公路，通过采集相关信息并计算出对应的表征交通流的宏观物理量，进行高速公路匝道汇入区过程的交通流混沌控制研究。

11.3.2　交通流匝道混沌控制原理

高速公路交通流匝道混沌控制原理如图 11-2 所示。

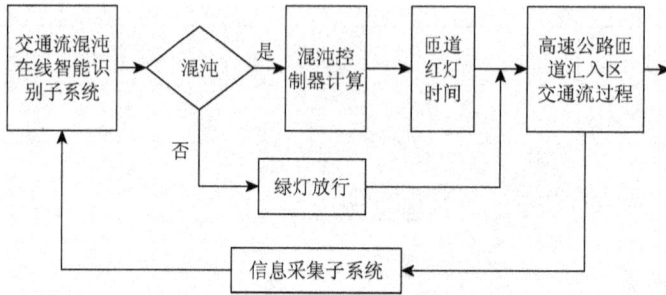

图 11-2　高速公路交通流匝道混沌控制原理

信息采集子系统车辆检测器采集到的数据通过相关数据计算处理，得到控制对象（高速公路匝道汇入区交通流过程）的相关实时数据。提取采集到的交通流时间序列的特征向量，实时地计算出 λ_{max}，利用交通流混沌在线智能识别子系统来判别高速公路汇入区是否处于混沌状态。当系统处于非混沌状态时，匝道上的信号灯一直处于绿灯自由放行状态；一旦出现 λ_{max} 大于零的情况，即判断为混沌状态，必须在不超过下面三个仿真步数内迅速使匝道混沌控制器加入红灯控制信号。加入匝道混沌控制器后的若干步数后，当 λ_{max} 出现连续小于零时，系统已经进入非混沌状态，然后再取消匝道混沌控制器，使匝道上的信号灯一直处于绿灯自由放行状态。

匝道混沌控制器计算出满足相关约束的红灯时间，通过对入口匝道信号灯进行放入车辆数量的时间调节，实现匝道混沌控制的作用。

11.3.3　高速公路匝道智能混沌控制系统的结构

高速公路匝道智能混沌控制系统的基本结构如图 11-3 所示。系统主要由样本（案例）数据库或仿真软件、混沌控制器算法模型库、知识库、推理机、自适应和自学习装置、信息采集子系统、交通流混沌智能识别子系统等组成。

（1）样本（案例）数据库分两种情况：第一种是通常的样本数据库，用于存放在高速公路混沌情况下匝道控制及其控制效果的各种案例，包括每一个案例具

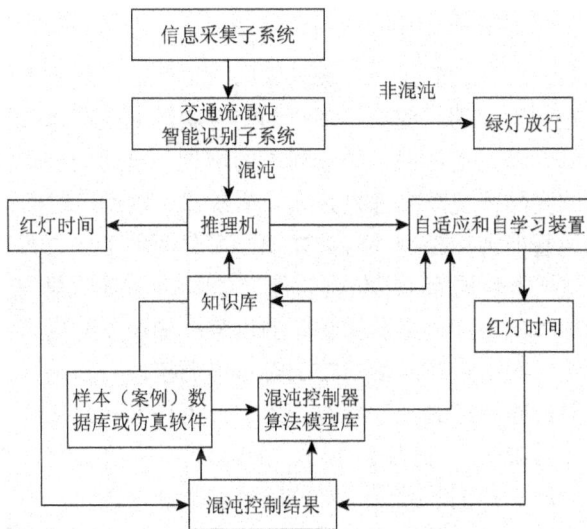

图 11-3　高速公路匝道智能混沌控制系统的基本结构

体各个系统的变量特征参数、控制参数以及控制后的效果等，样本数据库随着工程实践的实施动态变动，即控制效果差的样本将会随着新样本的增加逐步淘汰；第二种是在具体工程实践中，采用仿真软件与之配套进行相关控制，或采用仿真软件进行实验研究，且仿真软件能真实反映道路交通系统状况的实际情况，可采用仿真软件代替样本数据库，仿真软件的动态更新会带来样本数据库的更新。

（2）混沌控制器算法模型库用于存放混沌控制器的各种算法，其为形成知识、进行智能控制器的计算提供基础。

（3）知识库是根据样本数据库、模型库的内容，结合专家的经验知识、各种数据挖掘方法和控制器参数优化方法（如机器学习算法、模糊均值、粗糙集理论等）而建立起来的符号和数据程序模块，其核心是各种情况下的控制策略。知识库与推理机相互作用可以产生高速公路混沌的控制策略，其内容需要不断更新：建立在仿真软件基础上的知识库内容是通过包括遗传算法、PSO 算法、人工免疫算法等在内的计算智能方法对有关控制器结构、控制器参数进行优化而建立的，并随着仿真软件的更新而进行知识库内容的更新；建立在通常的样本数据库基础上的知识库内容，随着样本数量的增加，将依据一定的更新原则，更新知识库内容。

（4）自适应和自学习装置根据具体高速公路环境的变化，通过自学习，不断修正、调整混沌控制模型的结构和有关参数，使控制器能用较短的时间控制混沌、抑制交通拥挤从而避免交通堵塞。

（5）推理机是混沌控制系统的核心，也是高速公路匝道智能控制系统（器）

的决策结构。其在交通流混沌智能识别子系统判别出出现混沌后，根据高速公路的具体状态变量等，迅速地确定出决策变量即匝道红灯时间的准确值，并付之于物理实施，实现控制混沌的目的。推理机的工作实际上是样本（案例）数据库、模型库与知识库综合作用的结果，随着样本的增加、自适应的调整而动态更新。考虑到道路交通的实际情况，推理机必须简单易算，以适应时间上的要求。

高速公路匝道智能混沌控制系统的知识学习分两种工作方式。第一种是离线学习方式，即通过样本数据库（或仿真软件）、模型算法库来学习，优化参数形成知识，并随着新样本的增加而更新知识库的内容；知识库的内容、推理机或控制器结构、各个参数，在在线实时混沌控制时不再调整，只是根据高速公路交通状况直接推理、计算出匝道控制调节参数。第二种工作方式是离线与在线相结合的方式，离线方式形成知识-控制器的结构、各个参数，在在线实时混沌控制时，根据高速公路交通状况、控制的效果，对控制器参数进行微调，即自适应调节。显然第二种方式从理论上更容易快速实现交通流混沌控制的目的，但考虑到交通流混沌控制的时间要求，而自适应控制器的参数调整需要一定的时间等问题，第一种方式更容易在具体的工程实践中实施。本书仅研究采用第一种方式的高速公路交通流混沌控制问题。

11.3.4　高速公路匝道智能混沌控制条件

混沌控制器进行在线实时控制必须满足以下条件。

1. 交通流混沌在线控制效果

采用交通流混沌智能快速识别系统，从识别出混沌到可能的堵塞也许只有几分钟时间，混沌控制必须迅速达到效果，如果从识别出混沌到消除混沌需要十几分钟，或更长时间，虽然理论计算、仿真模拟可以实现，但实际交通系统可能早已经出现堵塞，这样的混沌控制方法在工程实践上就没有意义了。

2. 满足交通流混沌实时控制条件

控制器需要在一定的时间周期内完成控制步骤的操作，而操作是由若干程序来完成的，因此完成一个交通流混沌智能控制的操作，必须有基本的时间要求。在高速公路匝道控制中，主要有信息采集、处理与混沌智能判别的时间 Δt_1，控制器推理（程序计算）的时间 Δt_2，控制变量的发布（输出）和物理实施时间 Δt_3。其中信息采集、处理时间较短，但必须考虑到混沌智能判别时间，因此 Δt_1 不一定短；采用本书的智能控制方式，直接由推理机计算出交通流混沌控制变量的时间

Δt_2 也较短；而控制变量的发布（输出）和物理实施时间 Δt_3 需要根据交通状况确定，因为匝道控制需要通过绿灯转变为黄灯、红灯时间才能物理实现，实际上的 Δt_3 为黄灯时间与具体实施时间之和。

实时控制时间的条件为

$$T \geqslant \Delta t_1 + \Delta t_2 + \Delta t_3 \qquad (11\text{-}16)$$

3. 最低绿灯时间条件

高速公路匝道混沌控制是通过绿灯、黄灯、红灯的时间变换来实现的，每色灯的时间均有一定的要求。其中黄灯时间较短，主要起到提醒驾驶员的作用；但绿灯时间意味着在该段时间内必须有一定的车辆进入匝道，其不可能无限小，必须至少有满足一辆车进入匝道的时间约束。

4. 满足具体高速公路通行能力条件

实际的匝道通行能力应受到三方面的主要约束：①小于匝道设计通行能力，以单匝道为例，如果安全车头时距为 2.5s，某一仿真绿灯时间为 10s，则该仿真时间内最多能通过 4 辆车；②小于匝道实际需求，匝道实际需求等于排队长度需求加上匝道需求，如果排队长度为 2 辆车，$r_d(k)$ 为 360 辆车/h 或 0.1 辆车/s，在一个 10s 的绿灯时间内最多可能有 3 辆车能进入高速公路内；③应考虑匝道排队长度容量限制，本书是从混沌控制的角度来分析交通流问题的，暂不考虑匝道排队时间的最小化问题，但考虑到排队长度过长将影响到高速公路系统外的运行，匝道排队长度容量必须限制，当排队长度接近容量限制时，无论高速公路是否处于混沌状态，匝道必须放行。

11.4　高速公路匝道延迟反馈 Mamdani 型模糊混沌控制

Pyragas 提出的 DFC 方法利用混沌系统输出信号的一部分经过时间延迟反馈到系统中[195]，以代替外部输入或控制目标，从而避免确定目标轨道，且不会改变不稳定周期轨道的相关属性，该方法特别适用于具有不确定性的社会经济系统的混沌控制[196]。模糊控制方便地利用语言表达人的经验对未知模糊模型系统的有效控制，使其具有鲁棒性强和逼近能力好的优点。基于此，可综合 DFC 思想和模糊控制的优点[197]，设计高速公路匝道混沌控制器。由于模糊控制器算法有多种形式，本书采用 Mamdani 型模糊控制系统进行研究，仿真实验证明，采用这种方式设计的高速公路延迟反馈模糊混沌控制器，具有能够控制高速公路混沌，达到减少拥挤、避免堵塞目标的功能。

11.4.1　延迟反馈 Mamdani 型模糊混沌控制器设计

1. 匝道延迟反馈模糊混沌控制器结构

本书结合 DFC 思想和非线性模糊反馈控制方法的优点，设计混沌控制器，其控制系统结构如图 11-4 所示。其中控制区段离散动力学模型为 F（式（11-15））；FC 代表模糊控制器。

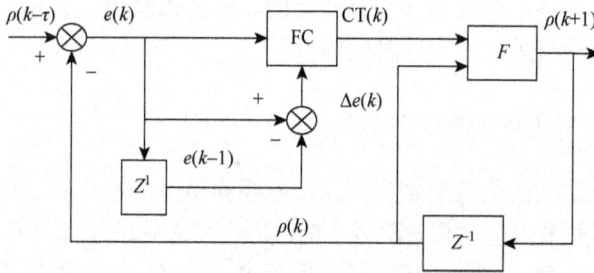

图 11-4　高速公路匝道延迟反馈模糊混沌控制器结构

该控制将高速公路匝道汇入区中的 ρ、q、v 等状态变量或输出变量的一部分作为信号，本书采用 ρ 作为信号，计算定义的延迟信号与输出信号的差值 $e(k)$ 与误差变化 $\Delta e(k)$：

$$e(k) =\parallel \rho(k-\tau) - \rho(k) \parallel = \rho(k-\tau) - \rho(k) \qquad (11\text{-}17)$$

$$\Delta e(k) =\parallel e(k) - e(k-1) \parallel = e(k) - e(k-1) \qquad (11\text{-}18)$$

式中，τ 为延迟时间或 UPO 周期。

将延迟误差 $e(k)$ 与误差变化 $\Delta e(k)$ 作为模糊混沌控制器的输入，产生匝道调节参数——红灯时间，作为控制信号，代替外部输入反馈到系统中，实现 UPO 的镇定。在该控制过程中，将延迟信号与输出信号差值的最小化作为控制器设计的目标，在不需要知道交通流系统期望周期轨道的前提下，使高速公路混沌系统稳定在系统自身嵌入的 UPO，从而呈现出周期运动，达到控制混沌、避免高速公路拥堵（无序状态）发生的目的。

2. 延迟反馈 Mamdani 型模糊混沌控制器工作过程

Mamdani 型模糊混沌控制器工作过程如图 11-5 所示，由四部分组成。

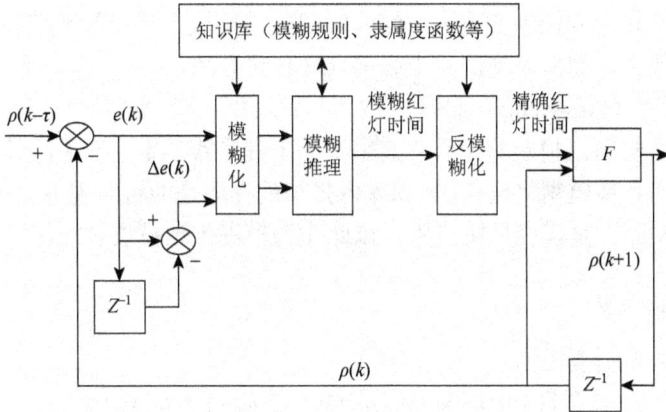

图 11-5　延迟反馈 Mamdani 型模糊混沌控制器工作过程

1）模糊化（fuzzification）接口

将延迟误差 $e(k)$ 与误差变化 $\Delta e(k)$ 的确定值转化为相应的模糊语言变量值，这种模糊语言变量值定义在不同的模糊集合上，如负大（NB）、负中（NM）、负小（NS）、零（ZO）、正小（PS）、正中（PM）、正大（PB）。该转化由对应的 $e(k)$ 与 $\Delta e(k)$ 相应模糊集合的隶属度函数来完成。可供选择的隶属度函数主要有三角型隶属度函数、梯型隶属度函数、Gauss 型隶属度函数、双边 Gauss 型隶属度函数、钟型隶属度函数、Sigmoid 型隶属度函数、两 Sigmoid 型函数的乘积构成的隶属度函数等。

2）模糊推理（fuzzy inference）

模糊推理由规则库、模糊条件判断句和结论组成。规则库是大前提，包含一组模糊控制规则，即以"IF…, THEN…"形式表示的模糊条件语句，如 $e(k)$ 和 $\Delta e(k)$ 分别为 n_1 和 n_2 个模糊集合，最多有 $M = n_1 \times n_2$ 个模糊规则，表示为

$$R_1 : \text{if } e(k) \text{ is } A_1 \text{ and } \Delta e(k) \text{ is } B_1, \text{ then CT}_1$$
$$R_2 : \text{if } e(k) \text{ is } A_1 \text{ and } \Delta e(k) \text{ is } B_2, \text{ then CT}_2$$
$$\vdots$$
$$R_{n_1 \times n_2} : \text{if } e(k) \text{ is } A_{n_1} \text{ and } \Delta e(k) \text{ is } B_{n_2}, \text{ then CT}_{n_1 \times n_2}$$

模糊条件判断句和结论构成模糊推理机。其中条件语句根据现在具体的交通状况，即 $e(k)$ 和 $\Delta e(k)$ 的模糊值，决定采用交通流混沌控制所需要的控制器类别，根据该类别决策出红灯时间，结论是红灯时间对应的模糊变量。

3）去模糊化（defuzzification）

其将按照模糊推理得出的模糊变量转化为具体控制变量——红灯时间的过程。在 Mamdani 型模糊逻辑系统中，由于输出是模糊值，需要通过比例映射，将

组合模糊结论转化为控制变量——红灯时间的精确值。常用的反模糊化方法有最大隶属度函数法、加权平均法、中心平均法和重心法。

4）知识库（knowledge base）

知识库是模糊控制器的核心，其来源于工程实践样本、专家经验以及其他通过优化得到的各种模糊化语言。知识库内知识的提取是能否实现混沌控制的核心，提取的结论实际上是模糊控制规则，以此作为模糊推理模块直接使用。

3. 控制器算法

匝道混沌控制模型为

$$CT(k+1) = G_1(e(k), \Delta e(k), X(k), q_u(k), r_d(k)) \tag{11-19}$$

式中，$e(k) = \| X(k-\tau) - X(k) \|$ 为混沌控制的目标；G_1 为非线性或线性函数，这里采用非线性模糊延迟反馈控制器，密度偏差最小化作为混沌控制的目标。

对 Mamdani 型模糊推理系统，在输入变量模糊化后，输入模糊集合的合成运算有多种运算规则，采用极小化（交集）运算规则：

$$\mu_{e\times\Delta e}(e, \Delta e) = \min\{\mu_e(e), \mu_{\Delta e}(\Delta e)\} \tag{11-20}$$

式中，$\mu_e(e)$ 为延迟误差 $e(k)$ 对应于模糊集合的隶属度；$\mu_{\Delta e}(\Delta e)$ 为误差变化 $\Delta e(k)$ 对应于模糊集合的隶属度。

对于每一条模糊规则，采用模糊蕴含的最小值规则为

$$\mu_{e\times\Delta e\to R}((e, \Delta e), CT) = \min(\mu_{e\times\Delta e}(e, \Delta e), \mu_R(CT)) \tag{11-21}$$

然后形成红灯时间 CT 的模糊输出，对模糊规则采用最大化方法确定：

$$\mu_{R1}\times_{R2}(CT, CT) = \max(\mu_{R1}(CT), \mu_{R2}(CT)) \tag{11-22}$$

采用重心法（面积中心法去模糊化），得到控制变量——红灯时间的精确值为

$$CT^* = \frac{\sum CT \times \mu(CT)}{\sum \mu(CT)} \tag{11-23}$$

式中，CT^* 为去模糊化后红灯时间的精确值；min（·）和 max（·）分别为去模糊化过程中红灯时间 CT 的下限和上限。

上述混沌控制计算，受 11.3.4 小节中所述的高速公路匝道智能混沌控制条件约束。

11.4.2　基于遗传算法的控制器知识库的建立

高速公路交通流延迟反馈模糊混沌控制器中控制规则的确定，控制器输入、输出等相关参数值，直接决定了能否实现混沌控制及其控制的效果。对于控制器参数的优化必须通过建立模糊控制器知识库方式加以解决。本书建立在能真实反

映道路交通系统状况的仿真软件基础上，通过计算智能方法对有关参数进行优化设计[198]。

1. 延迟反馈模糊混沌控制器知识库的优化设计

利用计算智能方法优化设计的延迟反馈模糊混沌控制器知识库分为两部分：一是知识库的结构优化设计方面，包括模糊规则及其隶属度函数（或称为尺度变换函数）的确定；二是知识库内参数的辨识问题，主要是输入、输出等变量隶属度函数中的参数优化问题。计算智能方法在优化模糊混沌控制器知识库时可以采用仅优化参数、同时优化结构和参数两种方式。

2. 延迟反馈模糊混沌控制器的结构设计

考虑到道路交通系统的特殊性，其模糊控制规则可直接根据工程经验依据逻辑推理定性确定，综合传统高速公路匝道模糊控制规则[199]，本书采用表 11-1 所示的模糊控制规则，即只进行参数优化。

表 11-1 模糊控制规则

e	Δe				
	NB	NS	ZO	PS	PB
NB	VS	VS	VS	S	M
NS	VS	S	S	M	L
ZO	S	S	M	L	L
PS	S	M	L	L	VL
PB	M	L	VL	VL	VL

模糊混沌控制器的输入 $e(k)$ 和 $\Delta e(k)$ 均分为 5 个语言变量：负大（NB）、负小（NS）、零（ZO）、正小（PS）、正大（PB），均采用三角型隶属度函数，对应的参数值可由专家确定也可根据具体交通状况、专家经验确定出约束范围，由计算智能方法优化确定出具体值。

输出 CT(k) 也分为 5 个语言变量：红灯时间非常短（very short，VS）、红灯时间短（short，S）、红灯时间中等（middle，M）、红灯时间长（long，L）、红灯时间非常长（very long，VL），类似于负大（NB）、负小（NS）、零（ZO）、正小（PS）、正大（PB），只不过这里的红灯时间中等不是 0，而是一个大于零的数。而所有参数值必须保证分别满足最短、最长红灯时间的要求。本书中所有红灯时间的模糊描述采用 Gauss 型隶属度函数，对应的参数值根据具体交通状况、专家经验确定出约束范围，由计算智能方法优化确定出具体值。

3. 基于遗传算法的控制器参数优化

计算智能方法在优化设计延迟反馈模糊混沌控制器建立知识库内容时，可采用遗传算法、模拟退火算法、蚁群优化算法、PSO 算法、免疫算法等。本书尚处于高速公路交通流混沌初步研究阶段，考虑到研究问题的特殊情况，采用浮点遗传算法予以优化，具体实现步骤如下。

（1）确定需要优化的输入、输出变量中相关参数的约束，定义适应度函数为

$$J_{\text{fitness}} = 1 / \sum_{k=1}^{\text{KT}} (e^2(k) + \Delta e^2(k)) = 1 / J \qquad (11\text{-}24)$$

式中，J 为控制目标；KT 为优化仿真步数中出现混沌的总步数，即目标函数仅计算出现混沌步数中的偏差。

（2）确定种群规模个数 N、变异率、代沟 G、停止规则等。

（3）随机产生满足约束的初始种群。

（4）将第 s 代中每一个个体代入式（11-24）中，计算出各个个体的适应度。

（5）从当前种群中选出 $N_{\text{overlap}} = N(1 - G)$ 个个体直接进入下一代。

（6）利用遗传算法复制、交叉和变异三个基本操作产生其余 $N - N_{\text{overlap}}$ 个个体。

（7）令 $s = s + 1$，返回步骤（4），直到满足停止规则。

11.5　数值模拟

下面采用交通流微观仿真软件，仿真 11.3 节所描述的高速公路控制对象，单匝道，主线双车道，区段长度为 2000m，最大车速为 120km/h，堵塞密度为110 辆/(km·道)。匝道排队长度最大容量为 50 辆车，10s 为仿真步长。

11.5.1　控制器的知识库优化设计

知识库优化设计仿真实验时综合考虑到仿真软件的一般主要情况，具体采用浮点遗传算法，其中种群规模为 80，最大迭代代数为 200 代，代沟 $G = 0.9$，变量的二进制位数为 20。考虑到本仿真实验的具体情况，对控制器输入变量 $e(k)$、$\Delta e(k)$和输出变量 CT(k)的有关参数进行优化。实验中，输入变量 $e(k)$、$\Delta e(k)$ 采用对称型三角型隶属度函数，即 $e(k)$、$\Delta e(k)$ 各自分别优化确定一个变量值即可；输出变量 CT(k)采用 Gauss 型隶属度函数，对五个语言变量 VS、S、M、L、VL 的均值和方差共 10 个参数分别取值，考虑到实际交通控制状况，这里令 VS 的均值为 0，共需优化 11 个参数。

具体目标函数 J 的优化过程如图 11-6 所示。

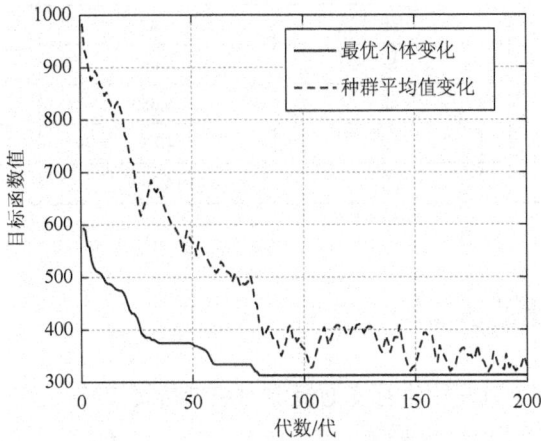

图 11-6　经 200 代迭代后目标函数值变化

从图 11-6 可以看出，种群平均目标函数值虽然具有下降趋势，但不能保证收敛；采用浮点遗传算法予以优化，保证每代迭代过程中，最优个体直接进入下一代，使种群中最优个体目标函数值能够收敛。选择第 200 代中的最优个体，得到的有关参数值作为具体混沌控制器进行仿真，具体数据如表 11-2 和表 11-3 所示。从表 11-2 可以看出，偏差 $e(k)$、$\Delta e(k)$ 的主要范围为 0～6 辆/(km·道)，由于采用对称型三角型隶属度函数，其分布均匀。控制器输出变量 $CT(k)$ 的不同语言变量隶属度函数均值分布服从从小到大的顺序，依次为 0、12.14、15.45、25.89、36.12，但方差分布没有直接规律。

表 11-2　优化后的模糊控制器输入变量隶属度函数参数值

变量	模糊集合	a	b	c
$e(k)$	NB	$-\infty$	-5.98	-2.99
	NS	-5.98	-2.99	0
	ZO	-2.99	0	2.99
	PS	0	2.99	5.98
	PB	2.99	5.98	$+\infty$
$\Delta e(k)$	NB	$-\infty$	-5.26	-2.63
	NS	-5.26	-2.63	0
	ZO	-2.63	0	2.63
	PS	0	2.63	5.26
	PB	2.63	5.26	$+\infty$

表 11-3　　优化后的模糊控制器输出变量隶属度函数参数值

变量	模糊集合	σ（方差）	c（均值）
CT(k)	VS	9.82	0
	S	20.07	12.14
	M	26.653	15.45
	L	10.3	25.89
	VL	14.289	36.12

11.5.2　实验数据的选择

实验取中间一个时间段进行交通流混沌控制仿真实验。该段时间为 60min，上游流量及匝道需求每隔 40s 采集一次，按 10s 步长为 360 步，按 40s 步长为 90 步，具体如图 11-7 所示。

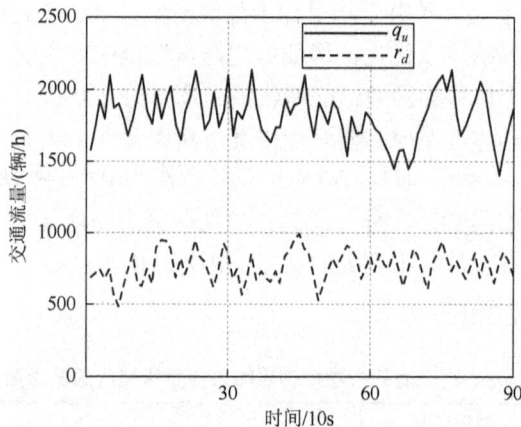

图 11-7　上游流量及入口匝道需求交通流变化曲线

在不加控制的情况下，密度变化如表 11-4 和图 11-8 所示。其中第 21 步（若 10s 一个步长为第 84 步；按密度采集时，40s 一次，为第 21 步，下同）时交通密度超过 110 辆/(km·道)，出现堵塞。采用混沌实时快速判别子系统计算 λ_{max}，具体数据和变化趋势如表 11-5 与图 11-9 所示。可以看出，第 55 步（10s 一个步长）开始 λ_{max} 变为正，以后正负交替，第 65 步以后始终为正，在第 77 步后呈现逐步增加的状况；从 λ_{max} 变为正开始约 29 步（4 分 50 秒）后交通堵塞。从而进一步证明"交通混沌是交通流从有序向无序运动转化的过渡运动形态，一旦出现交通流混沌，任其发展就可能导致交通流无序（交通堵塞）状况"的结论。

表 11-4　不加控制的密度变化数据　　　　　　　单位：辆/(km·道)

k	1	2	3	4	5	6	7	8	9
ρ	32.889	37.527	43.443	44.162	51.373	50.727	49.85	48.485	45.86
k	10	11	12	13	14	15	16	17	18
ρ	47.475	50.327	55.262	55.822	53.164	58.309	60.241	65.787	74.89
k	19	20	21						
ρ	80.119	89.935	126.35						

注：步长为 40s。

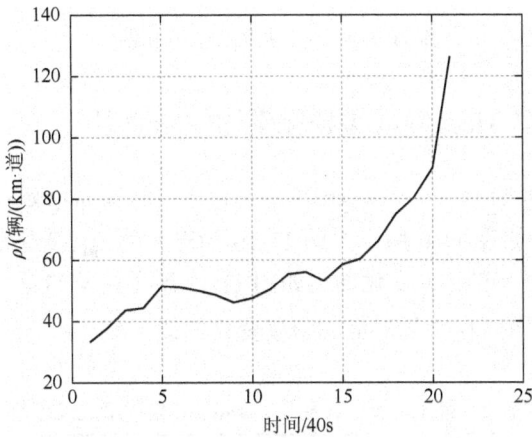

图 11-8　不加控制的密度变化曲线

表 11-5　不加控制的 λ_{max} 数据

k	50	51	52	53	54	55	56	57	58
λ_{max}	−0.0335	−0.0452	−0.0442	−0.0152	−0.0046	0.0007	0.0006	0.0085	−0.0126
k	59	60	61	62	63	64	65	66	67
λ_{max}	0.0092	0.017	0.0126	0.0062	−0.0074	−0.0065	0.006	0.0121	0.0162
k	68	69	70	71	72	73	74	75	76
λ_{max}	0.0172	0.02	0.0226	0.0251	0.0269	0.0243	0.0203	0.0122	0.0152
k	77	78	79	80	81	82	83	84	
λ_{max}	0.0175	0.0201	0.0229	0.0265	0.032	0.0371	0.042	0.0471	

注：步长为 10s。

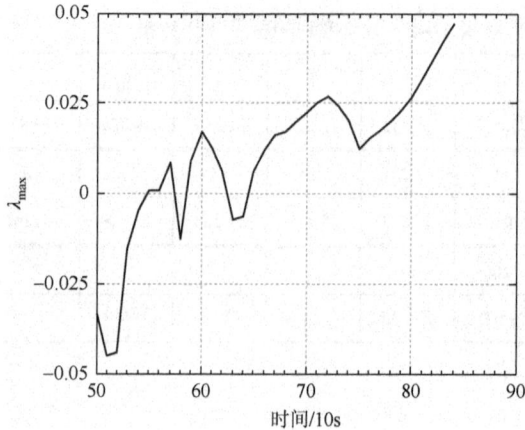

图 11-9　不加控制的 λ_{max} 变化曲线

11.5.3　延迟反馈 Mamdani 型模糊混沌控制效果

取 $\tau=1$，即周期为 1，在第 57 步加入控制，加入匝道控制后第 50～第 112 步的 λ_{max} 具体数据如表 11-6 所示，图 11-10 为对应的 λ_{max} 变化曲线；加入匝道控制后第 50～第 360 步的 λ_{max} 变化曲线如图 11-11 所示；表 11-7 为加入匝道控制后的密度具体数据，图 11-12 为对应的密度变化曲线。

表 11-6　第 50～第 112 步延迟反馈 Mamdani 型模糊混沌控制 λ_{max} 数据

k	50	51	52	53	54	55	56	57	58
λ_{max}	−0.0335	−0.0452	−0.0442	−0.0152	−0.0046	0.0007	0.0006	0.0085	−0.0126
k	59	60	61	62	63	64	65	66	67
λ_{max}	0.0205	0.0235	0.0062	0.0089	0.0135	0.0098	0.0128	0.0122	0.008
k	68	69	70	71	72	73	74	75	76
λ_{max}	0.0008	0.0003	−0.003	0.0045	0.0043	−0.0097	−0.0081	−0.0041	−0.002
k	77	78	79	80	81	82	83	84	85
λ_{max}	−0.0047	−0.0008	−0.0052	−0.0024	−0.0033	−0.0033	−0.0075	−0.0011	−0.0169
k	86	87	88	89	90	91	92	93	94
λ_{max}	−0.0032	−0.0185	−0.0164	−0.012	−0.0001	−0.0046	−0.0277	−0.0116	−0.0146
k	95	96	97	98	99	100	101	102	103
λ_{max}	−0.0149	−0.0033	−0.0064	−0.0039	−0.0115	−0.0101	−0.0011	−0.0103	−0.0085
k	104	105	106	107	108	109	110	111	112
λ_{max}	−0.0164	−0.0101	−0.0008	0.0015	0.004	−0.001	0.0034	0.0007	0.007

注：步长为 10s。

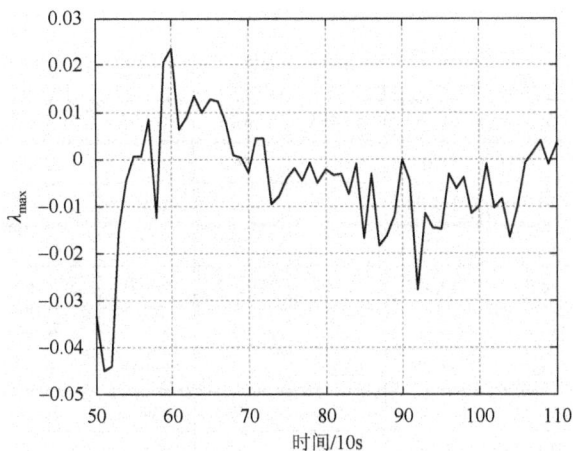

图 11-10　第 50～第 112 步延迟反馈 Mamdani 型模糊混沌控制 $\lambda_{\max}$ 变化曲线

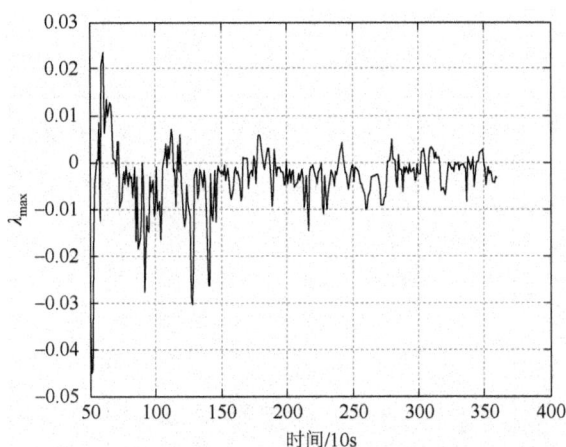

图 11-11　整个仿真周期延迟反馈 Mamdani 型模糊混沌控制 $\lambda_{\max}$ 变化曲线

表 11-7　延迟反馈 Mamdani 型模糊混沌控制后密度变化数据　　　单位：辆/(km·道)

k	1	2	3	4	5	6	7	8	9
ρ	32.889	37.527	43.443	44.162	51.373	50.727	49.85	48.485	45.86
k	10	11	12	13	14	15	16	17	18
ρ	47.475	50.327	55.262	55.822	53.164	55.412	56.132	54.284	53.336
k	19	20	21	22	23	24	25	26	27
ρ	54.46	54.84	55.731	56.16	57.586	58.423	57.929	55.525	56.608
k	28	29	30	31	32	33	34	35	36
ρ	58.039	57.193	58.115	59.93	57.195	57.018	56.103	56.756	56.683

k	37	38	39	40	41	42	43	44	45
ρ	55.569	55.093	54.862	55.453	56.26	57.943	58.181	57.299	59.377
k	46	47	48	49	50	51	52	53	54
ρ	58.559	57.738	56.894	54.536	53.01	52.574	51.207	51.25	51.015
k	55	56	57	58	59	60	61	62	63
ρ	51.547	49.569	49.167	47.524	48.942	51.071	52.476	50.916	52.136
k	64	65	66	67	68	69	70	71	72
ρ	52.886	53.29	53.136	53.647	54.208	54.045	53.622	51.394	50.143
k	73	74	75	76	77	78	79	80	81
ρ	52.376	53.703	55.054	54.499	54.916	56.074	53.964	51.096	51.663
k	82	83	84	85	86	87	88	89	90
ρ	53.802	54.501	56.187	54.912	54.121	52.134	47.781	46.548	48.224

注：步长为40s。

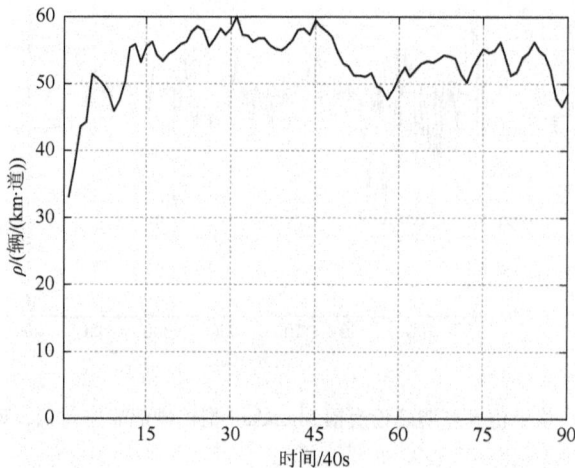

图 11-12　延迟反馈 Mamdani 型模糊混沌控制后密度变化曲线

由前面内容可以看出以下几点。

（1）加入控制后 λ_{max} 在第 57～第 72 步之间呈现或正或负的变化，从第 73 步开始完全变负，即 16 个步数（2 分 40 秒）实现混沌控制的目的，说明了采用延迟反馈 Mamdani 型模糊混沌控制器控制交通流混沌的有效性。

（2）从表 11-5 和图 11-11 可以看出，在整个 360 步内，密度控制在 45～60 辆/(km·道)范围内，虽然没有在控制模型中设置期望密度作为不动点，但从出现混沌开始，快速地施加 Mamdani 型模糊混沌控制，使交通密度呈现一定时间段内的规律性变化，避免了交通堵塞的出现，而 $\lambda_{\max}$ 呈现负的变化状况，说明通过控制混沌的方法可实现避免交通堵塞的有效性。

（3）从表 11-6 和图 11-10 中可以看出，当交通流出现混沌后，在第 57 步迅速加入混沌控制器——红灯时间，使 $\lambda_{\max}$ 呈现逐步下降到负的变化趋势；到第 73 步 $\lambda_{\max}$ 彻底为负，然后撤销混沌控制器——红灯时间，交通流处于自由不控制状态；但由于是高度的非线性动力学行为，到第 107 步系统的 $\lambda_{\max}$ 由负变正，系统重新处于混沌状态，需要重新加入混沌控制器——红灯时间，使 $\lambda_{\max}$ 进入新一轮的逐步下降到负的变化过程。这种变化可从图 11-11 中非常清晰地看出：系统的 $\lambda_{\max}$ 一旦由负变正，迅速加入混沌控制器，然后 $\lambda_{\max}$ 逐步下降，由正变负，然后交通流处于自由不控制的状态，而这种变化的周期是不固定的，是根据系统是否处于混沌状况确定其变化的。

（4）从表 11-5 和图 11-11 还可以看出，在加入控制变量后，$\lambda_{\max}$ 和密度变化呈现一定规律性下降的趋势，但不能实现一般混沌控制所呈现的稳定在一个不动点或完全相同周期轨道的效果，这是由以下两个方面原因造成的。

第一，交通系统外部扰动变量 $q_u(k)$ 较大，周期轨道只能是一定时间段的周期轨道，到下一个时间段由于系统动力学模型的巨大改变，周期轨道也发生了相应的变化，不可能实现稳定在一个具体不动点或呈现完全相同周期轨道的控制效果。采用匝道调解率为控制变量，上游交通流 $q_u(k)$ 和 $r_d(k)$ 保持不变，在混沌发生后及其消失后的若干步数内仍然采用匝道调节的方式，实现一定时间段（局部）内为完全相同周期轨道的控制效果的结论，已经得到证明[199]。而 $q_u(k)$ 和 $r_d(k)$ 保持不变，显然不符合道路交通的实际情况，而本书中采用出现混沌时实施红灯时间调节，在加入控制变量后 $\lambda_{\max}$ 下降和密度变化呈现一定规律性下降的趋势，也初步证明了通过控制混沌使交通流向周期 1 轨道转化的结论，但由于 $q_u(k)$ 和 $r_d(k)$ 的不断变化，这种转化达不到稳定在一个不动点或完全相同周期轨道的效果。

第二，即使 $q_u(k)$ 和 $r_d(k)$ 保持不变，依靠交通流的动力学行为，也可能产生混沌。但由于本书是利用交通流混沌在线智能判别子系统来实时判别高速公路汇入区是否处于混沌状态的，通过观测器实时地对高速公路汇入区进行混沌判别与混沌控制，可达到控制混沌、抑制交通堵塞，实现最大通行能力的目的。所以即使 $q_u(k)$ 和 $r_d(k)$ 保持不变，通过控制混沌也可使交通流系统向周期 1 轨道转化，但由于一旦 $\lambda_{\max}$ 彻底为负，撤销混沌控制器——红灯时间，交通流处于自由不控制状态，依然达不到稳定在一个不动点或完全相同周期轨道的效果。而这正是交通流混沌控制在具体物理实现方面与其他一般混沌系统控制的不同特点，即只要 $\lambda_{\max}$ 为负不混沌，就没有必要控制，不用达到稳定在一个不动点或完全相同周期轨道的效果。

（5）为进一步说明混沌控制的有效性，本书在第 100 步后去掉混沌控制器，使高速公路一直处于自由放行状态，表 11-8 和图 11-13 为对应的密度变化数据和曲线，表 11-9 和图 11-14 分别为对应的 $\lambda_{\max}$ 变化数据和曲线。

表 11-8　　第 100 步后取消控制的密度变化数据　　　　单位：辆/(km·道)

k	1	2	3	4	5	6	7	8	9
ρ	32.889	37.527	43.443	44.162	51.373	50.727	49.85	48.485	45.86
k	10	11	12	13	14	15	16	17	18
ρ	47.475	50.327	55.262	55.822	53.164	55.412	56.132	54.284	53.336
k	19	20	21	22	23	24	25	26	27
ρ	54.46	54.84	55.731	56.16	57.586	58.423	57.929	55.525	61.608
k	28	29	30	31	32				
ρ	65.039	71.193	79.265	85.281	123.47				

注：步长为 40s。

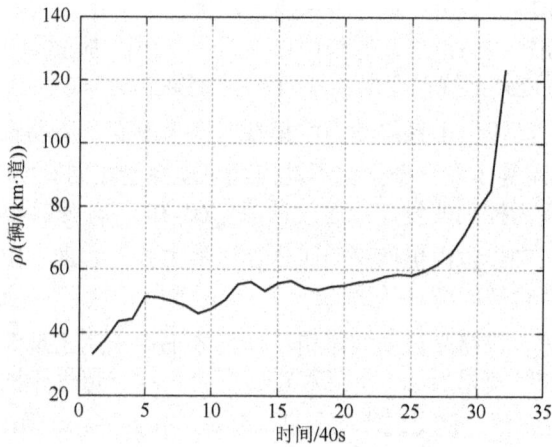

图 11-13　　第 100 步后取消控制的密度变化曲线

表 11-9　　第 100 步后取消控制的 λ_{max} 数据

k	100	101	102	103	104	105	106	107	108
λ_{max}	−0.0101	−0.0011	−0.0103	−0.0085	−0.0164	−0.0101	−0.0008	0.0015	0.004
k	109	110	111	112	113	114	115	116	117
λ_{max}	−0.0001	0.0053	0.0085	0.0102	0.0155	0.0023	−0.0047	0.0093	0.0136
k	118	119	120	121	122	123	124	125	126
λ_{max}	0.0214	0.0018	0.0137	0.0115	0.01965	0.0261	0.0277	0.0298	0.0386
k	127	128							
λ_{max}	0.0458	0.0572							

注：步长为 10s。

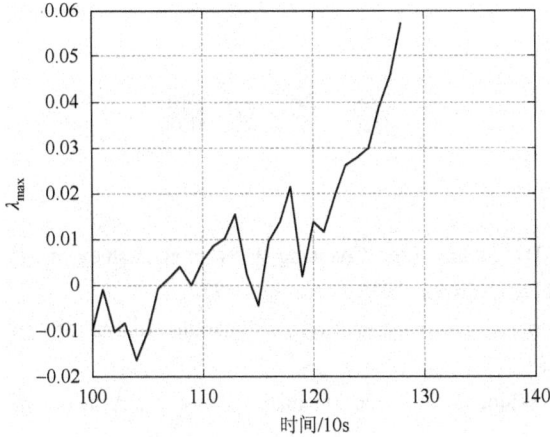

图 11-14　第 100 步后取消控制的 λ_{max} 变化曲线

可以看出：①虽然不再实施控制，但该状态下交通流处于自由不控制状态，使第 100～第 107 步的 λ_{max} 和密度与前面相同；②但从第 107 步开始就不一样了，由于不再实施混沌控制，λ_{max} 从第 107 步开始变正，第 116 步以后完全变正；③到第 128 步时 λ_{max} 达到最大为 0.0572，交通密度（按 40s 一个步长为第 32 步）为 123.47 辆/(km·道)，超过阻塞密度，出现堵塞现象。而如果在第 108 步继续加入混沌控制器，则密度和 λ_{max} 变化又回到类似图 11-12 和图 11-11 的变化状况，回到可控、非混沌状态，这再次证明了采用高速公路匝道混沌控制的原理与方法去管理高速公路，可以避免交通堵塞现象发生的有效性。

本章从交通流混沌控制的基本原理出发，综合 DFC 方法和模糊控制器的优点，提出了高速公路混沌系统匝道非线性延迟反馈模糊控制方法；将延迟误差 $e(k)$ 与误差变化 $\Delta e(k)$ 作为模糊混沌控制器的输入，产生匝道调节参数——红灯时间，作为控制信号，代替外部输入反馈到系统中，实现 UPO 的镇定；对控制器结构设计、控制器工作过程、控制器算法进行研究；针对控制器知识库的建立，给出了建立在真实反映交通流机理仿真软件基础上的知识库优化步骤，并采用 Mamdani 型模糊反馈控制系统进行研究，通过数值模拟实验证明，采用这种方式设计的高速公路非线性延迟反馈模糊混沌控制器具有控制高速公路混沌以达到减少拥挤、避免堵塞的功能。

参 考 文 献

[1]   Greenshields B D，Bibbins J R，Channing W S，et al. A study of traffic capacity. Highway Research Board Proceedings，1935（14）：448-477.

[2]   Pipes L A. An operational analysis of traffic dynamics. Journal of Applied Physics，1953，24（3）：274-281.

[3]   Lighthill M J，Whitham G B. On kinematic waves. II. A theory of traffic flow on long crowded roads. Proceedings of the Royal Society A-Mathematical Physical & Engineering Sciences，1955，229（1178）：317-345.

[4]   Payne H J. Model of freeway traffic and control. Mathematical Models of Public Systems，1971，28：51-61.

[5]   Papageorgiou M. A hierarchical control system for freeway traffic. Transportation Research Part B：Methodological，1983，17（3）：251-261.

[6]   Daganzo C F. The cell transmission model：A dynamic representation of highway traffic consistent with the hydrodynamic theory. Transportation Research Part B：Methodological，2008，28（4）：269-287.

[7]   杨东凯，吴今培，张其善. 智能交通系统及其信息化模型. 北京航空航天大学学报，2000，26（3）：270-273.

[8]   Jurgen R K. Smart cars and highways go global. IEEE Spectrum，1991，28（5）：26-36.

[9]   Collier C W，Weiland R J. Smart cars，smart highways. IEEE Spectrum，1994，31（4）：27-33.

[10]   陆化普，史其信. 智能交通系统发展趋势与我国的发展战略. 1997 北京智能交通系统发展趋势国际学术讨论会论文集. 北京：人民交通出版社，1997：1-7.

[11]   赵娜，袁家斌，徐晗. 智能交通系统综述. 计算机科学，2014，41（11）：7-11.

[12]   杨金奎. 基于短时交通流预测的城市交通网络信号控制研究. 北京：北京工业大学硕士学位论文，2010.

[13]   贺国光. ITS 系统工程导论. 北京：中国铁道出版社，2004.

[14]   刘力军，王春玉，贺国光. 交通流模型中分岔现象研究综述. 系统工程，2006，24（8）：23-26.

[15]   王东山，贺国光. 交通流混沌研究综述与展望. 土木工程学报，2003（1）：68-74.

[16]   Disbro J E，Frame M. Traffic flow theory and chaotic behavior. Transportation Research Record，1989，1225：109-125.

[17]   Roozemond D A. Using intelligent agents for pro-active，real-time urban intersection control. European Journal of Operational Research，2001，131（2）：293-301.

[18]   Dendrinos D S. Traffic-flow dynamics：A search for chaos. Chaos Solitons & Fractals，1994，4（4）：605-617.

[19] Addison P S，Low D J. A novel nonlinear car-following model. Chaos，1998，8（4）：791-799.

[20] Hao B L. Chaos. Singapore：World Science，1984.

[21] Hao B L. Chaos Ⅱ. Singapore：World Science，1990.

[22] Gleick J. 混沌：开创新科学. 张淑誉，译. 北京：高等教育出版社，2004.

[23] Jiang R，Wu Q S. First-and second-order phase transitions from free flow to synchronized flow. Physica A：Statistical Mechanics & Its Applications，2003，322（1-4）：676-684.

[24] 吕金虎，陆君安，陈士华. 混沌时间序列分析及其应用. 武汉：武汉大学出版社，2002.

[25] 卢侃，孙建华. 混沌学传奇. 上海：上海翻译出版公司，1991.

[26] Lorenz E N. Deterministic non-periodic flows. Journal of Atmospheric Sciences，1963，20（2）：130-141.

[27] Nicolis C，Nicolis G. Is there a climatic attractor？. Nature，1984，311（5986）：529-532.

[28] Fraedrich K. Estimating the dimension of weather and climate attractors. Journal of Atmospheric Sciences，1986，43（5）：419-432.

[29] Kurths J，Herzel H. An attractor in a solar time series. Physica D：Nonlinear Phenomena，1987，25（1-3）：165-172.

[30] Hense A. On the possible existence of a strange attractor for the southern oscillation. Beitraege zur Physik der Atmosphare，1987，60（1）：34-37.

[31] Rodriguez-Iturbe I，Power B F D，Sharifi M B，et al. Chaos in rainfall. Water Resources Research，1989，25（7）：1667-1675.

[32] Takens F. Detecting strange attractors in turbulence. Dynamical Systems and Turbulence，Lecture Notes in Mathematics，1981，898：366-381.

[33] Packard N H，Crutchfield J P，Farmer J D，et al. Geometry from a time series. Physical Review Letters，1980，45（9）：712-716.

[34] Grassberger P，Procaccia I. Measuring the strangeness of strange attractors. Physica D：Nonlinear Phenomena，1983，9（1-2）：189-208.

[35] Chen G，Lai D. Feedback anticontrol of discrete chaos. International Journal of Bifurcation & Chaos，1998，8（7）：1585-1590.

[36] Wilcox B P，Seyfried M S，Matison T H. Searching for chaotic dynamics in snowmelt runoff. Water Resources Research，1991，27（6）：1005-1010.

[37] Jayawardena A W，Lai F. Analysis and prediction of chaos in rainfall and stream flow time series. Journal of Hydrology，1994，153（1-4）：23-52.

[38] 林振山. 气候建模. 诊断和预测的研究. 北京：气象出版社，1996.

[39] 丁涛，周惠成，黄健辉. 混沌水文时间序列区间预测研究. 水利学报，2004，35（12）：15-20.

[40] 骆晨钟，张志强. 混沌搜索方法及其在化工过程优化中的应用. 化工学报，2000，51（6）：757-760.

[41] 李月，杨宝俊，赵雪平，等. 检测地震勘探微弱同相轴的混沌振子算法. 地球物理学报，2005，48（6）：1428-1433.

[42] 殷光伟，郑丕谔. 基于小波与混沌集成的中国股票市场预测. 系统工程学报，2005，20（2）：180-184.

[43] 毛亚林，张国忠，朱斌，等. 基于混沌模拟退火神经网络模型的电力系统经济负荷分配. 中

国电机工程学报，2005，25（3）：65-70.

[44] Chiang H D，Liu C W，Varaiya P P，et al. Chaos in a simple power system. IEEE Transactions on Power Systems，1993，8（4）：1407-1417.

[45] Johanns R D，Roozemond D A. An object based traffic control strategy：A chaos theory approach with an object-oriented implementation. Polymers for Advanced Technologies，1993，4（2）：231-242.

[46] Low D J，Addison P S. Chaos in car-following model including a desired inter-vehicle separation and a time-delay. Proceedings of the 28th ISATA Conference，Stuttgart，1995：539-546.

[47] 冯蔚东. 基于自组织理论的交通流及其管控研究. 天津：天津大学博士学位论文，1998.

[48] 李英，刘豹，马寿峰. 交通流时间序列中混沌特性判定的替代数据方法. 系统工程，2000，18（6）：54-58.

[49] 张秀媛，达庆东. 交通运输结合部系统管理的内耗与混沌现象分析. 系统工程理论与实践，2001，21（12）：90-94.

[50] Addison P S，Low D J. Order and chaos in the dynamics of vehicle platoons. Traffic Engineering & Control，1994，37（7）：456-459.

[51] Addison P S，Low D J. The existence of chaotic behavior in a separation distance centered non-linear car-following model. Kinderärztliche Praxis，1997，42（9）：413-417.

[52] Low D J，Addison P S. Chaos in car-following model with a desired headway time. Proceeding of the 30th ISATA Conference，Florence，1997：175-182.

[53] Low D J，Addison P S. A nonlinear temporal headway model of traffic dynamics. Nonlinear Dynamics，1998，16（2）：127-151.

[54] 张智勇，荣建，任福田. 跟驰车队中的混沌现象研究. 土木工程学报交通工程分册，2001，1（1）：58-59.

[55] Safonov L A，Tomer E，Strygin V V，et al. Multifractal chaotic attractors in a system of delay-differential equations modeling road traffic. Chaos An Interdisciplinary Journal of Nonlinear Science，2002，12（4）：1006-1014.

[56] Shahverdiev E M，Tadaki S I. Instability control in two-dimensional traffic flow model. Physics Letters A，1999，256（1）：55-58.

[57] 贺国光，万兴义，王东山. 基于跟驰模型的交通流混沌研究. 系统工程，2003，21（2）：50-55.

[58] 贺国光，王东山. 仿真交通流混沌现象的传播特性研究. 土木工程学报，2004，37（1）：70-73.

[59] Liu L，He G，Wang D. Simulation study on the transition between chaos and order motion in the traffic flow. Proceedings of the Conference on Traffic and Transportation Studies，Dalian，2004：461-467.

[60] 贺国光，万兴义. 基于最大 Lyapunov 指数的交通流仿真数据混沌状态识别. 自动化技术与应用，2003，22（4）：8-10，13.

[61] 贺国光，万兴义. 基于混沌判据评价几类跟驰模型合理性的仿真研究. 系统工程理论与实践，2004，24（4）：122-129.

[62] 张旭涛,贺国光,卢宇. 一种在线实时快速地判定交通流混沌的组合算法. 系统工程,2005, 23（9）：42-45.

[63] Das S，Bowles B A. Simulations of highway chaos using fuzzy logic. Fuzzy Information Processing Society（NAFIPS）. 18th International Conference of the North America，New York, 1999：130-133.

[64] 杜振财,王瑞峰,纪常伟. 基于 Logistic 映射的交通流的混沌态研究. 交通科技,2005（2）： 78-80.

[65] Nair A S，Liu J C，Rilett L，et al. Non-linear analysis of traffic flow. Intelligent Transportation Systems，2001，40（6）：681-685.

[66] 卢宇,贺国光. 基于改进型替代数据法的实测交通流的混沌判别. 系统工程,2005,23（6）： 21-24.

[67] 陈淑燕,王炜. 基于 Lyapunov 指数的交通量混沌预测方法. 土木工程学报,2004,37（9）： 96-99.

[68] 王进,史其信,陆化普. 交通流可预测性分析. 可持续发展的中国交通——2005 全国博士 生学术论坛（交通运输工程学科），北京，2005：41-46.

[69] 董超俊,刘智勇,邱祖廉. 基于混沌理论的交通量实时预测. 信息与控制,2004,33（5）： 518-522.

[70] 宗春光,宋靖雁,任江涛,等. 基于相空间重构的短时交通流预测研究. 公路交通科技, 2003,20（4）：71-75.

[71] Hu J，Zong C，Song J，et al. An applicable short-term traffic flow forecasting method based on chaotic theory. IEEE 6th International Conference on Intelligent Transportation Systems， Shanghai，2003：608-613.

[72] 王进，史其信. 基于延迟坐标状态空间重构的短期交通流预测研究. ITS 通讯，2005（1）： 14-18.

[73] 唐阳山,李江,田育耕,等. 交通冲突量的混沌预测. 吉林大学学报（工学版），2005, 35（6）：646-648.

[74] 杨立才,贾磊,何立琴,等. 基于混沌小波网络的交通流预测算法研究. 山东大学学报（工 学版），2005，35（2）：46-49,98.

[75] 唐明,陈宝星,柳伍生. 基于相空间重构的短时交通流分形研究. 山东交通学院学报,2004, 12（1）：50-54,67.

[76] Huang K，Chen S F，Zhou Z G，et al. Research on a non-linear chaotic prediction model for urban traffic flow. Journal of Southeast University（English Edition），2003，19（4）：410-413.

[77] 王正武,黄中祥,况爱武. 短期交通流序列混沌识别及预测精度分析. 长沙交通学院学报, 2004，20（2）：73-76.

[78] 杨立才,贾磊,王红. 双交叉口两级模糊协调控制算法的研究. 系统工程理论与实践,2005, 25（6）：33-38.

[79] 徐良杰,王炜. 基于一种新的混合算法的交通流控制优化模型. 信息与控制,2005,34（3）： 286-290.

[80] 董超俊,刘智勇,邱祖廉. 基于混沌遗传算法的区域交通计算机控制配时优化. 计算机工 程与应用，2004，40（29）：32-34.

[81] Zhang X，Jarrett D F. Chaos in a dynamic model of traffic flows in an origin-destination network. Chaos An Interdisciplinary Journal of Nonlinear Science，1998，8（2）：503-513.

[82] 乔林. 交通经济交互作用中的混沌现象. 北京：北方交通大学博士学位论文，1996.

[83] 王炜，过秀成. 交通工程学. 南京：东南大学出版社，2000.

[84] Brackstone M，Mcdonald M. Car-following：A historical review. Transportation Research Part F Traffic Psychology & Behaviour，1999，2（4）：181-196.

[85] Gazis D C，Herman R，Rothery R W. Nonlinear follow-the-leader models of traffic flow. Operations Research，1961，9（4）：545-567.

[86] Rockwell T H，Treiterer J. Sensing and communication between vehicles. National Cooperative Highway Research Program Report 51，1968.

[87] Bando H，Hasebe K，Nakayama A，et al. Dynamical model of traffic congestion and numerical simulation. Physical Review E，1995，51（2）：1035-1042.

[88] Bando M，Hasebe K，Nakanishi K，et al. Analysis of optimal velocity model with explicit delay. Physical Reviews E，1998，58（5）：5429-5435.

[89] Treiber M，Hennecke A，Helbing D. Congested traffic states in empirical observations and microscopic simulations. Physical Review E，2000，62（2）：1805-1824.

[90] 张智勇. 城市快速道路车辆跟驰模型研究. 北京：北京工业大学博士学位论文，2002.

[91] 董力耘，薛郁，戴世强. 基于跟车思想的一维元胞自动机交通流模型. 应用数学和力学，2002，23（4）：331-337.

[92] Kai N，Schreckenberg M. A cellular automaton model for freeway traffic. Journal De Physique I，1992，2（12）：2221-2229.

[93] Wolf D E. Cellular automata for traffic simulations. Physica A：Statistical Mechanics & its Applications，1999，263（1-4）：438-451.

[94] 章三乐，肖秋生，任福田. 车辆跟驰理论的实用研究. 北京工业大学学报，1992，18（3）：20-27.

[95] 荣建. 高速公路基本路段通行能力研究. 北京：北京工业大学博士学位论文，1999.

[96] 何民，刘小明，荣建. 交通流跟驰模型研究进展. 人类工效学，2000，6（2）：46-50.

[97] Kuhne R D. Macroscopic freeway model for dense traffic-stop-start waves and incident detection. Transportation & Traffic Theory，1984，9：21-42.

[98] Michalopoulos P G，Yi P，Lyrintzis A S. Continuum modelling of traffic dynamics for congested freeways. Transportation Research Part B：Methodological，1993，27（4）：315-332.

[99] 吴正. 低速混合型城市交通的流体力学模型. 力学学报，1994，26（2）：149-157.

[100] 冯苏苇. 低速混合型城市交通流的建模、实测与模拟. 上海：上海大学博士学位论文，1997.

[101] Xue Y，Dai S Q. Continuum traffic model with the consideration of two delay time scales. Physical Review E，2003，68（6）：066123.

[102] Zhang H M. A non-equilibrium traffic model devoid of gas-like behavior. Transportation Research Part B：Methodological，2002，36（3）：275-290.

[103] Helbing D. Traffic and related self-driven many-particle systems. Physics，2000，73（4）：1067-1141.

[104] Lee H K，Lee H W，Kim D. Steady-state solutions of hydrodynamic traffic models. Physical

Review E, 2004, 69 (2): 016118.

[105] Klar A, Wegener R. A hierarchy of models for multilane vehicular traffic I: Modelling. Siam Journal on Applied Mathematics, 1998, 59 (3): 983-1001.

[106] Leutzbach W. Introduction to the Theory of Traffic Flow. Berlin: Springer, 1988.

[107] Yserentant H. A new class of particle methods. Numerische Mathematik, 1997, 76(1): 87-109.

[108] Aerde M V, Yagar S. Integration: A model for simulating integrated traffic networks. Transportation System Research Group, Department of Civil Engineering, Queens University, Kingston, Canada, 1994.

[109] Hoogendoorn S P, Bovy P. Gas-kinetic modeling and simulation of pedestrian flows. Transportation Research Record Journal of the Transportation Research Board, 2000, 1710 (1): 28-36.

[110] 张琪昌. 分岔与混沌理论及应用. 天津: 天津大学出版社, 2005.

[111] Devaney R L, Eckmann J P. An introduction to chaotic dynamical systems. Acta Applicandae Mathematica, 1987, 40 (7): 72.

[112] 陈士华, 陆君安. 混沌动力学初步. 武汉: 武汉水利电力大学出版社, 1998.

[113] 洛伦兹 E N. 混沌的本质. 刘式达, 译. 北京: 气象出版社, 1997.

[114] Morrison F, Mckay S. The art of modeling dynamic systems: Forecasting for chaos, randomness, and determinism. Computers in Physics, 1993, 6 (4): 424.

[115] Lasota A, Mackey M C. Chaos, Fractals, and Noise. New York: Springer-Verlag, 1994.

[116] Tabor M. Chaos and Integrability in Nonlinear Dynamics. New York: John Wiley, 1989.

[117] Faria T, Magalhaes L T. Normal forms for retarded functional differential equations with parameters and applications to Hopf bifurcation. Journal of Differential Equations, 1995, 122 (2): 181-200.

[118] Ruelle D. Deterministic chaos: The science and the fiction. Proceedings of the Royal Society of London, 1990, 427 (1873): 241-248.

[119] 胡平, 李卫. 运用重构高维相空间的方法对地震过程及其预报问题的研究. 地震学报, 1993 (4): 470-476.

[120] Sauer T, Yorke J A, Casdagli M. Embedology. Journal of Statistical Physics, 1991, 65 (3-4): 579-616.

[121] Ding M, Grebogi C, Ott E, et al. Estimating correlation dimension from a chaotic time series: When does plateau onset occur? . Physica D: Nonlinear Phenomena, 1993, 69(3-4): 404-424.

[122] 王海燕, 盛昭瀚. 混沌时间序列相空间重构参数的选取方法. 东南大学学报(自然科学版), 2000, 30 (5): 113-117.

[123] Kim H S, Eykholt R, Salas J D. Nonlinear dynamics, delay times, and embedding windows. Physica D: Nonlinear Phenomena, 1999, 127 (1-2): 48-60.

[124] Rosenstein M T, Collins J J, Luca C J D. A practical method for calculating largest Lyapunov exponents from small data sets. Elsevier Science Publishers B. V. , 1993, 65 (1-2): 117-134.

[125] 张智晟, 孙雅明, 王兆峰, 等. 优化相空间近邻点与递归神经网络融合的短期负荷预测. 中国电机工程学报, 2003, 23 (8): 44-49.

[126] 刘延柱, 陈立群. 非线性动力学. 上海: 上海交通大学出版社, 2000.

[127] 杨绍普, 申永军. 滞后非线性系统的分岔与奇异性. 北京: 科学出版社, 2003.

[128] Wolf A，Swift J B，Swinney H L，et al. Determining Lyapunov exponents from a time series. Physica D：Nonlinear Phenomena，1985，16（3）：285-317.

[129] Pesin Y B. Families of invariant manifolds corresponding to nonzero characteristic exponents. Mathematics of the USSR-Izvestiya，1976，10（10）：1332-1379.

[130] Cao L. Practical method for determining the minimum embedding dimension of a scalar time series. Physica D：Nonlinear Phenomena，1997，110（1-2）：43-50.

[131] 杨绍清，章新华，赵长安. 一种最大李雅普诺夫指数估计的稳健算法. 物理学报，2000，49（4）：636-640.

[132] 马军海，陈予恕，季进臣. 三种动力系统 Lyapunov 指数的比较. 天津大学学报，1999，32（2）：190-196.

[133] Wu Z B. Remark on metric analysis of reconstructed dynamics from chaotic time series. Physica D：Nonlinear Phenomena，1995，85（4）：485-495.

[134] Ray W D. Nonlinear dynamics，chaos and instability statistical theory and economic evidence. Journal of the Operational Research Society，1993，44（2）：202-203.

[135] Zhang X，Jarrett D F. Stability analysis of the classical car-following models. Transportation Research Part B：Methodological，1997，31（6）：441-462.

[136] Kerner B S. Three-phase traffic theory and highway capacity. Physica A：Statistical Mechanics & its Applications，2002，333（1）：379-440.

[137] 洪昊，关伟. 交通流理论的新进展. 交通运输系统工程与信息，2006，6（1）：80-85.

[138] Steen F H V D，Kleijn H，Spek A L，et al. Explanation of observed features of self-organization in traffic flow. Physics，1999，30（4）：311-317.

[139] Nagatani T. Traffic jams induced by fluctuation of a leading car. Physical Review E，2000，4（61）：3534-3540.

[140] Mitarai N，Nakanishi H. Convective instability and structure formation in traffic flow. Journal of the Physical Society of Japan，2001，69（11）：3752-3761.

[141] Igarashi Y，Itoh K，Nakanishi K，et al. Bifurcation phenomena in the optimal velocity model for traffic flow. Physical Review E，2001，64（4）：047102.

[142] Orosz G，Wilson R E，Krauskopf B. Global bifurcation investigation of an optimal velocity traffic model with driver reaction time. Physical Review E，2004，70（2）：026207.

[143] Gasser I，Sirito G，Werner B. Bifurcation analysis of a class of 'car following' traffic models. Physica D：Nonlinear Phenomena，1988，197（3）：222-241.

[144] Nagatani T. Complex motions of shuttle buses by speed control. Physica A：Statistical Mechanics & its Applications，2003，322（1-4）：685-697.

[145] Huijberts H J C. Analysis of a continuous car-following model for a bus route：Existence，stability and bifurcations of synchronous motions. Physica A：Statistical Mechanics & its Applications，2002，308（1）：489-517.

[146] Li T. Nonlinear dynamics of traffic jams. Physica D：Nonlinear Phenomena，2007，207（1）：41-51.

[147] Herrmann M，Kerner B S. Local cluster effect in different traffic flow models. Physica A：Statistical Mechanics & its Applications，1998，255（1-2）：163-188.

[148] Kerner B S，Konhäuser P. Structure and parameters of clusters in traffic flow. Physical Review E，1994，50（1）：54.

[149] Kuhne R D，Becksculte R. Nonlinear stochastics of unstable traffic flow. Proceedings of the 12th International Symposium on the Theory of Traffic Flow and Transportation，Berkeley，1993：367-386.

[150] Muramatsu M，Nagatani T. Soliton and kink jams in traffic flow with open boundaries. Physical Review E，1999，60（1）：180-187.

[151] Nagatani T. Density waves in traffic flow. Physical Review E，2000，61（4）：3564.

[152] Cao Q. Soliton，bifurcation and chaos for a class of generalised evolution equations. Chinese Science Abstracts（Research Paper），2000，6（2）：181-182.

[153] 唐民英，王瑞琦，井竹君. Solitary waves and their bifurcations of KdV like equation with higher order nonlinearity. Science in China Series A：Mathematics，2002，45（10）：1255-1267.

[154] Mason A D，Woods A W. Car-following model of multispecies systems of road traffic. Physical Review E，1997，55（3）：2203-2214.

[155] Nagatani T. The physics of traffic jams. Reports on Progress in Physics，2002，65（65）：1331-1386.

[156] Kuznetsov Y A. Elements of applied bifurcation theory. Springer-Verlag，1995，112（2）：715-730.

[157] 鸠洛夫 D L，休伯 M J. 交通流理论. 蒋璜，任福田，肖秋生，等译. 北京：人民交通出版社，1983：143-176.

[158] 何民，荣建，刘小明. 自然交通流的跟驰特性研究. 公路交通科技，2002，19（3）：110-114.

[159] 向小东，郭耀煌. 混沌吸引子分形维数的计算. 系统工程，2000，18（6）：75-78.

[160] 马寿峰，贺国光，刘豹. 一种通用的城市道路交通流微观仿真系统的研究. 系统工程学报，1998，13（4）：8-15，24.

[161] Eckmann J P. Roads to turbulence in dissipative dynamical systems. Review of Modern Physics，1981，53（4）：643-654.

[162] 杜振财，王丽，荣建. 期望车头间距的混沌模型研究. 公路交通科技，2005，22（5）：124-127，151.

[163] Yukawa S，Kikuchi M. Coupled-map modeling of one-dimensional traffic flow. Journal of the Physical Society of Japan，1994，64（1）：35-38.

[164] Safonov L A，Tomer E，Strygin V V，et al. Multifractal chaotic attractors in a system of delay-differential equations modeling road traffic. Chaos An Interdisciplinary Journal of Nonlinear Science，2002，12（4）：1006-1014.

[165] 王炜. 公路交通流车速-流量实用关系模型. 东南大学学报（自然科学版），2003，33（4）：487-491.

[166] 冯蔚东，贺国光，刘豹. 交通流自组织及其基于自组织理论的管控模式研究. 系统工程理论与实践，1999，19（9）：1-9.

[167] Daganzo C F，Cassidy M J，Bertini R L. Possible explanations of phase transitions in highway traffic. Transportation Research Part A：Policy & Practice，1999，33（5）：365-379.

[168] 邓聚龙. 灰色系统理论教程. 武汉：华中理工大学出版社，1990.

[169] Haken H. Information and Self-organization. Berlin：Springer，1987.

[170] Nagatani T. Effect of jam-avoiding turn on jamming transition in two-dimensional traffic flow model. Journal of the Physical Society of Japan，1999，63（63）：1228-1231.

[171] 汪秉宏，毛丹，王雷，等. 交通流中的自组织临界性研究. 广西师范大学学报（自然科学版），2002，20（1）：45-50.

[172] 卢洵，李世铮. 试论自组织系统的特征. 信息工程学院学报，1998，17（1）：52-55.

[173] 冯蔚东，贺国光，刘豹. 交通流理论评述. 系统工程学报，1998，13（3）：71-82.

[174] 黄漫，蔡彪. 对逻辑斯蒂方程的考察. 华东交通大学学报，2002，19（3）：95-97.

[175] Kantz H，Schreiber T. Nonlinear Time Series Analysis. Cambridge：Cambridge University Press，2003.

[176] Principle J C. Neural networks for dynamics modeling. IEEE Signal Processing Magazine，1997，14（6）：33-35.

[177] Aguirre L A，A Billings S. Identification of models for chaotic systems from noisy data：Implications for performance and nonlinear filtering. Physica D：Nonlinear Phenomena，1995，85（1-2）：239-258.

[178] Farmer J D，Sidorowich J J. Predicting chaotic time series. Physical Review Letters，1987，59（8）：845-848.

[179] Gong X F，Lai C H. Improvement of the local prediction of chaotic time series. Physical Review E，1999，60（5）：5463-5468.

[180] 侯越先，何丕廉，王雷. 适用于高必要嵌入维的混沌时间序列预测算法. 天津大学学报，1999，32（5）：594-598.

[181] 丁涛，周惠成. 混沌时间序列局域预测模型及其应用. 大连理工大学学报，2004，44（3）：445-448.

[182] Kugiumtzis D，Lingj，Rde O C，et al. Regularized local linear prediction of chaotic time series. Physica D：Nonlinear Phenomena，1998，112（3）：344-360.

[183] Varadan V，Leung H. Reconstruction of polynomial systems from noisy time-series measurements using genetic programming. IEEE Transactions on Industrial Electronics，2001，48（4）：742-748.

[184] 张家树，肖先赐. 用于混沌时间序列自适应预测的一种少参数二阶 Volterra 滤波器. 物理学报，2001，50（3）：1248-1254.

[185] 闫华，魏平，肖先赐. 基于 Bernstein 多项式的自适应混沌时间序列预测算法. 物理学报，2007，56（9）：5111-5118.

[186] Lapedes A S，Farber R F. Nonlinear signal processing using neural networks：Prediction and system modeling. IEEE International Conference on Neural Networks，San Diego，1987：32-33.

[187] Han M. Prediction of chaotic time series based on the recurrent predictor neural network. IEEE Transactions on Signal Processing. 2004，52（12）：3409-3416.

[188] 陈玉红. RBF 神经网络在时间序列预测中的应用研究. 哈尔滨：哈尔滨工程大学硕士学位论文，2009.

[189] Holland J H. Adaptation in Natural and Artificial Systems. Massachusetts：MIT Press，1992.

[190] 李松，刘力军，解永乐. 遗传算法优化 BP 神经网络的短时交通流混沌预测. 控制与决策，

2011，26（10）：1581-1585.

[191] 纪震，廖惠连，吴青华. 粒子群算法及应用. 北京：科学出版社，2009.

[192] Kennedy J，Eberhart R C. Particle swarm optimization. IEEE International Conference on Neural Networks，Perth，2002，4（8）：1942-1948.

[193] 李松，刘力军，翟曼. 改进粒子群算法优化 BP 神经网络的短时交通流预测. 系统工程理论与实践，2012，32（9）：2045-2049.

[194] 陈立群. 控制混沌的研究现状与展望. 上海交通大学学报，1998（1）：108-114.

[195] Tian Y P，Zhu J D，Chen G R. A server on delayed feedback control of chaos. Journal of Control Theory & Application，2005，3（4）：311-319.

[196] 李煜，盛昭瀚，姚洪兴. 一类广告竞争模型的延迟反馈混沌控制方法. 预测，2003，22（1）：64-67.

[197] 任立红，丁永生，邵世煌. 采用 DNA 遗传算法优化设计的 TS 模糊控制系统. 控制与决策，2001，16（1）：16-19，24.

[198] 吴忠强，奥顿，刘坤. 基于遗传算法的混沌系统模糊控制. 物理学报，2004，53（1）：21-24.

[199] 庞明宝，贺国光. 高速公路匝道混沌控制仿真. 系统工程，2007，25（12）：14-19.